Sonntag

Marketing für Heilpraktiker

Erfolgreiche Praxisführung

Kristina Vormwald

2., vollständig überarbeitete Auflage

100 Abbildungen
4 Tabellen

Sonntag Verlag · Stuttgart

Bibliografische Information
der Deutschen Nationalbibliothek

Die Deutsche Nationalbibliothek verzeichnet
diese Publikation in der Deutschen Nationalbibliografie;
detaillierte bibliografische Daten sind im Internet
über http://dnb.d-nb.de abrufbar.

Anschrift der Autorin:

Kristina Vormwald
Am Hüttberg 42
63639 Flörsbachtal / Kempfenbrunn

Unsere Homepage: www.sonntag-verlag.com

Printed in Germany

Umschlaggestaltung: Thieme Verlagsgruppe
Umschlagfoto: Digital Vision Ltd., London
Zeichnungen: Christine Lackner, Ittlingen
Satz: Druckerei Sommer, Feuchtwangen
Satzsystem: 3B2, Vers. 7.51f/W
Druck: Grafisches Centrum Cuno, Calbe

ISBN 978-3-8304-9140-8 1 2 3 4 5 6

Vorwort

Liebe Kolleginnen und Kollegen, aufgrund steigenden Interesses an einer erfolgreichen Praxisführung und dem Bedürfnis, sich qualitativ optimal informieren zu können, haben wir eine Zweitauflage dieses Buches verfasst. Einer der absoluten Kernpunkte der nun vorliegenden Neuauflage ist das Medium der Zukunft, das Internet.

Mittlerweile können Sie Marketingbroschüren zu fast jedem Gesundheitsberuf finden. Auch die Berufsverbände bieten derzeit eine Fülle an Kursangeboten an.

Dieses Praxisbuch richtet sich an alle interessierten Heilpraktiker. Die einen wollen ihr Ziel einer eigenen Praxis verwirklichen andere, bereits niedergelassene Heilpraktiker, sind vielleicht auf der Suche nach neuen Ideen, um ihre Leistungen und Angebote zu vermarkten – sei es, weil sie sich höhere Patientenzahlen in ihrer Praxis wünschen, sei es, weil sie ihre Praxis ausbauen möchten und Marketing bisher nur über das Verteilen von Visitenkarten und ausliegenden Flyern betrieben haben. Vieles von dem Dargestellten werden Sie sicherlich ganz automatisch berücksichtigen. Trotzdem lohnt es sich, Marketing mit System und auf dem Boden der gesetzlichen Vorgaben anzugehen, um noch mehr Erfolg zu haben.

Auch wenn der Beruf bzw. die Ausübung der Naturheilkunde als Heilpraktiker häufig mit den Themen

- soziale Einstellung und
- der Arbeit am Menschen

in Verbindung gebracht wird, ist es nicht von der Hand zu weisen, dass ein Markt besteht. Das Prinzip der Marktwirtschaft basiert auf Angebot und Nachfrage. Wie kann sich also ein Heilpraktiker erfolgreich und legal auf dem Markt behaupten? Daher hat der Gesetzgeber versucht, einem möglichen unlauteren Wettbewerb durch Gesetzesvorgaben und diverse Auflagen Einhalt zu gebieten.

Zielsetzung ist zum einen der Schutz des Patienten, zum anderen die Vorgabe, gleiche Rahmenbedingungen in Bezug auf die wettbewerbsrechtlichen Ausgangssituationen für alle niedergelassenen Heilpraktiker zu schaffen. Natürlich kann der Heilpraktiker zahlreiche Management- und Marketingseminare besuchen, die jedoch meist sehr teuer und nicht spezifisch auf die Zielgruppe der Heilpraktiker ausgerichtet sind, sodass er mit einer Vielzahl offener Fragen wieder nach Hause gehen wird.

Das vorliegende Buch versteht sich als praxisnahes Handbuch, das angehende wie bereits etablierte Heilpraktiker in das heute für eine erfolgreiche Praxis so wichtige Thema Marketing einführen will.

Vor der Lektüre dieses Buches sollte sich jeder Leser die Zeit nehmen, sich folgende Punkte bewusst zu machen:

- Ich werde etwas Neues beginnen.
- Ich überwinde meine Unsicherheit.
- Ich nehme Impulse und Reaktionen jederzeit an.
- Ich werde Profi.
- Ich weiß, was ich will und was mich erwartet.

In diesem Sinne viel Spaß beim Lesen und interessante Anregungen auf dem Weg zur erfolgreichen Praxis.

In diesem Buch sind einige Positivbeispiele bereits niedergelassener Heilpraktiker dargestellt, bei denen ich mich herzlich für die freundliche Überlassung von Abbildungen bedanken möchte. Die Namen sind im Nachwort aufgeführt.

Flörsbachtal, im Herbst 2008

Kristina Vormwald

Inhalt

1 Zur Arbeit mit dem Buch

Dieses Buch ist als reines Handbuch gedacht, mit dem Sie zu Beginn tagtäglich arbeiten. Es sind keinerlei Marketingvorkenntnisse erforderlich. Lesen Sie, machen Sie sich am Rande Notizen oder markieren Sie für Sie wichtige Stellen mit einem Textmarker. Zu Beginn der einzelnen Kapitel finden Sie jeweils einen kurzen Einleitungstext, der das Thema des Kapitels umreißt.

Dieses Buch wird Sie Schritt für Schritt begleiten, um herauszufinden, was sich hinter den Begriffen „Werbung" und „Marketing" verbirgt, und die Abgrenzungen zu erkennen. Am Ende des Buches finden Sie einige praxisorientierte Checklisten von A wie Anmeldung bis Z wie Zusatzversicherungen, anhand derer Sie Ihre derzeitige Praxispräsenz überprüfen und ggf. verbessern können. Des Weiteren finden Sie dort eine Vielzahl von Internetadressen, über die Sie sich im Praxisalltag mit relevanten Informationen versorgen können. Schauen Sie durch, lesen Sie, lassen Sie sich inspirieren und Sie sind auf dem richtigen Wege, eine erfolgreiche Praxis zu führen. Einige Themen werden Ihnen mehrfach „ins Auge stechen', z. B. die Visitenkarten; sie werden jedoch unter verschiedenen Aspekten hinterfragt.

2 „Marketing für Heilpraktiker" – Was steckt dahinter?

Das Prinzip der Marktwirtschaft basiert auf Angebot und Nachfrage. So stellt sich für jede naturheilkundliche Praxis die Frage, wie sie erfolgreich und legal im Markt etabliert werden kann.

2.1 Betriebswirtschaftliches Basiswissen

Wie passen „Marketing", „Werbung" und die naturheilkundliche Behandlungsweise in einer Naturheilpraxis zusammen?

2.1.1 „Marketing" – Wort der Zukunft oder des beruflichen Niedergangs?

Das Wort „Marketing" ist ein relativ neuer Begriff. Er kommt aus dem Englischen „to go into the market" und bedeutet sinngemäß die „marktorientierte Führung des Unternehmens, um aktuelle oder potenzielle Kundenbedürfnisse zu befriedigen" (Voss 1996).

Voss beschreibt die Gesamtheit aller Maßnahmen, die der Sicherung und Ausweitung des Absatzes dienen. Dabei ist es völlig unerheblich, ob es sich bei diesen Unternehmen um eine KFZ-Werkstatt oder um eine Naturheilpraxis handelt. Man findet eine Reihe verschiedener Definitionen im Bereich der Betriebswirtschaftslehre über den Begriff „Marketing".

Sie alle beinhalten wirtschaftliche Aspekte. Denn so sehr wir unseren Patienten mit unseren Behandlungen auch helfen möchten, Ausgaben für Medikamente, Leasingraten für medizinische Geräte, Mietkosten usw. sind existent. Um unsere Patienten optimal versorgen zu können, müssen wir lernen, **betriebswirtschaftlich** zu denken.

„Marketing" wird auch mit dem Synonym „Absatz" gleichgesetzt, mit dessen Hilfe die jeweiligen unternehmensspezifischen Ziele global, d.h. gesamtwirtschaftlich, verwirklicht werden sollen. Somit geht es wesentlich tiefer als die volkstümliche Meinung, Marketing sei nichts anderes als Werbung, um mit ihr den Endverbraucher zu beeinflussen.

2.1.2 Patientenorientierte Praxisführung (Customer Relationship Management)

Hinter diesem Begriff verbirgt sich ein Grundstein der Betriebswirtschaftslehre, die **kundenorientierte Unternehmensführung.** Gemeint ist damit, dass in einer Naturheilpraxis alle Bereiche in Bezug auf den Patienten hin integriert sein müssen, angefangen vom Therapeuten selbst bis hin zur Sprechstundenhilfe an der Rezeption. Wie ein roter Faden müssen alle Kommunikationswege zum (und über den) Patienten miteinander verbunden und aufeinander abgestimmt werden (so z.B. Telefon, Faxanschluss, Internetadresse, Hausarzt usw.). Auch wenn einige Kollegen den Kopf schütteln werden: Behandeln Sie Ihre Patienten auch nach deren Wichtigkeit für Ihre Praxis. Wenn eine sehr bekannte, beliebte Persönlichkeit (und damit für Sie natürlich auch ein Stück weit ein „Publikumsmagnet") nach einem Termin fragt, bekommt sie selbstverständlich auch einen besonderen Service, in Form eines Wunschtermins etc. Das heißt natürlich nicht, dass Sie andere Patienten schlechter behandeln sollen.

2.2 Grundgedanken

Bis vor einiger Zeit hat man als Heilpraktiker über die Themen „Marketing" – „Werbung" – „Wie gewinne ich Patienten" kaum nachgedacht. Hatte es nicht gar einen leicht negativen Touch in Diskussionen, v.a. mit alteingesessenen Kollegen, die sich oft damit brüsten, sie hätten „so etwas nicht nötig – die Patienten kämen von allein"? Auch heute noch halten sich eine Menge unbegründeter Vorurteile über den Begriff des „Marketings" in naturheilkundlichen Bereichen (s. Kap. „Häufige Leserfragen", S. 148).

Allgemein bekannte Vorurteile gegenüber Marketing im Gesundheitsbereich:

- Marketing, das lohnt sich doch gar nicht für meine kleine Praxis (falsch!).
- Marketing ist gefährlich (falsch!).
- Marketing im Gesundheitsbereich hat mit Medizin nichts zu tun und ist sogar verboten (falsch!).
- Marketing ist unnötig (falsch!).

Natürlich ist es die beste, kostengünstigste und effizienteste Werbung für uns, wenn unsere Patienten aufgrund der Weiterempfehlung durch zufriedene Kunden den Weg zu uns finden (vgl. Kap. 9.4.3, S. 56 sowie Kap. 9.7.3, S. 61).

Doch wie gelangt man zu diesem Status und erreicht dieses Fernziel? Halten wir uns an den Spruch: „Wer nicht wirbt, stirbt" bzw. „Tue Gutes und rede darüber"? Oder verinnerlichen wir die vermeintliche Erkenntnis, dass man die

- Prävention,
- Heilbehandlungen im Allgemeinen,
- Versorgung der Kranken

nicht wie Sonderangebote anpreisen sollte? Erstrebenswert ist sicherlich ein Mittelweg, der individuell auf den Patienten abgestimmt ist.

Die Zielgruppe der Patienten bzw. Kunden setzt sich mehr und mehr mit ihren Krankheitsbildern auseinander und es ist eine Tatsache, dass das Bedürfnis nach Aufklärung und Informationen immer größer wird und an Bedeutung gewinnt. Daher ist es nicht verwunderlich, im Gegenteil, es ist sogar sehr zu begrüßen, dass das Informationsrecht gesetzlich gesehen als immer wertvoller angesehen wird und gewissen Vorlagen unterstellt ist.

Rechtsgrundlagen. Bis zur Grundsatzentscheidung des Bundesgerichtshofes aus dem Jahre 1989 (BGH, WRP 90,246) waren Heilpraktiker als Ausübende eines Heilberufes den Auflagen der Ärzteschaft und deren persönlichen Werbeverboten grundsätzlich gleichgestellt. Bei Verstößen konnten nach dem Gesetz gegen den unlauteren Wettbewerb (UWG) Ansprüche auf Unterlassung und Schadenersatz geltend gemacht werden.

1987 legte das Bundesverfassungsgericht das ärztliche Werbeverbot neu aus. In Konsequenz dieser Rechtsprechung entschied dann auch der BGH, dass das generelle Werbeverbot für Heilpraktiker nicht im Einklang mit der Berufsfreiheit des Art. 12 GG stehe. Es kommt bei unserem Berufsstand nach wie vor zu großen Unsicherheiten und Missverständnissen, was der Einzelne in Bezug auf die zurzeit geltenden, wettbewerbsbeschränkenden Bestimmungen nun darf und was ihm untersagt ist.

Vertieft wird das Thema in Kap. 14, S. 100 ff., in dem es u. a. um die aktuelle Rechtsgrundlage, Urteilsbeispiele usw. geht.

3 Grundlegende Aspekte des Marketings

Marketing – schön und gut – aber wie? Marketing ist weit mehr als nur Werbung für die Naturheilpraxis. Hinter dem Begriff „Marketing" verbergen sich die vielfältigsten Facetten der Kommunikation.

3.1 Marketing – aber wie?

Im Folgenden sind die wesentlichen Komponenten gelistet, aus denen sich das Marketing zusammensetzt:

- **Öffentlichkeitsarbeit**, in den Medien meist als **Public Relations** (PR) bekannt. Die wichtigsten PR-Maßnahmen im Überblick:
  - Pressemitteilungen, z. B. Aussendungen aktueller Informationen an die Presse, angefangen von Informationsabenden über bestimmte gesundheitliche Themen bis hin zur Betreuung von Kolumnen (vgl. Kap. 17, S. 122),
  - Publikationen sowohl für Fachpublikum als auch für den Laien in Form von Büchern, Beiträgen in Zeitungen und Verbandszeitschriften (vgl. Kap. 17, S. 123), Newsletter über das Medium Internet oder Ihre eigene Praxisbroschüre,
  - Veranstaltungen, z. B. „Tag der offenen Tür", Messeauftritt, um Ihre eigene Praxis zu repräsentieren,
- **Werbung** (vgl. Kap. 9, S. 53 ff.),
- **Direktmarketing** in Form von E-Mail-Aussendungen, adressierten Werbesendungen, Postwurfsendungen sowie aktivem und passivem Telefonmarketing (vgl. Kap. 12.3.4, S. 91);
- **finanzielle Unterstützung** (Sponsoring) von z. B. Selbsthilfe- oder Sportvereinen (vgl. Kap. 12.3.9, S. 95),
- **Planung von Veranstaltungen (Eventmarketing)**, unterteilt in:
  - Veranstaltungen für Mitarbeiter (Weihnachtsfeier, interne Fortbildungen),
  - Veranstaltungen für Patienten und Kooperationspartner (Weihnachtsgrüße, Tag der offenen Tür),
  - Infoveranstaltungen in Kooperation mit Apotheken,
  - Kurse bei Volkshochschulen.
- **Online-Kommunikation** mit den Zielgruppen. Dazu kann ein online angebotener Homöopathiekurs für Anfänger genauso gehören wie der Austausch von Informationen mit Kollegen.

Fassen wir zusammen: Marketingkommunikation in Form der oben angeführten Beispiele lässt sich nicht ausschließlich auf dem (meist teuren) Weg der Werbung allein betreiben, sondern mittels der Präsentation in der Öffentlichkeit unter Einbeziehung verschiedener Veranstaltungen. Da hört sich der Begriff „Marketing" schon fast antiquiert an, da er gern als allgemein bekannter „Einsteigerbegriff" benutzt wird.

3.2 Marktorientierte Führung der Naturheilpraxis auf drei Ebenen

Nicht jede Form der aufgezählten Marketingkommunikationswege läuft mit unserem Beruf gesetzeskonform, wie die folgenden Kapitel im Einzelnen aufzeigen werden.

Die marktorientierte Führung einer Naturheilpraxis lässt sich durch die Einteilung in drei

M	→	Marketing als Methode
A		
R	→	Marketing als Zielsetzung für Sie und Ihre Mitarbeiter
K		
E		
T	→	Marketing als Mittel mit dem Ziel einer optimalen patientenorientierten, naturheilkundlichen Versorgung
I		
N		
G		

Abb. 3.1 Marketingaspekte

Ebenen konkretisieren (**Abb. 3.1**), die im Verlaufe des Buches anhand von Fallbeispielen erläutert werden.

Marketing als Methode

Marketing methodisch zu betreiben, heißt für unseren Berufsstand, zuerst eine Analyse sowie Strukturierung der Problemstellungen zu erstellen.

„Der Patient findet den Weg nicht in meine Praxis, obwohl ich sechs Stunden täglich vor Ort, kompetent und nett bin – *warum* kommt also niemand zu mir?"

Marketing als Zielsetzung für Sie und Ihre Mitarbeiter

Marketing als Zielsetzung für Sie und Ihre Mitarbeiter zu sehen, bedeutet in der konkreten Umsetzung, dass Sie Ihre patientenorientierte Behandlung sowie alle Aktivitäten (das Abhalten von Seminaren, Ihrer Öffentlichkeitsarbeit usw.) Ihrer Praxisphilosophie, dem Leitgedanken und Ihrer ganz persönlichen Zielsetzung anpassen und auch Ihre eventuellen Mitarbeiter mit einbeziehen. Nur dann entsteht ein einheitliches Erscheinungsbild Ihrer **Corporate Identity**, also des Selbstbildes Ihrer Praxis (vgl. Kap. 6.1, S. 15 ff.).

Marketing als Mittel

Marketing als Mittel anzuwenden, bedeutet zum großen Teil bereits eine dauerhafte Kontrolle der eigenen Qualität im Sinne eines Wettbewerbsfaktors. Es wird eingesetzt, um ein Höchstmaß an Patientenzufriedenheit zu erreichen, sei es durch Behandlungserfolge oder durch eine intensive Patientenbetreuung usw. Ein praxisnahes Beispiel finden Sie im Praxistest auf S. 146.

4 Definition des Marktes und Analyse der Marktstruktur

Grundlage jeder Praxisplanung ist das Auswerten essenzieller Informationen über den vorhandenen Markt, d.h. die Kenntnis über Mitbewerber in Form bereits eingeführter Naturheilpraxen in der näheren Umgebung, über die Standortfrage usw. und die Marktnachfrage. Marktforschungsmethoden helfen, die Praxisplanung auf eine sichere Basis zu stellen.

Was Ihnen auf jeden Fall klar sein sollte, ist die Tatsache, dass ein durch andere Kollegen „gesättigter Markt" die Konkurrenz verstärkt. Seien Sie also nicht allzu verwundert, wenn Sie im Rahmen Ihrer Praxiseröffnung Ihre in näherer Nachbarschaft praktizierenden Kollegen anrufen, um sie einzuladen bzw. sich vorzustellen, und nicht nur positive Antworten bekommen.

4.1 Konkurrenzanalyse (Marktkenntnis)

Der Start einer erfolgreichen Praxis besteht in der Auslotung des Marktes. Dazu gehört, dass Sie Ihre Konkurrenz genauso kennen wie die Preisgestaltung in Ihrem Gebiet (Konkurrenzanalyse).

Grundsätzlich sollten Sie in Erfahrung bringen:

- wer Ihre Mitbewerber sind,
- wie deren Stärken, Schwächen, Behandlungsschwerpunkte und Ziele aussehen,
- nach Möglichkeit, wie sie auf Ihre Niederlassung reagieren werden,
- ob sie Zusatzleistungen oder einen außergewöhnlichen Service anbieten (z.B. Hausbesuche oder Abendsprechstunden),
- wie viele Kollegen eine Praxis in der Nachbarschaft haben (hierzu können Sie einen Blick in die „Gelben Seiten" und ins Internet werfen) und mit welchen Therapieschwerpunkten sie behandeln.

Beziehen Sie sowohl die Ärzte „für Naturheilverfahren" als z.B. auch Allgemeinärzte mit den Zusatzbezeichnungen „Akupunktur" und „Homöopathie" in Ihre Informationssammlung ein.

Erstellen Sie sich eine Liste, sodass Sie einen Überblick bekommen. Informationen entnehmen Sie aus:

- örtlichen / regionalen Tageszeitungen,
- Fachzeitschriften,
- Gemeindebroschüren,
- Branchenbüchern (u.a. „Gelbe Seiten"),
- dem Internet (hier speziell in Foren, in denen sich Heilpraktiker untereinander fachlich austauschen oder bei Ihrem Berufsverband),
- auf Fachmessen und Kongressen,
- bei regionalen Verbänden (Gesangverein, Turnverein, Kneippverein usw.), in denen sich Patienten untereinander austauschen (vgl. hierzu auch Kap. 12.3.8, S. 95 sowie Kap. 9.4.2, S. 55).

4.2 Standort

Ihre Standortentscheidung muss auf jeden Fall gut durchdacht sein, denn sie ist nur schwer umkehrbar.

Wichtig ist hier die Nähe zu Ihren Patienten, Apotheken usw., d.h., Sie sollten sich entscheiden zwischen **Zentrum**, **Randlage** oder **Gewerbegebiet.** Ihre Praxis darf keinesfalls zu weit abseits liegen (vgl. hierzu Kap. 8.7, S. 49). Aber auch eine Praxis in der Stadtmitte bietet unter Umständen nicht nur Vorteile, wenn z.B. kein Parkhaus oder keine Bushaltestelle in erreichbarer Nähe ist.

Das Vorhandensein von Parkplätzen darf keinesfalls unterschätzt werden, ebenso wenig die Tatsache, dass Ihre Praxisräume nach Möglichkeit ebenerdig und rollstuhlgerecht erreichbar sein sollten. Wenn beispielsweise kein Aufzug vorhanden ist und ein gehbehinderter Patient drei Stockwerke zu Fuß überwinden muss, um zu Ihnen in die Praxis zu gelangen, zeugt das nicht von Patientenorientiertheit. Manche Patienten werden allein aus diesem Grund den Weg in Ihre Praxis scheuen.

Vorteilhaft wäre ein Einkaufszentrum, Kaufhaus oder Supermarkt als „Publikumsmagnet" sowie eine Apotheke in erreichbarer Nähe (vgl. hierzu Kap. 16.5, S. 120).

Verzichten Sie in keinem Fall auf Wegweiser. Wegweiser sind erlaubt und bilden neben der objektiven Information auch Werbung für Ihre Praxis, da Sie mittels dieses Schildes noch einmal direkt darauf hinweisen (vgl. Kap. 12.2.2, S. 81).

4.3 Marktnachfrage

Zusammenfassend gesagt setzt sich der Markt aus folgenden Komponenten zusammen:

- einer spezifischen „Zielgruppe" – in unserem Falle sind es die therapiebedürftigen, naturheilkundlich orientierten Patienten,
- Patienten aus einer bestimmten geografischen Umgebung (die Patienten werden eher aus der Umgebung und kleineren Vororten zu Ihnen kommen als eine sechsstündige Autofahrt auf sich zu nehmen),
- einer bestimmten Leistung (auch hier wieder die Umsetzung zur Naturheilkunde: bestimmte Therapieschwerpunkte, der Einsatz eines bestimmten Diagnose-, Untersuchungs- oder Behandlungsgerätes, z. B. ein Irismikroskop, ein Magnetfeldgerät usw.)
- Zeit (Sie werden nicht nur am Behandlungserfolg selbst, auch an dem Zeitrahmen, den Sie sowohl zum endgültigen als auch zu ersten Teilerfolgen benötigen, sowie der Zeit, die Sie für Ihre Therapie aufbringen, gemessen)
- Ihrem Marketingkonzept, mit dem Sie überzeugen!

„Die richtigen Sachen machen" und „Die Sachen richtig machen"!

4.4 Marktforschung

Hier geht es nicht darum, die Mitbewerber und die allgemeine Nachfrage nach Naturheilkundlern zu ergründen, sondern um Informationssammlungen als Basis einer marktorientierten Praxisführung.

Beispiel

Heilpraktiker Schulz möchte sich in drei Monaten selbstständig machen und hat bereits den geeigneten Standort für seine Praxis gefunden. Er fertigt nun eine Liste an, in der es um die Informationssammlung bzgl. diverser Lieferanten und Bedürfnisse seiner zukünftigen Patienten geht. Diese Liste sieht aus wie in **Tab. 4.1** aufgeführt.

Anhand dieser Fragensammlung setzt sich Herr Schulz nun an seinen Computer und recherchiert via Internet und diversen Branchenbüchern, bis sich verschiedene Anbieter herauskristallisieren, mit denen sich Herr Schulz eine Zusammenarbeit vorstellen kann. Er lässt sich Kataloge, Informationen usw. zusenden, sodass er sich in Ruhe einen Überblick verschaffen kann und wählt dann das für ihn Passende aus. Auch in Fachzeitschriften achtet er auf Anzeigen (**Abb. 4.1**). Ferner ist ihm aufgefallen, dass manche Firmen die Möglichkeit anbieten, Geräte über Leasing zu erwerben oder sie zu mieten.

Tab. 4.1 Praxisbedarf. Möglichkeiten des Erwerbs

• Wer liefert (z. B. Firma Klose, Firma Moller)?
• Was liefern die verschiedenen Anbieter?
• Welche Verkaufsansätze haben sie?
• Liefern sie nur Praxisbedarf oder auch Geräte?
• Welche Lieferzeiten haben sie?
• Wo haben sie ihre Filialen?
• Kann man bei Bedarf vorbeifahren und Geräte ausprobieren?
• Werden die Geräte kostenlos in meiner Praxis vorgeführt?
• Welche Mengen liefern die verschiedenen Firmen?
• Gibt es einen Mindestbestellwert?
• Wie hoch sind die Portokosten?
• Holt die Firma Artikel bei Nichtgefallen wieder ab?
• Welche Preisvorstellungen haben sie?
• Welche weiteren Bedingungen sind (kleingedruckt) vorhanden?
• Gibt es Anbieter mit Gebrauchtgeräten und Garantie?

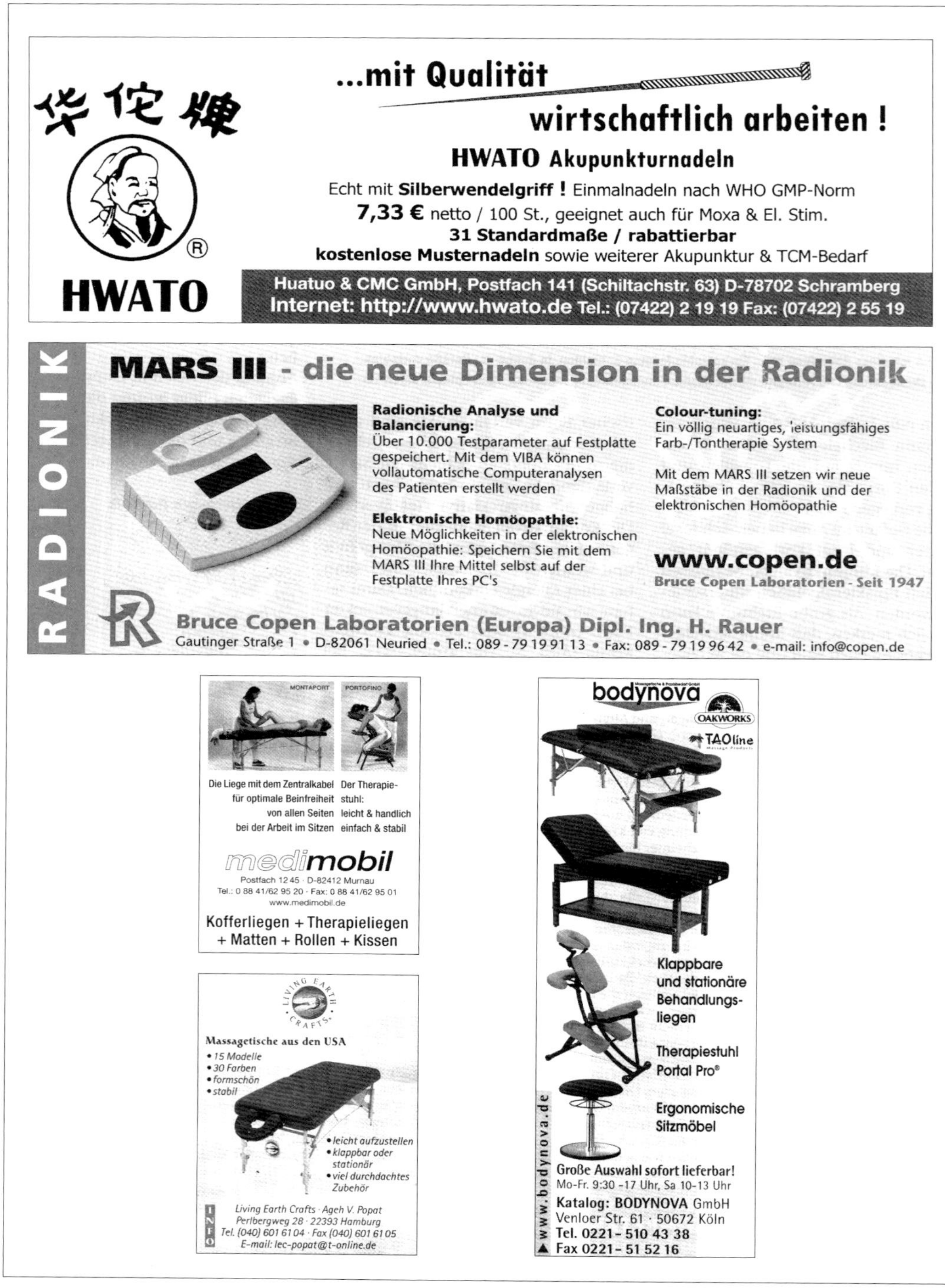

Abb. 4.1 Medizinischer Bedarf.

5 Grundsätzliche Überlegungen zur Unternehmensgründung

„Nichts ist kostspieliger als der Anfang", waren schon die Worte Friedrich Nietzsches. Die Frage nach der Neugründung bzw. Übernahme einer vorhandenen Praxis ist nicht einfach zu entscheiden. In diesem Kapitel lernen Sie, die Vor- und Nachteile einer bestehenden Praxis denen einer Neugründung gegenüberzustellen. Es möchte Sie zudem für mögliche Übernahmerisiken sensibilisieren.

5.1 Vor- und Nachteile einer Praxisneugründung

! Eine Praxisneugründung hat Vor- und Nachteile, die hier skizziert werden sollen. Die Vorteile drehen sich um die Zeit- und Kostenfrage, die Nachteile eher um den Themenkomplex Logistik und Öffentlichkeitsarbeit.

Positive Aspekte einer Praxisneugründung. Zu den Vorteilen gehören folgende Faktoren:

- Möglicherweise geringere Kosten zu Praxisbeginn.
- Sie haben mehr Zeit, „Ihren eigenen Weg" zu finden, sowohl zur Erstellung von Therapiekonzepten als auch dazu, sich auf den Patienten einstellen zu können.
- Ihre Praxis kann sich Stück für Stück verwurzeln.

Hürden einer Praxisneugründung. Den spannenden Aspekten einer Neugründung stehen auch Nachteile entgegen:

- Sie haben noch keinen Patientenstamm, keinen einzigen Patienten.
- Sie müssen viel Öffentlichkeitsarbeit leisten, um bekannt zu werden.
- Sie haben wesentlich geringere Einnahmen.
- Sie benötigen Praxiszubehör, angefangen vom Stuhl im Wartezimmer bis zum Stethoskop und jeder Akupunkturnadel.

Erforderliche Vorbereitung. Bei einer Neugründung beginnen Sie bzgl. der Logistik „bei Adam und Eva". Sie müssen:

- Passende Räumlichkeiten finden, einen Mietvertrag abschließen. Lassen Sie sich am besten eine schriftliche Zusage über die Anbringung eines Praxisschildes an einem vorher vereinbarten Standort geben. Außerdem ist die Dauer des Mietverhältnisses wichtig – achten Sie auf mögliche Kündigungszeiten und erbitten eine schriftliche Option auf Verlängerung (um nicht nach der Phase der Praxiseinführung umziehen zu müssen).
- Ihre Praxis u. a. beim Einwohnermeldeamt, Finanzamt und Gesundheitsamt anmelden (vgl. Kap. 21, S. 131) und einrichten.
- Ihre Praxis bekannt machen, Patienten gewinnen.
- Kooperationspartner suchen (vgl. Kap. 16, S. 115).
- Banken kontaktieren.
- Eine Pflichtversicherung für Heilpraktiker besteht nicht, aber Sie können Angebote verschiedener Versicherungsträger einholen. Fragen Sie diesbezüglich Ihren Berufsverband; oft haben die Verbände Sonderkonditionen mit einer Versicherungsgesellschaft ausgehandelt. Eine Berufshaftpflichtversicherung ist sicher anzuraten.

Sie benötigen zu Beginn nicht unbedingt eine nagelneue Praxisausstattung. Versuchen Sie, gebrauchte (aber keinesfalls ramponierte) Geräte und Mobiliar zu bekommen, die aber dem wissenschaftlichen Standard entsprechen müssen. Geräte immer mit Gebrauchsanleitung für den Bedarfsfall, der Originalrechnung in Kopie und evtl. einer Garantiekarte.

Achten Sie in Verbandszeitschriften oder Tageszeitungen auf Inserate (**Abb. 5.1**) oder einzelne Anzeigen in Zeitungen, oft in der Rubrik „Heilmittel" zu finden (**Abb. 5.2**).

Ein gelungenes Beispiel für gebrauchten Praxisbedarf findet man auch auf der Homepage des Landesverbandes Baden-Württemberg der

Verkaufe

Fachliteratur, Video-Filme, Stetoskope, Blutdruckmessgeräte, Mikroskope, Irismikroskop, Anschauungstafeln, 3 Untersuchungsliegen, Liesegang Diaprojektor, Herz-Modell, Skelett, Torso, Schiele-Wanne, Unisol-Lampe auf fahrbarem Ständer, Melag-Steri, antike Apothekerflaschen versch. Größen, div. Kleingeräte für HP-Ausbildung o. ä. preiswert zu verkaufen nur als Gesamtpaket und Selbstabholung.

Tel.: 0211/xxxxxxx, Fax: 0211/xxxxxxx

Bioresonanzgerät zu verkaufen

Chiffre: HM xxxx

Verkaufe

H.O.T.-UV-Gerät incl. 24 Einmalgefäße, Klemmschere, Quarzgläser (NP 1725,–) für 1200,– €.

Tel.: 04266/xxxxx oder 04263/xxxxxx

Abb. 5.1 Second-Hand-Praxisbedarf.

Union Deutscher Heilpraktiker. Auf seiner Startseite (http://www.udh-bw.de) findet man unter „Service" die Rubrik „Kleinanzeigen". Eine Vielzahl an gebrauchtem Praxisinventar sowie Geräten sind dort aufgelistet. Ein ähnliches Angebot bietet der Verband Deutscher Heilpraktiker (www.heilpraktiker-vdh.de/Service/Gebrauchte Geräte). Dort ist eine Kontaktperson angegeben für den An- und Verkauf von gebrauchten Geräten.

5.2 Vor- und Nachteile einer Praxisübernahme

! Natürlich gibt es sowohl Vorteile als auch Nachteile beim Erwerb einer bereits bestehenden Naturheilpraxis. Die Vorteile entfalten sich um den Themenkomplex Sicherheit, die Nachteile kreisen um Aspekte wie Übernahmekosten und Persönlichkeit des Therapeuten.

Positive Aspekte einer Praxisübernahme. Zu den **Vorteilen** gehört definitiv, dass:

- ein gewisser Patientenstamm bereits vorhanden ist,
- Sie sich in eine laufende Praxis integrieren können,
- Sie sich bei Unsicherheiten oder Fragen in den meisten Fällen der Unterstützung des bisherigen Heilpraktikers sicher sein können,
- Ihre Praxis bereits einen gewissen Bekanntheitsgrad im näheren Umfeld genießt,
- Ihnen die Einschätzung Ihrer notwendigen finanziellen Mittel leichter fällt, da Sie nach Absprache mit Ihrem Kollegen die bisherige Betriebsentwicklung per Aktenlage einsehen können,
- Ihre Einarbeitungszeit gleichzeitig Ihre Assistenzzeit ist,
- Sie sich nicht um Kleinigkeiten kümmern müssen.

Risiken einer Praxisübernahme. Eine Übernahme birgt aber auch Gefahren, die auf den ersten Blick oft vernachlässigt werden. Sie müssen sich nicht als **Nachteil** erweisen, jedoch sollte man sich über folgende Tatsachen im Klaren sein:

Es sind gegen angemessenes Entgelt abzugeben:

2 Orgon-Akkumulatoren (Schreinerarbeit); 2 große Ampullen-Kästen (Schreinerarbeit); Ozon-Gerät;
2 Iris-Mikroskope; 2 MORA-Geräte; div. Testsätze; div. Literatur; 1 Standwaage; 2 Liegen; 1 Krankenbett mit Galgen; Radionik-Gerät (Bruce Copen); div. Kleingeräte.
Besichtigung nach Voranmeldung unter Tel.: 0941/711 111; Fax: 0941/711 112, E-Mail: info@heilpraxis-muster.de
Besichtigungsort: Nähe Eichendorf; Aldersbach in 94439 Roßbach; Musterhausener Straße 2
A92 – Ausfahrt Nr. 19 – Landau
A3 – Ausfahrt Nr. 111 – Hengersberg

Abb. 5.2 Anzeigen „Diverses".

- Oft ist der Übernahmepreis zu hoch veranschlagt – der Verkaufspreis setzt sich zusammen aus einem realen sowie einem ideellen Wert. Achten Sie darauf, dass der ideelle Wert maximal ca. 50% vom Umsatz bei Übernahme beträgt. Der Übernahmebetrag sollte keinesfalls höher als die Hälfte bis höchstens einen Jahresumsatz plus Inventar betragen, entscheidend ist dabei, ob das Inventar bereits komplett abgeschrieben ist, sodass nur noch der tatsächlich reale Preis hierfür zu zahlen ist.
- Die Persönlichkeit, die „Ihre" Praxis bisher „ausgemacht" und damit einen gewissen Patientenstamm gebildet hat, ändert sich, d. h., die persönliche „Patientenbindung" an den Vorbesitzer geht verloren.
- Sie bringen Ihre eigene Persönlichkeit mit in die Praxis, an die sich Ihre Patienten erst gewöhnen müssen; eine sog. neue „Corporate Identity" wird dann das Praxisbild bestimmen. Gehen Sie allerdings davon aus, dass erfahrungsgemäß 30% des bisherigen Patientenstamms nicht mehr zu Ihren Patienten zählen werden.
- Vielleicht gibt es einige Patienten, die einem „Jungspund" wie Ihnen noch nicht allzu viel zutrauen und die Sie erst durch Ihre Leistungen überzeugen müssen.
- Möglicherweise erhöhen sich die Mietkosten.
- Ein nicht zu vernachlässigender Stressanteil kommt auf Sie zu – von „0" auf „100" –, ohne dass Sie sich langsam einarbeiten können.

Vorzugsweise in Fachzeitschriften finden Sie Inserate wie in **Abb. 5.3**.

Biologischer Schnitt fordert Nachwuchs!

Über 30 Jahre bestehende Praxis Norddeutschlands mit Patienten aus In-/Ausland durch PR. Über intern. Kontakte, eigene Bücher, Journalismus Seminarleiter, eigens entwl. Diagnosen-Therapien. Umsatz 300 000 – 500 000 Euro sucht fachkund., psychosomatisch orient. unternehmerisch denkenden, kontaktfreudigen Nachfolger. Zuschriften erbeten unter …

Abb. 5.3 Inserat Praxisübernahme.

5.3 Übernahmefaktoren – worauf Sie achten sollten

Wenn Sie sich für eine Praxisübernahme entscheiden, wäre es gut, wenn Sie die gleichen Therapieschwerpunkte wie Ihr Vorgänger haben. Die Praxis sollte mindestens 10 – 15 Jahre bestehen, davor spricht man noch nicht von einer „alteingesessenen" Praxis. Oft finden Sie in regionalen Tageszeitungen und Heilpraktiker-Verbandszeitungen Inserate (**Abb. 5.4**).

Praxiseinrichtung. Stellen Sie sicher, dass ein nahtloser Übergang gewährleistet wird und verändern Sie in der Praxis die ersten Monate nichts. Ihr Patient ist ein „Gewohnheitstier", er muss sich an einen neuen Behandler gewöhnen. Sich sofort auch auf neues Mobiliar und eine neue Praxisgestaltung einzustellen, überfordert manchen Patienten. Keinesfalls soll er in Betracht ziehen, den Therapeuten zu wechseln, ohne die Behandlung bei Ihnen wenigstens „ausprobiert" zu haben.

Prüfung der Praxisunterlagen. Prüfen Sie sämtliche Praxisunterlagen in Ruhe, je nach Absprache mit einem Steuerberater oder einem Rechtsanwalt.

Naturheilpraxis München-Ost

Suche aus Altersgründen baldmöglichst Nachfolger/in für langjährige Praxis (26 Jahre). Therapie: Ozon – Neuraltherapie – Irisdiagnose usw.
Voraussetzung: Gute Injektionstechnik.
Günstige Mietkonditionen, ca. 87 qm.
Chiffre: GA 0810

a

Gut gelegene Naturheilpraxis mit Haus wegen Umzugs zu verkaufen

Die Praxis besteht seit 1982 in einem Reiheneckhaus mit Anbau (ca. 100 qm Praxisfläche). Verkauf mit und ohne Praxiseinrichtung möglich.
Bei Interesse Anruf erbeten unter: 05406/1111

b

Abb. 5.4 Übernahmeanzeigen.
a Praxisübergabe aus Altersgründen.
b Praxisübergabe aufgrund von Umzug.

Dazu gehören:

- Gewinn- und Verlustrechnung der letzten 3 Jahre,
- Bilanzen der letzten 3 Jahre,
- Inventurlisten,
- eventuelle Mitarbeiterverträge,
- Mietvertrag,
- sonstige Miet- oder Leasingverträge,
- welche Umsätze regelmäßig getätigt werden,
- ob seine Einnahmen stabil sind.

Erkundigen Sie sich, ob **Verbindlichkeiten** existieren und ob diese übernommen werden müssen (gemeint ist damit beispielsweise ein geleaster Firmenwagen, ein monatlich abzuzahlender Kredit der letzten Büroeinrichtung usw.). Ebenso sollten Sie in Erfahrung bringen, ob **versteckte Verbindlichkeiten** bestehen (z.B. bestellte, aber noch nicht gelieferte Geräte).

Hintergründe des Praxisverkaufs. Klären Sie ab, warum der bisherige Inhaber verkaufen will und wie lange er schon einen Nachfolger sucht. Sprechen Sie mit Nachbarn, dem Berufsverband usw., welchen Ruf die Naturheilpraxis genießt.

Form der Praxisübergabe. Besprechen Sie mit dem bisher tätigen Heilpraktiker, in welcher Form er Ihnen die Praxis übergeben würde, d.h.:

- Arbeiten Sie einige Zeit im Vorfeld mit (mindestens ein halbes Jahr), damit Sie einen Einblick in den Praxisablauf und Praxisalltag bekommen.

Liebe Patientinnen, liebe Patienten, liebe Kinder;

mir ist die Entscheidung nicht leicht gefallen, nach über 30 Jahren endgültig Abschied von meiner Praxis zu nehmen. Ich hätte diesen Schritt sicher schon vor zwei bis drei Jahren getan, hatte bisher aber noch nicht das Glück, den richtigen Nachfolger zu finden, bei dem ich Sie in „guten Händen" weiß.
Mittlerweile kennen die meisten von Ihnen meine Nachfolgerin, Frau Klothilde Apoplexia; sie arbeitet bereits seit acht Monaten gemeinsam mit mir in der Praxis.
Sie hat die gleichen Behandlungsschwerpunkte wie ich, nur bringt sie zusätzlich noch die neuesten medizinischen Fachkenntnisse mit.
Ich möchte Sie bitten, ihr ein genauso tiefes Vertrauen entgegenzubringen wie meiner Person.
Für das in mich gesetzte Vertrauen über die letzten 30 Jahre hinweg möchte ich mich nochmals bei Ihnen bedanken und Sie einladen, den letzten Praxistag am Freitag, den 30. September, in Form einer kleinen Abschiedsfeier gemeinsam mit mir ausklingen zu lassen.
Frau Apoplexia wird sich nun ebenfalls noch kurz vorstellen.

Mit den allerbesten Grüßen und Wünschen für Ihre (gesundheitliche) Zukunft
Ihr Heilpraktiker
Werner Prostatitis

Sehr geehrte Patientinnen, sehr geehrte Patienten und Kinder;

ab Montag, dem 05. Oktober 2008, übernehme ich die Praxis meines lieben Kollegen W. Prostatitis und möchte die Chance nutzen, mich bei Ihnen kurz vorzustellen:
Mein Name ist Klothilde Apoplexia; ich bin seit fünf Jahren ausgebildete Heilpraktikerin mit den Therapieschwerpunkten Akupunktur, Phytotherapie sowie der Magnetfeldtherapie.
Bereits vor Beginn dieser beruflichen Laufbahn war ich therapeutisch tätig als Krankenschwester.
Ich würde mich sehr freuen, wenn Sie mir die gleiche Chance geben würden wie Herrn Prostatitis und möchte Sie ebenfalls zum „Tag der offenen Tür" am Freitag, den 30. September, einladen.
Herr Prostatitis und ich würden uns über Ihr zahlreiches Erscheinen sehr freuen.

Mit besten Grüßen
Klothilde Apoplexia

Abb. 5.5 Beispiel für ein Patientenanschreiben.

- Kommen Sie einige Male unangemeldet in die Praxis, um zu sehen, wie sie läuft.
- Stellt er Sie als seinen Nachfolger bei den Patienten vor?
- Steht er Ihnen auch im Nachhinein noch für Fragen zur Verfügung?
- Gehen Sie mit ihm die Karteikarten durch – sind sie aktuell oder gibt es viele „Karteileichen“ darunter?
- Setzen Sie für die Patienten ein gemeinsames Schreiben auf, in dem sich Ihr Vorgänger noch einmal für das Vertrauen seiner Patienten bedankt und Sie als Nachfolger kurz vorstellt (**Abb. 5.5**).

Machen Sie deutlich, dass Ihr Vorgänger Sie bewusst ausgewählt hat, weil er Sie für kompetent hält, in seine Fußstapfen zu treten und weil er seine Patienten bei Ihnen in „guten Händen“ weiß. Außerdem sollten Sie sich kurz vorstellen und Ihre Kompetenz, die Sie vermitteln möchten, mit einbeziehen. Bringen Sie zum Ausdruck, dass Sie stark motiviert sind, nicht nur Ihre Praxis zu eröffnen, sondern auch das Bestreben haben, Ihren Patienten die bestmögliche Versorgung zu bieten und dass Sie sich auf eine Zusammenarbeit mit Ihnen freuen.

Ansonsten bleibt es Ihnen und Ihrem Vorgänger überlassen, wie Sie diesen Brief gestalten möchten (z. B. ob Sie noch etwas zu Ihren Familienverhältnissen, Ihrem Alter, Ihrem persönlichen Hintergrund, Ihren Fachfortbildungen oder Zusatzqualifikationen sagen möchten) – sofern Sie sich im Rahmen der gesetzlichen Vorschriften bewegen.

Vergessen Sie nicht, dass der reguläre Weg für eine Übernahme der Patienten so aussieht, dass Sie deren Einverständnis benötigen, um die Krankenakte übernehmen zu dürfen. Im Idealfall rufen Sie den Patienten gemeinsam mit Ihrem Vorgänger an und lassen sich telefonisch vorstellen. Wenn Sie mit ihm sprechen, fragen Sie ihn, ob Sie seine Akte übernehmen dürfen und ob er Ihnen dies ggf. beim nächsten Besuch unterschreiben würde. Andernfalls ist es das Recht des Patienten, die eigene Krankenakte von der Praxis abzuholen!

Konkurrenzschutzklausel. Was Sie ebenfalls nicht vernachlässigen sollten, ist die Frage, ob neue Kollegen in der näheren Umgebung zu erwarten sind oder neue Praxen eröffnen (und damit vielleicht ein Rückgang Ihres Patientenvolumens zu befürchten ist). Doch nicht ausschließlich neue Kollegen sind hier von Bedeutung. Schließen Sie bei einem Praxisübernahmevertrag auf jeden Fall eine sog. „Konkurrenzschutzklausel“ ab, d. h., Ihrem Vorgänger ist es somit verboten, im Umkreis von 5 km eine neue Praxis zu eröffnen und so eventuell Patienten „mitzunehmen“. Ansonsten finden Sie in der nächsten Ausgabe des lokalen Anzeigenblattes vielleicht eine Anzeige wie in **Abb. 5.6** gezeigt.

Ist der Praxisstandort langfristig gesichert? Bereiten Sie, in Absprache mit Ihrem Kollegen, ein Übernahmeprotokoll vor, das alle relevanten Fragen und Fakten anspricht. Unterschreiben Sie es am besten mit Zeugen und lassen es durch einen Anwalt legitimieren.

Wenn Sie Mitarbeiter übernehmen, sollten Sie zusätzlich folgende Punkte ansprechen und abklären:

- Wie sehen die Arbeitsverträge aus?
- Wird das Gehalt in Form eines fest bestimmten Monatsgehaltes gezahlt oder in Form von Stundenvergütung?
- Bekommen Ihre Mitarbeiter Weihnachts- und / oder Urlaubsgeld?
- In welcher Höhe sind die gesetzlich sozialen Aufwendungen wie

Nach Abgabe meiner langjährig geführten Praxis in Gelnhausen, Bahnhofstraße 12, an einen Nachfolger praktiziere ich

ab 27. März 2008 in neuen Räumen für privatversicherte und selbstzahlende Patienten.

Sprechzeiten: Di. + Do. von 16.00 – 18.00 Uhr sowie nach Vereinbarung

Heilpraktiker Dieter Mati
Bahnhofstraße 3, 63571 Gelnhausen
Tel.: 06051 / 11111

Abb. 5.6 Umzugsanzeige

- Rentenversicherung,
- Arbeitslosenversicherung,
- Kranken- und Pflegeversicherung,
- freiwillige Sozialleistungen (vermögenswirksame Leistungen),
- Sachleistungen (Dienstwagen)

zu erwarten?

- Hat Ihr Vorgänger Mitarbeiter beschäftigt, bei denen er Unterstützungen vom Arbeitsamt bekommt (Behinderte, Langzeitarbeitslose usw.) – wie sehen hier die Modalitäten aus?
- Arbeitsverträge der Mitarbeiter gehen bei Betriebsübergang automatisch auf die Praxiskäufer über.

6 Marketingkommunikation

In diesem Kapitel bekommen Sie eine Übersicht über die Vielzahl der Kommunikationsmittel. Verschaffen Sie sich einen Überblick, denn Kommunikation ist mehr als das gesprochene Wort.

Der Begriff stammt aus der Wirtschaftswelt und umfasst alle notwendigen Maßnahmen, um

- auf Ihre Praxis hinzuweisen,
- auf das Praxisangebot aufmerksam zu machen,
- den Patientennutzen klar herauszukristallisieren,

und zwar mittels Werbung und Kommunikation.

Erreicht wird dies u.a. durch Ihre Corporate Identity, der Präsentation Ihrer eigenen Person und Ihrer Praxis in der Öffentlichkeit sowie der Repräsentation nach außen in Form von Öffentlichkeitsarbeit.

6.1 Praxisidentität (Corporate Identity)

Übergeordnet spricht man von der sog. „Corporate Identity" – dem strategisch geplanten Selbstbild Ihrer Praxis.

Es hat die Funktion der

- Eigenmotivation,
- der Identität mit der Praxis sowie
- einer Botschaftsfunktion an Ihre Patienten, Kooperationspartner und alle Interessensgruppen, die mit Ihrer Praxis zu tun haben.

Die Corporate Identity setzt sich aus drei Teilen zusammen:

- Corporate Behavior, d.h., wie verhalten Sie sich?
- Corporate Communication, d.h., wie treten Sie auf, wie sprechen Sie, welche Wortwahl setzen Sie ein?
- Corporate Design, d.h., wie sehen Ihre Werbemittel aus (vgl. Kap. 12, S. 80 ff)?

6.1.1 Ihr persönliches Erscheinungsbild

Versetzen Sie sich in die Lage Ihrer Patienten. Sie kommen (zum ersten Mal) in eine Naturheilpraxis. Was erwarten Sie? Wie sollte man während der Sprechstunden gekleidet sein? Im weißen Kittel, steril und an einen Arzt erinnernd (**Abb. 6.1**)? Oder doch eher „zivil"?

Meiner Meinung nach sollte während einer Behandlung auf weiße „Schutzkleidung" nicht verzichtet werden. Es macht nicht nur einen sauberen, sondern auch einen professionellen Eindruck. Und Professionalität ist doch das, was Sie vermitteln möchten.

Ein klassischer Homöopath, der weder mit Akupunktur therapiert noch Eigenblutbehandlungen o.Ä. durchführt, wird hierzu möglicherweise eine andere Einstellung haben und den „weißen Kittel" vielleicht eher als Barriere sehen, denn seine Schwerpunkt ruht auf der „Nähe zum Patienten". Hier muss jeder seinen eigenen Weg finden.

Abb. 6.1

Dazu ein nicht nachahmenswertes Beispiel:

Negatvbeispiel

Der Heilpraktiker Klaus Humerus möchte sich selbstständig machen und sucht passende Praxisräume. Seinen Behandlungsschwerpunkt sieht der geprüfte Heilpraktiker mit der Zusatzausbildung zum naturheilkundlichen Psychotherapeuten in den Krankheitsbildern der Depression, Trauerarbeit, Verstimmungen usw.

Er findet günstige Praxisräume in der 1. Etage eines Mehrfamilienhauses, in dem das Erdgeschoss an ein Beerdigungsinstitut vermietet ist.

Seine mystische Ader bewegt ihn dazu, schwarze Drucke mit Traumsymbolen im Wartezimmer aufzuhängen und die Praxis insgesamt sehr dunkel zu gestalten.

Auch ist sein persönlicher Kleidungsstil, auf den er nicht verzichten möchte, eher dunkel angehaucht und er wird selten ohne schwarze Hose und schwarzes Hemd gesehen.

6.1.2 Erscheinungsbild Ihrer Praxis

Ich möchte in diesem Kapitel weniger auf eine architektonisch durchdachte Praxisaufteilung eingehen als vielmehr auf gewisse Rahmenstrukturen.

Es gibt nichts Wichtigeres als den ersten Eindruck. Versuchen Sie auch hier, sich in die Lage Ihres Patienten zu versetzen. Sobald der Patient Ihre Praxis betritt, sollte er sich wohl fühlen.

Dieses Gefühl kann von Ihnen positiv unterstützt werden, indem Sie die folgenden Empfehlungen berücksichtigen:

- Achten Sie darauf, dass Eingangsbereich und Wartezimmer hell und freundlich erscheinen.
- Gestalten Sie Ihre Praxis farbpsychologisch abgestimmt. So kann man bereits mit der richtigen Farbkombination eine Menge an positiver Ausstrahlung und damit Wohlbefinden beim Patienten erreichen. Streichen Sie die Wände des Wartezimmers beispielsweise hellgelb:
  - Gelb wirkt geistig anregend, steigert die Konzentrationsfähigkeit und fördert den verbalen Austausch.
  - Grün ist ein Symbol für Hoffnung, Regeneration, Heilung und ewiges Wachstum – planen Sie diese Farbe ruhig im Bereich Ihres Behandlungszimmers mit ein.
- Sehr angenehm und entspannend können musikalische Hintergrundmelodien, z. B. Klassik, Meditationsmusik, wirken.
- Pflanzen und Bilder lassen Ihre Räumlichkeiten gegebenenfalls warm erscheinen.
- Wohlwollend bemerkt man sicher bequeme Stühle (im Gegensatz zu zahlreichen Arztpraxen) und eine kindgerechte „Krabbelecke“ mit Spielsachen und eventuell kleinen Stühlchen.
- Platzieren Sie Dinge in Ihrem Wartezimmer, von denen Sie meinen, dass sich Ihre Patienten dafür interessieren könnten, gerade wenn es sich um den ersten Besuch bei Ihnen handelt – doch Achtung: weniger ist u. U. manchmal mehr.

! Insgesamt gesehen sollten die Räumlichkeiten sauber sein. Achten Sie in diesem Zusammenhang auf die Teppiche im Eingangsbereich, die so pflegeleicht sein sollten, dass Sie auch dann gepflegt aussehen, wenn Patienten aufgrund von widrigen Wetterverhältnissen mit nassen Schuhen in Ihre Praxis kommen.

6.1.3 Praxisinterna

Urkunden und Zertifikate. Informationen in Form von

- Urkunden über Ihre Zulassung als Heilpraktiker,
- Urkunden über Zusatzqualifikationen wie z. B. ein Zertifikat über Akupunktur, eingerahmt und dekorativ an der Wand hängend,

vermitteln dem Patienten bereits im Vorfeld den Eindruck eines professionellen, mit medizinischem Wissen ausgestatteten Behandlers.

Wählen Sie diese Urkunden und Zertifikate gut aus, damit Sie hinterher keinen gegenteiligen Effekt erreichen, wenn Ihre Wand mit Urkunden geradezu „tapeziert“ erscheint.

Informationspinnwand. Eine Pinnwand, platziert an einer gut sichtbaren Stelle, informiert über Neuigkeiten in der Praxis, z. B.:

- Urlaubszeiten,
- Nachrichten, wie z. B. „Denken Sie daran, für Ihre Einkommenssteuererklärung die Quittung für Ihre Behandlungen während des Jahres anzufordern!"
- Rubrik für Ihre Patienten „Suche – Biete"

Außerdem können Sie in Ihrem Wartezimmer Bilder, Skulpturen o. Ä. von Künstlern aus Ihrer Region (!) ausstellen. Bieten Sie diesen ein Forum, sich zu präsentieren, und geben Sie Einladungen an Freunde, Bekannte, Therapeuten und Patienten im Rahmen einer Ausstellungseröffnung aus.

Praxishandbuch. Lassen Sie sich etwas einfallen, Ihr Patient fühlt sich dadurch persönlich angesprochen und merkt, dass Sie nicht nach „Schema F" behandeln. Ein entscheidender Punkt, gerade in der heutigen Zeit, sind Zertifizierungs- und Qualitätsnachweise (s. Kap. 9.4.1, S. 54 f.). Ein Ordner in Ihrem Regal, sichtbar für den Patienten, mit der Aufschrift Ihres Berufsverbandes „Praxishandbuch – Qualitätssicherung in der Naturheilpraxis", ist ein entscheidend positiver Punkt.

6.1.4 Praxisführung

Haben Sie sich bereits überlegt, welche Form der Praxis Sie führen möchten?

Bevorzugen Sie feste Sprechzeiten?

Beispiel fester Sprechzeiten:

Montag–Mittwoch 9.00 – 12.00 Uhr

Donnerstag 9.00 – 18.00 Uhr

Oder möchten Sie Termine ausschließlich nach telefonischer Vereinbarung vergeben?

Beispiel telefonischer Vereinbarung:

Terminvergabe nur nach telefonischer Vereinbarung

Tel.: 01234/567 800 00

Vor- und Nachteile der beiden Formen. Beide Formen der Praxisführung haben sowohl Vor- als auch Nachteile. Gerade zu Beginn Ihrer Selbstständigkeit kann es eine Weile dauern, bis Sie bekannt sind bzw. bis man Sie weiterempfiehlt. So kann es passieren, dass Sie bei der ersten Variante, den festen Sprechzeiten, größtenteils allein in Ihrer Praxis sitzen und viel „Leerlauf" haben.

Natürlich können Sie dem Ganzen auch etwas Positives abgewinnen, indem Sie sagen: „Das ist ganz in meinem Sinne, dann kann ich viel lesen oder dies und das ausprobieren." Doch vielleicht kommt auch eine gewisse Frustration auf. Ganz wichtig: Es ist normal, dass es eine gewisse Zeit dauert, bis sich Ihre Praxis herumgesprochen hat bzw. sie sich selbst trägt! Sollte dies der Fall sein, entscheiden Sie sich für die Variante der telefonischen Terminvereinbarung.

Termine nach telefonischer Vereinbarung haben den Vorteil, dass Sie in der Lage sind, verschiedene Termine zeitlich angrenzend planen zu können und nicht „vergebens" in Ihrer Praxis sitzen. Sie sollten allerdings ausreichend Zeit für die einzelnen Termine veranschlagen, gerade bei Therapieformen wie der „klassischen Homöopathie". Aus einem zweistündig geplanten Gespräch kann ein dreistündiges entstehen, wenn der Patient zu Ihnen Vertrauen gefasst hat und über ein dringendes Anliegen berichtet. Der nachfolgende Patient sollte dennoch nicht warten müssen.

Einbeziehung von Praxisstandort und Familienstand. Weiterhin sollte man sowohl den Praxisstandort als auch den Familienstand mit in die Wahl der Sprechzeiten einbeziehen. So kann beispielsweise eine Praxis in den eigenen Souterrainräumlichkeiten mit einer Klingel versehen werden, die Sie im gesamten Haus hören. In ruhigen Zeiten können Sie somit den Alltagsaufgaben nachkommen und sind dennoch erreichbar. Nachteil des Standortes kann allerdings sein, dass Patienten, Pharmareferenten usw. Sie auch privat erreichen, d. h. außerhalb jeglicher Sprechzeiten und sieben Tage die Woche.

Mischform. Bei Abwägung des Für und Wider beider Varianten entscheiden Sie sich vielleicht für die Mischform, d. h. sowohl feste Sprechzeiten als auch die Möglichkeit der Terminabsprache. Ihr Praxisschild könnte dann – Ihre Sprechzeiten betreffend – folgendermaßen aussehen:

Beispiel fester und flexibler Sprechzeiten:

Montag–Mittwoch 9.00 – 12.00 Uhr

Donnerstag 9.00 – 18.00 Uhr

Freitags nur nach telefonischer Vereinbarung

Tel.: 01234/56780000

Patientenservice. Abgesehen von Ihren Sprechzeiten gibt es weitere Ansatzpunkte, wie Sie Ihren Patienten einen gewissen „Service" bieten und sich damit von Ihren Kollegen abheben können:

- Führen Sie feste Telefonsprechzeiten ein. Ihre Patienten haben so beispielsweise die Möglichkeit, Laborwerte zu erfragen oder sich nach anderen Befunden zu erkundigen. Dabei können sie sich sicher sein, Sie nicht in Ihrem Behandlungsalltag zu stören und sind sich somit Ihrer vollen Aufmerksamkeit sicher.
- Geben Sie bekannt (z. B. an der Pinnwand in Ihrem Wartezimmer), dass Sie auch **Termine außerhalb der üblichen Sprechzeiten** vereinbaren, manche Menschen haben Schichtdienst und werden Ihnen dankbar sein.
- Führen Sie nach Absprache eine Art **Erinnerungsdienst** ein – entweder für altersbedingt sehr vergessliche Patienten oder bei Terminen, die bereits vor längerer Zeit vereinbart worden sind (wenn Sie einen Computer haben, kann man diese Funktion unter Umständen in Ihr Programm aufnehmen und der Computer zeigt Ihnen automatisch an, wenn Sie jemanden erinnern müssen).
- Bereiten Sie eine Skizze vor, die Ihren Patienten den Weg zu Ihrer Praxis mit dem PKW sowie mit öffentlichen Verkehrsmitteln weist und senden Sie diese auf Wunsch zu.

6.1.5 Praxissignet

Die Grundlage der Corporate Identity besteht aus einem einprägsamen Praxissignet, welches Sie, nach Rücksprache mit Ihrem jeweiligen Berufsverband, verwenden.

Praxislogo. Suchen Sie sich ein Logo aus, das Ihnen gefällt, mit dem Sie sich identifizieren können, und bleiben Sie dabei. Erlaubt sind dabei Symbole, die Sie mit Ihrer Praxis und dem Thema Naturheilkunde verbinden und sich zu eigen machen möchten, abstrakte Zeichen, soweit Sie § 11 HWG beachten, d. h. „die bildliche Darstellung von Personen in der Berufskleidung oder bei der Ausübung der Tätigkeit von Angehörigen der Heilberufe" vermeiden. Im Zweifelsfall fragen Sie bei Ihrem Berufsverband nach.

Bitte beachten Sie auch, dass Sie kein Logo verwenden, das auf dem Markt durch einen Konkurrenten oder anderen Anbieter genutzt wird.

Wechseln Sie Ihr Signet nach Möglichkeit nicht, weil man gewisse Dinge bereits nach kurzer Zeit mit Ihnen verbindet und sie das Praxiskonzept bestimmen.

Fremdbild (Corporate Image). Mit immer wiederkehrenden Symbolen und Elementen bekommt Ihr Patient einen „roten Faden", sodass nach gewisser Zeit ein **Wiedererkennungseffekt** stattfindet. Damit haben Sie dann das sog. „Corporate Image" erreicht, das Fremdbild. Es wird Sie auf Ihren Briefen, Visitenkarten, Anzeigen, Schildern, Stempeln, Rezeptblöcken usw. begleiten.

Es ist der Wiedererkennungswert Ihrer Praxis von außen, sodass Sie mit Ihrer Corporate Identity, also dem geplanten Selbstbild Ihrer Praxis, und dem Corporate Image beide Seiten der Medaille zusammengefügt haben. Achten Sie auf jeden Fall bei der Auswahl Ihres Signets darauf,

Abb. 6.2 Praxislogo.
a Erlaubte Symbole.
b Verbotene Symbole.

dass es zu Ihrer Praxis und Ihrer Philosophie, die Sie vermitteln möchten, passt und diese professionell wirken. Zusätzlich können Sie das Logo Ihres Berufsverbandes verwenden (Anmerkung: lt. unserer Berufsordnung, Artikel 16, wird dies sogar gewünscht). Sie sollten nach Möglichkeit Ihr Signet mit Ihren Praxisfarben abstimmen, auch im Rahmen Ihrer Werbemaßnahmen (→ Verstärkung des Werbeeffekts).

Verzichten Sie auf übertriebene Selbstdarstellung, Ihre Patienten wählen Sie aufgrund Ihres Könnens, der Art wie Sie mit ihnen umgehen und Ihrer Persönlichkeit. Sie müssen sich nicht verstellen.

! Auch hier gilt: „Weniger ist mehr!" und „Das Besondere fällt auf!"

Kriterien zur Auswahl des Signets. Bei der Auswahl Ihres Signets könnten Sie folgende Überlegungen in Betracht ziehen:

- Sie sind leidenschaftlicher Phytotherapeut? Wie wäre es mit einer ausgesuchten Pflanze (**Abb. 6.3**)?
- Sie beschäftigen sich schwerpunktmäßig mit Kraniosakraltherapie? Wie wäre es mit einzelnen Knochen, Muskeln oder dem Skelettsystem (**Abb. 6.4**)?
- Sie praktizieren vornehmlich im Bereich der Psychotherapie? Wie wäre es mit Symbolen, die Glück, Entspannung und Ausgeglichenheit zum Ausdruck bringen (**Abb. 6.5**)?

Abb. 6.3 Pflanzendarstellung

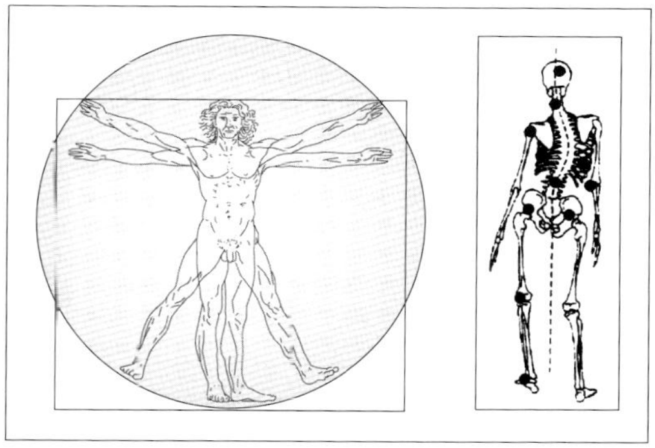

Abb. 6.4 Mögliche Praxislogos.

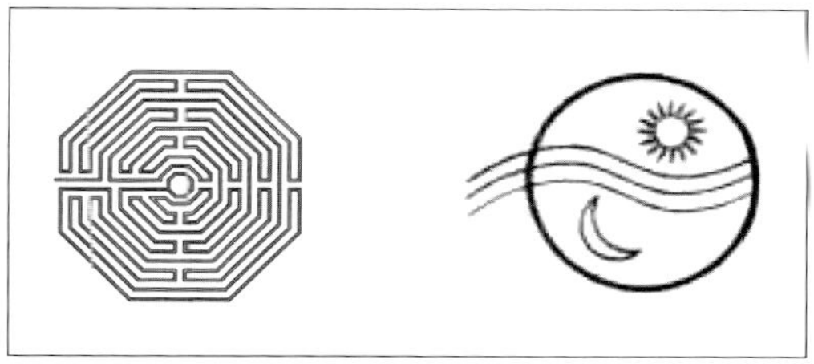

Abb. 6.5 Mögliche Logos im Bereich der Psychotherapie.

6.2 Formale Repräsentation

Die formale Repräsentation vermittelt Ihren Patienten, Kollegen sowie allen anderen Personen, die Drucksachen von Ihnen bekommen, ein bestimmtes Bild von Ihnen. So macht es beispielsweise einen professionellen Eindruck, wenn ein Bogen Briefpapier oder Rechnungsbogen maschinell erstellt oder gedruckt wurde, anstatt ihn handschriftlich zu verfassen.

Inhalte der Drucksachen. Auf jeden Fall sollten sämtliche Drucksachen folgende Dinge beinhalten:

- Ihren Namen,
- Ihren Beruf,
- Ihre Anschrift,
- Ihre Telefon- und Faxnummer,
- Ihre Internetadresse und Homepage,
- Ihre Mobilnetznummer,
- nach Möglichkeit Ihr Verbandslogo (wird bereits in der Berufsordnung, Artikel 16, erwähnt: „Verbandszugehörigkeiten sollten auf Rezepten, Rechnungen u.a. durch Abdruck des Mitgliedstempels kenntlich gemacht werden").

6.2.1 Visitenkarten

Abgesehen von der Tatsache, dass Sie **immer und zu jeder Zeit** einige Visitenkarten bei sich haben sollten, muss der Aufdruck auf der Visitenkarte Ihrer Corporate Identity entsprechen. Wie wichtig die Aussage auf Ihrer Visitenkarte ist, können Sie im Kap. 11.4, S. 74 ff. noch einmal vertiefen.

Es bleibt Ihnen überlassen, wie Sie Ihre Visitenkarte entwerfen, sofern Sie folgende Dinge beachten: Ihre Visitenkarte ist „Ihr Aushängeschild“ in der Öffentlichkeit. Sie sollten sich in jedem Falle mit Ihrem Berufsverband absprechen, inwieweit Sie außer Ihrem Verbandslogo gewisse andere Logos / Symbole benutzen dürfen.

Vielfach findet man Logos wie in **Abb. 6.6** gezeigt. Auch hier noch einmal der Hinweis: Gesetzlich gesehen bedürfen Sie keiner Genehmigung durch Ihren Berufsverband – Sie haben in der Auswahl der Logos freie Wahl. Doch im Rahmen Ihrer freiwilligen Mitgliedschaft in Ihrem Verband sollten Sie die dort herrschenden Regeln nach Möglichkeit akzeptieren.

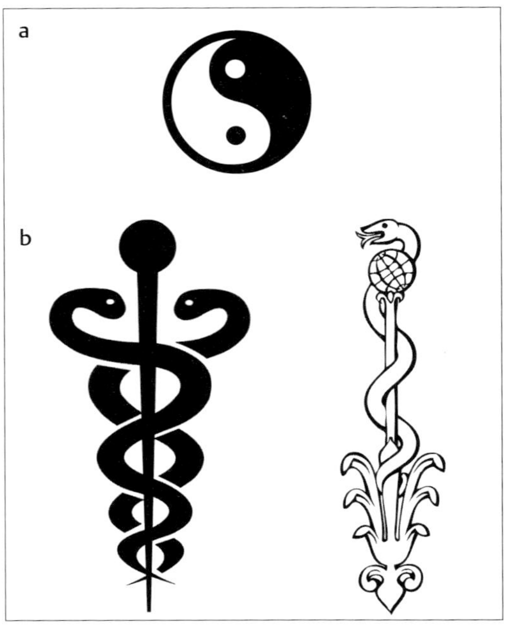

Abb. 6.6 Logos für Visitenkarten.
a Yin und Yang.
b Äskulapstäbe.

! Ihr Name, Ihre Adresse, Telefon- und Faxnummer sowie ein Verweis auf Ihre Homepage im Internet sollten auf Ihrer Visitenkarte keinesfalls fehlen.

Inhalt der Visitenkarte. Angelehnt an die Berufsordnung (vgl. Kap. 14, S. 106) dürfen Sie auf Ihrer Visitenkarte bis zu drei Therapiearten abdrucken (gesetzlich gesehen auch hier wieder der Fall, dass diesbezüglich keine Vorschriften mehr existieren). Daher sollten Sie sich vorab überlegen, welche **Therapieschwerpunkte** Sie wählen. Bitte denken Sie jedoch daran, dass Sie aufgrund HWG § 3 keine Heilungsversprechen o. Ä. machen dürfen (z. B. „erfolgreicher Krebstherapeut“).

Was Sie ebenfalls bedenken sollten, ist die Tatsache, dass es sich um Therapieformen handeln muss, wie z. B.:

- Aderlass, Akupressur, Akupunktur, Aromatherapie,
- Bach-Blütentherapie,
- Injektionen,
- Magnetfeldtherapie.

Eigentliche „Untersuchungs- bzw. Diagnosemethoden“ sind damit nicht gemeint, werden aber oft unwissentlich verwendet. Beispiele wären hier:

- Irisdiagnose,
- Kirlian-Fotografie.

Dabei handelt es sich streng genommen nicht um Therapieformen!

Auch Ihr Beruf – Heilpraktiker – sollte klar definiert auf Ihrer Visitenkarte stehen (s. „Häufige Leserfragen“, S. 148).

Spezialisierungsbezeichnung. Bis Anfang 2002 waren diese Zusatzbezeichnungen / Spezialisierungen seitens der Verbände durch unsere (juristisch allerdings unverbindliche) Berufsordnung verboten. Kinderheilpraktiker oder Sportheilpraktiker – diese Bezeichnungen waren undenkbar.

Wie zu Beginn des Buches erläutert, wird auch heute noch der Berufsstand der Heilpraktiker stets an den Verboten der Ärzteschaft gemessen. Die Landesärztekammer hielt Spezialisierungsbezeichnungen für berufswidrig, da § 27 der Musterberufsordnung für Ärzte eine anpreisende Werbung für Ärzte verbietet.

Gesetzesvorgaben. Das Bundesverfassungsgericht entschied, dass diese Spezialisierungsbezeichnung in einem Informationsblatt nur dann berufswidrig sei, wenn sie „keine interessengerechte und sachangemessene Information darstellt" (BVerfG 2002-02-08; 1 BvR 1147/01). Genannt wurde hier das Beispiel eines **Kniespezialisten**. Sollten Sie sich also auf einem Gebiet durch Zusatzqualifikationen und Erfahrungen spezialisiert haben, dürfen Sie dies auch zum Ausdruck bringen. Voraussetzung ist, dass Sie tatsächlich spezialisierte Kenntnisse in diesem Bereich haben.

Beispiel

„Heilpraktikerin Klothilde Apoplexia – Homöopathin"

Stellen Sie jedoch sicher, dass Sie mittels Ihrer Fachweiterbildungen wirklich zum Spezialisten avanciert sind, da Sie mit Einwänden von Kollegen und evtl. Ihrem Berufsverband rechnen müssen. Wägen Sie ab, ob Sie sich bereits als „Neueinsteiger" Spezialist nennen wollen oder doch erst einmal einige Zeit Berufserfahrung auf Ihrem Gebiet sammeln.

Formale Aspekte. Ein Vorschlag zum Format: Wählen Sie nach Möglichkeit ein gängiges Visitenkartenformat, auf dem alle wesentlichen Informationen auf der Vorderseite beinhaltet sind. Die Rückseite können Sie, ganz patientenorientiert, mit einem kleinen Stadtplan/Lageplan versehen, der den Weg zu Ihrer Praxis weist. Diese Visitenkarten passen in alle gängigen Geldbörsen. Visitenkarten zum Aufklappen sind meist so konzipiert, dass sie zwar genauso hoch, aber ca. 1 cm breiter und somit schwerer aufzubewahren sind.

Abgesehen von Druckereien und Firmen, die Praxisbedarf (vgl. Anbieter für Praxiszubehör, S. 150) führen, besteht auch hier die Möglichkeit, Ihre Visitenkarten via Internet zu erstellen, Preisvergleiche zu tätigen und sich zuschicken zu lassen. Einige Anbieter werben mit Gratisangeboten zum Einstieg – erkundigen Sie sich, Sie können unter Umständen eine Menge Geld sparen.

6.2.2 Rezeptblöcke

Auch auf diesem Formular sollte keineswegs Ihr Name, Ihre Berufsbezeichnung, Ihre Adresse sowie Telefon-, Fax- und Mobilnetznummer, Ihre Internetadresse sowie das Datum fehlen. Wenn Sie auf Ihren Visitenkarten ein Verbandslogo oder ein anderes Emblem haben aufdrucken lassen, sollten Sie es auch hier mit einbringen (**Abb. 6.7**).

Einen Rezeptblock farbig zu hinterlegen, halte ich für sehr ungünstig. Dieses Dokument ist grundlegend weiß zu halten, es soll schließlich einen fachlich korrekten und medizinisch versierten Eindruck vermitteln, was schwerlich möglich ist, wenn es z. B. mit rosa Gänseblümchen versehen wäre.

Klothilde Apoplexia

Heilpraktikerin
Prothesenstr. 2
23333 Musterhausen
Tel./Fax: 01234 / 6789
www.kapoplexia.de

Rezept

Abb. 6.7 Muster Rezeptblock.

Wenn Ihre formellen Drucksachen in einer Druckerei in Auftrag gegeben werden, holen Sie sich diesbezüglich dort Rat. Für den Fall der Eigenkreation können Sie sich auch Anregungen von Ihren Kollegen einholen.

6.2.3 Terminblöcke

Hier gelten die Ausführungen im vorhergehenden Kapitel.

6.2.4 Rechnungen

Für den Fall, dass Sie ein spezielles Anwendungsprogramm für Ihren Computer besitzen, genügt es vermutlich, Ihre Grunddaten einmalig einzugeben. Der Computer druckt Ihnen automatisch ein Rechnungsformular aus.

Für den Fall, dass Sie **kein** solches Programm besitzen, sollte Folgendes auf Ihrem Rechnungsformular nicht fehlen:

- Ihre Praxisangaben: In aller Regel beginnt Ihr Rechnungsformular mit Ihrem **Briefkopf**, d. h. Ihrer Praxisbezeichnung, Ihrem Namen sowie Ihrer Anschrift. Idealerweise fügen Sie Ihre Telefonnummer sowie Ihre Internetadresse hinzu.
- Adresse des Patienten: Die Adresse ist ganz wichtig. An wen ist der Brief adressiert? Haben Sie den Namen korrekt geschrieben? Für einen Außenstehenden ist es vielleicht unwichtig, ob man den Vornamen „Christian" mit „C" oder „K" schreibt, für die Person selbst jedoch nicht. Und ein bereits beim Öffnen der Rechnung irritierter Patient wird niemals so zahlungsfreudig sein wie ein zufriedener.
- Ihr Anliegen: Was soll Ihr Schreiben darstellen? Schreiben Sie auf das Formular, dass es sich um eine Rechnung handelt. Je nachdem, wie „kundenorientiert" Sie sind, vermerken Sie auf der Rechnung (vielleicht mit einem Stempel) das Wort „Original" und drucken dem Patienten noch eine Kopie der Rechnung aus, die Sie mit dem Aufdruck „Kopie" versehen. Jeder privat versicherte Patient wird Ihnen dankbar sein, da er das Original zu seiner Krankenkasse schicken muss und eine Kopie für seine Unterlagen abheften kann. Außerdem weiß er so genau, wo er unter Umständen Ihre Adresse inkl. Telefonnummer finden kann, falls er Ihre Visitenkarte verlegt hat.
- Rechnungsnummer.
- Rechnungsdatum.
- Förmliche Anrede des Patienten: Schreiben Sie Ihren Patienten korrekt an! Vertraulichkeiten sind hier fehl am Platz. Es wird generell der komplette Nachname ausgeschrieben. Wenn Ihr Patient einen Doktortitel oder einen angeborenen Titel (wie z. B. „Freiherr von und zu") trägt, wird dieser in der Anrede mit angegeben.
- Behandlungszeitraum.
- Aussagekräftige Diagnose: Denken Sie daran, diese Diagnose muss sowohl für Ihren Patienten als auch für die Leistungsstelle seiner Krankenkasse nachvollziehbar sein. Je weniger Nachfragen seitens der Krankenkasse kommen, desto schneller erhält der Patient die Rückerstattung der Krankenkasse.
- Kennziffer des GebüH mit Anzahl der Therapiesitzungen, Einzelpreis und Endsumme: Bevor Sie Ihre erste Rechnung schreiben, sollten Sie sich die GeBüH für Heilpraktiker besorgen. Hier finden Sie das notwendige Knowhow, d. h. Leistungsbezeichnungen sowie Gebührennummern.
- Gesamtsumme: Die Gesamtsumme sollte klar erkennbar als Summe der einzelnen Leistungen am Ende der Rechnungsaufstellung stehen.
- Bankverbindung: Ihre Bankverbindung geben Sie am besten in einem in freundlichem Umgangston gestalteten Satz am Ende der Rechnung an.
- Datum, bis wann Ihr Patient die Rechnung überweisen soll.

Beispielsweise könnte ein Rechnungsformular aussehen wie in **Abb. 6.8** abgebildet.

! Hier noch ein Hinweis: In den Zeiten der bargeldlosen Bezahlungen sollten Sie die Möglichkeit in Betracht ziehen, Ihrem Patienten die Wahl zu lassen, die Rechnung bar zu zahlen, zu überweisen oder direkt in Ihrer Praxis mit einer EC-Karte zu begleichen. Ein möglicher Anbieter für die Direktbezahlung in Naturheilpraxen ist bisher die Deutsche Post.

Naturheilpraxis
Klothilde Apoplexia

Prothesenstraße 2
23333 Musterhausen
Tel./Fax: 01234 / 6789
www. kapoplexia.de

Frau Östrogenia Muster
Musterhausener Straße 1

23333 Musterhausen

Ihre Rechnung

Rechnungsnummer: 3/08
Rechnungsdatum: 01.03.2008

Sehr geehrte Frau Muster,

für meine Bemühungen für die Zeit vom 15.02.08 bis zum 28.02.08 erlaube ich mir, den Betrag von 22,00 Euro zu berechnen.

Spezifikation:
Diagnose: chron. Musteritis

Datum	Menge	GebüH	Bezeich. Leistung	Preis €
15.2.08	1	1	Eingehende Untersuchung	12,–
	1	25.1	Injektion subcutan	5,–
27.2.08	1	25.1	Injektion subcutan	5,–

Rechnungsbetrag 22,– Euro

Bitte überweisen Sie den Betrag bis zum 15.03.08 auf folgendes Konto:
Naturheilpraxis Klothilde Apoplexia; Hemibank Musterhausen, BLZ: 1234567; Kontonummer: 3333333

Abb. 6.8 Rechnungsformular

6.2.5 Briefpapier

Formale Voraussetzungen. Wenn Sie an das vorangegangene Kap. 6.1 denken, so sollten Sie auch bei der Erstellung des Briefpapiers Wert auf ein einheitliches Erscheinungsbild legen:

- **Typologie:** Welche Schriftart wählen Sie? Am häufigsten werden die Schriftarten „Times New Roman" oder „Arial" verwendet.
- **Schriftgröße:** Welche Größe wählen Sie? Im fließenden Text reicht die Größe 10 Punkt vollkommen aus.
- **Art:** Welche Sorte Briefpapier möchten Sie benutzen? Bleiben Sie auch hier bei Ihrer Corporate Identity, unabhängig davon, ob Sie teures Büttenpapier oder gängiges Kopierpapier benutzen.
- **Aufteilung:** Überlegen Sie sich vorab genau, wie Sie Ihr Briefpapier anordnen möchten. Eine Vorschau des aktiven Word-Dokuments bekommen Sie, indem Sie in der Symbolleiste den Button „Seitenansicht" drücken. Sie können ein Probeexemplar auch ausdrucken und auf sich wirken lassen.

Inhaltliche Voraussetzungen. Ihr Briefpapier sollte, ähnlich dem Formular eines Rezeptblockes, Ihren Namen, Ihre Berufsbezeichnung, Ihre Adresse und Telefon-/Faxnummer sowie

Internetadresse im Briefkopf enthalten. Dazu Ihre – vorausgesetzt, es wird von Ihnen gewünscht – Therapieschwerpunkte und Öffnungszeiten.

6.2.6 Faxvorlagen

Zur Erstellung einer Faxvorlage können Sie sich an den inhaltlichen Voraussetzungen des Briefpapiers orientieren.

6.2.7 Aufnahmen der Irisdiagnose

Falls Sie Ihr Irismikroskop an Ihren Computer angeschlossen haben sollten, überlegen Sie sich, ob Sie Ihren Drucker so einstellen bzw. umrüsten können, dass unter den Aufnahmen jeweils Ihr Name mit Berufsbezeichnung und der Telefonnummer steht, für den Fall, dass Ihr Patient einen Abzug mit nach Hause nehmen möchte.

6.2.8 Praxisstempel

Ihr Praxisstempel sollte klein und kompakt sein, da Sie ihn des Öfteren mitnehmen müssen. Sie können ihn entweder in einer Druckerei in Auftrag geben oder in Katalogen bestellen (mittlerweile bieten Hersteller von Praxis- oder Bürobedarf ebenfalls Stempel an). Es gibt Stempel mit integriertem oder mit separatem Stempelkissen.

Die erste Variante eignet sich besser für den „mobilen Einsatz", z. B. auf Messen (bei der Anforderung von Arzneimittelmustern usw.). Auch hier sollten Ihr Name, Ihre Berufsbezeichnung, die Adresse, Telefon-/Faxnummer sowie Ihre Internetadresse stehen, evtl. die Angabe Ihrer Therapieschwerpunkte und Öffnungszeiten.

6.2.9 Flyer / Praxisbroschüre

Ihre Praxisbroschüre, oft auch „Flyer" genannt, ist ein wichtiges Aushängeschild für Ihre Praxis (vgl. auch Kap. 12, S. 80 f.). Sie dient der Darstellung Ihres Praxisprofils, Ihrer Praxis, Ihrer Leistungsangebote, der Praxisphilosophie und Ihrem persönlichen Hintergrund. Suggestivwerbung ist hier fehl am Platz, es dominiert die Information.

Bevor Sie mit der Erstellung des Flyers beginnen, sollten Sie sich mit den aus **Abb. 6.9** ersichtlichen Kernfragen auseinandersetzen.

Alle diese Informationen erfährt der Patient durch die Praxisbroschüre, deren Inhalt ganz allein Sie bestimmen. Doch lässt sich solch eine Broschüre nicht nur für Ihre Patienten nutzen. Sie können Sie genauso gut für Ihre „Vorstellungsbesuche in eigener Sache" für Ihre Kooperationspartner (vgl. Kap. 16, S. 115 f. sowie Kap. 10.2.1, S. 65) einsetzen. Zusammen mit einem kurzen Informationsschreiben senden Sie diese vorab an Ihre jeweiligen Zielgruppen.

Allgemeines zur Herstellung des Flyers

Erstellung und Vervielfältigung. Wenn Sie einen guten Drucker besitzen, können Sie sich diese Flyer auch selbst erstellen, Alternativen wären ein Copyshop oder eine Druckerei. Die Möglichkeit, die Flyer selbst zu erstellen, ist mit Sicherheit die kostengünstigste Variante – achten Sie nur darauf, dass er professionell aussieht, da Sie ansonsten einen Bumerangeffekt erzielen.

Die Flyer in einem Copyshop erstellen zu lassen, ist nicht wesentlich kostenintensiver. Den Auf-

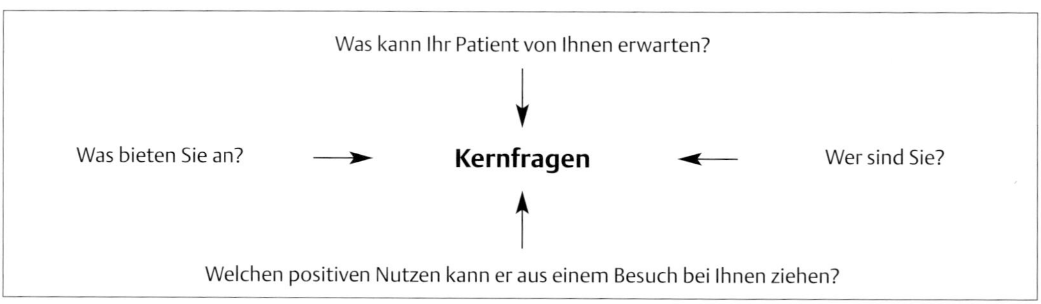

Abb. 6.9 Kernfragen

trag an eine Druckerei zu vergeben, ist die teuerste Variante. Lassen Sie sich auch hier Kostenvoranschläge zusenden. Klären Sie im eigenen Interesse vorher ab, welche Kosten auf Sie zukommen, wenn Ihnen keine Mustervorschläge gefallen.

Inhalt. Die Broschüre sollte Folgendes beinhalten:

- Anschrift inkl. Name und Berufsbezeichnung,
- Telefon-, Faxnummer sowie Ihre Handynummer (überlegen Sie sich jedoch im Vorfeld genau, ob Sie Ihre Handynummer weitergeben möchten – Sie werden dann auch sehr oft privat angerufen),
- Internet- und E-Mail-Adresse,
- Ihre Sprechzeiten,
- Ihr Leistungsangebot mit Beschreibung der verschiedenen Therapieformen,
- eine Wegbeschreibung,
- eine Visitenkarte,
- je nach Wunsch eine Preisliste.

Design. Heutzutage gibt es zwei gegenteilige Meinungen zur Erstellung einer solchen Broschüre. Die eine Gruppe der Heilpraktiker favorisiert die professionelle, kühl und nüchtern anzusehende kartonierte Form einer kleinen Broschüre, die andere Gruppe farbige (in Abstimmung mit dem bereits besprochenen Praxissignet) „Flyer", die ihrer Meinung nach persönlicher wirken. Es soll hier auf beide Formen der Darstellung eingegangen werden.

Ein Flyer in die Praxis umgesetzt, würde bedeuten, dass Sie die Formatvorlage eines DIN A4-Bogens haben, welchen Sie im Querformat dritteln, um so sechs Seiten zu erhalten.

Das in **Abb. 6.10** gezeigte Beispiel könnte die Vorderseite und die Rückseite darstellen. Beide

Praxisinformation

Klothilde Apoplexia
Heilpraktikerin
Prothesenstraße 2
23333 Musterhausen

Tel./Fax: 01234 / 6789
k.apoplexia@webadresse.de

Sprechzeiten:

Montag–Donnerstag
9.00–12.00 und 14.00–17.30
Mittwoch
6.30–12.00
und nach Vereinbarung

Als Heilpraktikerin stehe ich
Ihnen bei all Ihren Sorgen,
Nöten und Krankheiten jederzeit
zur Verfügung.
Damit Sie sich leichter bei mir zurechtfinden,
möchte ich Ihnen einige Hinweise geben.

So kommen Sie zur Praxis:

– *von Essen auf der B 224 Richtung Dorsten; nach der Ortseinfahrt die erste Ampel rechts Richtung Zentrum auf der Globetrotterstraße. Vor der Bahnhofsapotheke, die nach 100 m auf der rechten Seite erscheint, stehen Ihnen ausreichend Parkplätze zur Verfügung. Die Praxis befindet sich links von den Räumlichkeiten der Apotheke, Hausnummer 24*

– *mit dem Bus nehmen Sie vom Hauptbahnhof aus die Linie 35; sie hält direkt vor der Apotheke, Haltestelle Globetrotter.*

* * * * * * * * * *

Falls Sie nach Ihrem Besuch in der Praxis Anregungen bzw. Verbesserungsvorschläge haben sollten, teilen Sie mir diese bitte umgehend mit.
Ich freue mich auf eine gute Zusammenarbeit und verbleibe
mit herzlichen Grüßen

Ihre Heilpraktikerin
Klothilde Apoplexia

Abb. 6.10 Flyer

Seiten sind Blickfänger. Die erste Seite sieht man, bevor man den Flyer öffnet – sie signalisiert Ihrem Patienten eine sachbezogene, informative Werbung in Form Ihrer Daten, Adresse und Ihrer Sprechzeiten. Des Weiteren vermitteln Sie ihm mittels einer kleinen, personenbezogenen Ansprache in Form der beiden kurzen Sätze eine sehr persönliche, ansprechende Note, ohne dass dies aufgesetzt wirkt. Sie vermitteln ihm, dass es Ihnen mit Ihrem Beruf ernst ist.

Darstellung von Leistungsangebot und Preisgestaltung. Wird nun der Flyer aufgeklappt, sind drei Innenseiten vorhanden. Versuchen Sie, Ihr Leistungsangebot auf diesen drei Seiten zu koordinieren, am besten mit einer aktuellen Preisstaffelung. Sie müssen sich vor Praxisbeginn für eine Form der Preisgestaltung entscheiden: Berechnen Sie Ihre Behandlungen je nach Therapieart oder nach Erstanamnese, Folgebesuch etc? Auch sollten Sie bedenken, ob Sie einen kleinen Preisnachlass gewähren, wenn Ihre Patienten bar bezahlen, da Sie keine Rechnungen schreiben müssen usw. Halten Sie diesbezüglich Rücksprache mit Ihrem Steuerberater und Berufsverband.

Aufgeklebte Visitenkarte. Absoluter Blickfang ist eine aufgeklebte Visitenkarte auf der mittleren Seite ganz unten, mit dem Hinweis „Zum Weitergeben“ o. Ä.

Wegbeschreibung. Auf der hinteren Umschlagsseite kann man, wie aus **Abb. 6.10** ersichtlich, eine Wegbeschreibung inkl. Erreichbarkeit mit diversen öffentlichen Verkehrsmitteln platzieren (vgl. hierzu auch Kap. 8.7.3, S. 49 f.).

Sie werden sehen, der Informationsbedarf ist enorm und viele Interessenten werden sich solch einen Flyer gern mitnehmen.

Einsatz von Farben. Denken Sie auch hier wieder an die Wirkung verschiedener Farben. Ein klares Blau, versehen mit schwarzer Schrift, macht beispielsweise einen sehr ansprechenden Eindruck. Ob Sie zusätzlich Ihr Verbandslogo oder ein anderes erlaubtes Symbol benutzen, bleibt Ihnen überlassen.

Sie sollten den Flyer auch hier konform zu Ihren übrigen Drucksachen gestalten (denken Sie an das einheitliche Erscheinungsbild).

Praxisbroschüre

Eine Praxisbroschüre im klassischen Sinn lässt sich mit einem Flyer nicht vergleichen. Abgesehen von den Inhalten (s. o.) beauftragt man in jedem Falle eine Druckerei, um eine professionelle Umsetzung der Unterlagen zu erreichen.

Meist auf weißem Papier, eingefasst in einen kartonähnlichen Einband, stellen Sie auf einigen Seiten (Format DIN A6) Ihre Praxis vor. Welche Art der Darstellung Sie für Ihre Praxis benutzen, bleibt natürlich Ihnen überlassen. Sie ist abhängig von Ihrer Persönlichkeit, den Inhalten, die Sie Ihrem Umfeld vermitteln wollen sowie der Praxisphilosophie.

6.3 Repräsentation nach außen

Die Corporate Identity setzen Sie ebenfalls bei der Repräsentation Ihrer Praxis und Ihrer Person nach außen ein. Sie erreichen Ihre Zielgruppe über die Wege der Öffentlichkeitsarbeit, und zwar einerseits durch Ihren persönlichen Weg in die Öffentlichkeit, andererseits über die Präsentation Ihrer Praxis.

6.3.1 Öffentlichkeitsarbeit (Public Relations)

Hinter diesem Begriff verbirgt sich nichts weiter als Ihre persönliche Präsentation als Heilpraktiker in der Öffentlichkeit mit dem bewussten und geplanten Bemühen, Vertrauen in Ihre Person und Fertigkeiten aufzubauen und zu pflegen.

Leserbrief. Beginnen Sie z. B. mit Leserbriefen in

- regionalen Tageszeitungen,
- der Fachpresse,
- Unterhaltungsmagazinen.

Informationsabend. Informationsabende, von Ihnen organisiert, könnten die nächsten Schritte sein (vgl. Checkliste 4, S. 135 ff.). Auch wenn es zugegebenermaßen nicht einfach ist, vor Publikum zu reden, versuchen Sie es. Selbst wenn Sie zu Beginn ein wenig nervös und unsicher sein sollten – dies ist nur zu menschlich und niemand wird Ihnen einen „Strick daraus drehen“ (vgl. hierzu auch Kap. 10.2.1, S. 65).

Der Vorteil eines Informationsabends, Gesprächskreises oder Workshops besteht darin, dass es sich beim Publikum meist um eine sehr kleine, überschaubare Gruppe handelt. Man kann flexibel auf die Wünsche der Teilnehmer eingehen, bietet ihnen neue Anregungen und Ansatzpunkte und zu guter Letzt erhöht sich auch noch Ihr Bekanntheitsgrad.

Volkshochschule. Aber auch die Volkshochschule kann Ihnen ein Podium bieten, um mit interessierten Laien in Kontakt zu treten und dem einen oder anderen Patienten den Weg zu Ihnen in die Praxis erleichtern. Erwiesenermaßen sitzen in solchen Kursen zwar eher Menschen, die sich selbst kurieren möchten, doch vielleicht findet durch den **Streuungseffekt** der eine oder andere Patient den Weg in Ihre Praxis. Streuungseffekt bedeutet, dass eventuell ein Bekannter dieser Teilnehmer auf der Suche nach einem Heilpraktiker ist und an Sie verwiesen wird (s. Kap. 12.3.8, S. 95).

Achten Sie hier nur darauf, dass Sie keine Werbung machen „mit Veröffentlichungen, die dazu anleiten, bestimmte Krankheiten, Leiden, Körperschäden oder krankhafte Beschwerden beim Menschen selbst zu erkennen und mit den in der Werbung bezeichneten Arzneimitteln, Gegenständen, Verfahren, Behandlungen oder anderen Mitteln zu behandeln" (§ 11 HWG, vgl. auch Kap. 14, S. 101 f.).

Publikation. Nachdem Sie mittlerweile „medienerprobt" sind, können Sie sich überlegen, ob Sie vielleicht einen **Ratgeber** für interessierte Laien schreiben und veröffentlichen wollen (s. Kap. 17). Je nach Tätigkeitsschwerpunkt wird das Ihren Bekanntheitsgrad um ein Vielfaches erhöhen und Sie werden neue Patienten gewinnen. Überlegen Sie sich jedoch ein Thema, zu dem es noch etwas „zu sagen gibt", keines der Modethemen (Beispiel „Apfelessig"), sondern einen Inhalt, der Ihren Schwerpunkten entspricht und auf dem Markt noch nicht zu stark vertreten ist.

6.3.2 Vorstellen Ihrer Praxis

Informationsstand. Es ist nicht verboten, wenn Sie mittels eines **Informationsstands** auf Veranstaltungen sowohl öffentlicher als auch privater Art (jedoch nur mit Zustimmung des Veranstalters) für sich werben (**Abb. 6.11**).

Abb. 6.11 Industrieausstellung, Heilpraktikertage 2006 in Essen (aus Deutsche Heilpraktiker Zeitschrift. 2006; 1[4]: 76).

Informieren Sie über Ihre Praxis, Ihr Leistungsangebot, jedoch ohne übertriebene oder marktschreierische Werbung, ohne Verstoß gegen die guten Sitten. Dies könnte sich gerade in einem Erholungs- oder Kurort anbieten, welcher jedoch in erreichbarer Nähe Ihrer Praxis liegen sollte.

Litfaß-Säulen. Neuerdings sieht man, z. B. in Krankenhäusern, Litfaß-Säulen mit zahlreichen Praxisschildern. Auch Heilpraktiker sind dort vertreten. Erkundigen Sie sich vor Ort, ob es diese Möglichkeit auch bei Ihnen gibt.

! All die genannten Beispiele sind durch unsere Gesetzgebung legitimiert, sofern sie nicht die Tatbestände von Zuwiderhandlungen erfüllen. Gemeint ist damit z. B. § 11 HWG, welcher besagt, dass Werbevorträge, die mit dem Anbieten oder der Entgegennahme von Adressen verbunden sind, nicht erlaubt sind.

Doch wer kann Ihnen verbieten, Ihr Manuskript mit Ihrem Namen, Ihrer Telefonnummer sowie Adresse zu versehen? Oder an dem Informationsstand Ihre Visitenkarten zu hinterlegen?

7 Kommunikationssysteme

Nichts ist heutzutage so wichtig wie die ständige Erreichbarkeit. Die schnelle Weiterleitung von Informationen, Fragen, Terminvereinbarungen u. Ä. geschieht heutzutage nicht mehr per Post, sondern man bedient sich meist der verschiedenen Formen der Telekommunikation. Größtenteils per Telefon oder Fax, doch seit einigen Jahren mit steigender Tendenz auch per Internet. Wer dann keinen Computer mit einem Internetanschluss sowie einer eigenen Homepage hat, ist schnell nicht mehr „up to date" und damit nicht länger konkurrenzfähig (vgl. Kap. 8, S. 31 ff.).

Abgesehen von nicht vorhersehbaren Notfällen sollten Sie während der von Ihnen gewählten Form der Sprechzeiten stets erreichbar sein. Denn nichts macht einen negativeren Eindruck als eine geschlossene, nicht zu erreichende Praxis.

7.1 Telefon / Handy

Ihr Telefon sollte während der Sprechzeiten immer in erreichbarer Nähe sein. Ist es für Sie (sofern Sie keine Mitarbeiter haben, die diese Tätigkeit übernehmen) einmal nicht möglich, ans Telefon zu gehen (weil Sie gerade in einer Behandlung sind), schalten Sie auf jeden Fall Ihren Anrufbeantworter ein. Wenn Sie Ihre Praxis, wie in Kap. 6.1.4, S. 17 beschrieben, im eigenen Haus haben und gerade nicht in den Praxisräumen sind, sollten Sie auf jeden Fall eine Anrufweiterleitung geschaltet haben, sodass Ihre Patienten Sie doch noch erreichen können. Denken Sie in diesem Falle immer daran, dass gerade ältere Leute sehr ungern auf einen Anrufbeantworter sprechen.

Abb. 7.1

Bitte denken Sie bei der Anmeldung Ihres Praxisanschlusses daran, sich einen ISDN-Anschluss zuzulegen. Er bietet den Vorteil, dass Sie auch dann noch telefonisch erreichbar sind, wenn Sie gerade etwas im Internet suchen oder eine andere Leitung durch eine Faxsendung belegt ist. Auch ist ein solcher Anschluss bei der Form der „Praxisgemeinschaft" sinnvoll – ein Telefon genügt, da bei einem ISDN-Anschluss stets mehrere Telefonnummern vorhanden sind

7.1.1 Anrufannahme

Ruft Sie ein Patient an, um einen ersten Termin zu vereinbaren, ist er vielleicht noch unsicher. Helfen Sie ihm über diese Unsicherheit hinweg, indem Sie sich erst einmal mit vollständigem Namen sowie Ihrer Praxis melden: „Naturheilpraxis Klothilde Apoplexia, Apoplexia, guten Tag?"

Wenn Sie den Anrufer namentlich nicht richtig verstanden haben, fragen Sie gleich zu Beginn nach, damit Sie ihn mit Namen anreden können: „Bitte entschuldigen Sie, ich habe Ihren Namen nicht richtig verstanden, würden Sie ihn bitte wiederholen?" Damit signalisieren Sie Ihrem Gegenüber gleichzeitig, dass es an Ihnen lag, den Namen nicht richtig verstanden zu haben.

Nehmen Sie sich Zeit und Aufmerksamkeit für das Gespräch und erledigen keine Dinge „nebenher" (z. B. Spritzen aufziehen o. Ä.). Der Patient bemerkt es, fühlt sich dann nicht ernst genommen und sucht sich vielleicht einen anderen Therapeuten.

Nach Möglichkeit sollten Sie sich, sofern es um die Terminvereinbarung und Darstellung seiner Beschwerden geht, Notizen machen. Sagen Sie ihm dies jedoch, z. B. mit den Worten: „Herr Schub, darf ich Sie kurz unterbrechen? Ich hole mir geschwind einen Stift, damit ich mir Ihre Beschwerden notieren kann." Sofort wird sich Herr Schub ernst genommen fühlen. Bereits hier sehen Sie individuelle Unterschiede der Patienten, in der Ausführlichkeit des Krankheitsberichts.

Legen Sie sich ein Fragenschema zu, nach dem Sie bei jedem Gespräch vorgehen.

> **!** Auch hier gelten die sog. „W-Fragen": *Wer – Was – Wann – Wo – Wie* und *Womit*, und vor allem: *Was ist akut?*

Fassen Sie am Ende des Gespräches die wichtigsten Dinge zusammen und verweisen noch einmal auf den vorher vereinbarten Termin. Verbleiben Sie konkret! Fragen Sie den Patienten, ob er den Weg zu Ihrer Praxis kennt oder ob Sie ihm vorab eine **Wegbeschreibung** zukommen lassen sollen. Bedanken Sie sich für das Gespräch und wiederholen noch einmal, dass Sie sich freuen, wenn er zu Ihnen in die Praxis kommt.

Vergessen Sie nicht, den Termin sofort in Ihren Terminkalender zu übertragen und legen Sie nach Möglichkeit gleich eine Patientenkartei an, in der Sie die Telefonnotiz einheften.

7.1.2 Anruf

Sie wissen, wen Sie mit welcher Zielsetzung anrufen möchten, und haben sich dementsprechend vorbereitet, das kann z.B. im Rahmen einer Vorstellung sein: *„Klothilde Apoplexia, guten Tag Herr Dr. Brummel. Entschuldigen Sie die Störung, ich bin die Heilpraktikerin aus der Praxis zwei Etagen über Ihnen. Da ich mich sehr gern kurz bei Ihnen vorstellen würde, frage ich Sie, wann ich bei Ihnen vorbeikommen kann. Es wäre doch sehr schön, wenn wir uns kennenlernen könnten. Wäre es Ihnen vielleicht Montag, 7.30 Uhr, recht oder lieber in der Mittagspause oder nach Feierabend? … Ja, ich freue mich ebenfalls. Ich wünsche Ihnen noch einen schönen Tag. Auf Wiederhören."* Geben Sie dem Gesprächspartner gleich einen Wunschtermin sowie einen Ausweichtermin vor, nennen Sie freundlich Ihr Anliegen.

Sie wissen, was Sie wollen, was Sie anbieten möchten und haben sich einige Floskeln überlegt, damit Sie im Zweifelsfall niemanden „vor den Kopf stoßen". Melden Sie sich auch hier wieder mit Ihrem vollständigen Name sowie Ihrer Praxis.

Sorgen Sie dafür, dass Sie ungestört telefonieren können und schalten nach Möglichkeit alle Geräuschquellen wie Staubsauger, Kaffeemaschine, Radio usw. aus.

Wenn Sie niemanden erreichen, hinterlassen Sie eine Nachricht auf dem Anrufbeantworter mit Ihrem Namen, Ihrem Anliegen und Ihrer Telefonnummer.

7.2 Anrufbeantworter

Für den Fall, dass Sie nicht erreichbar sind und Ihren Anrufbeantworter geschaltet haben, sollten Sie Folgendes beachten: Besprechen Sie Ihren Anrufbeantworter, wenn es notwendig ist, täglich! Er sollte immer auf dem aktuellen Stand sein. Denn welchen Eindruck hinterlässt es, wenn Ihren Patienten dienstags mitgeteilt wird, dass Sie bis zum vorangegangenen Freitag auf einem Seminar (geben Sie ruhig die Fachrichtung an) waren?

Wenn Sie gerade in einer Behandlung sind, sollten Sie Ihren Anrufbeantworter dementsprechend besprechen. Ihr Text könnte wie folgt lauten:

Beispieltext Anrufbeantworter

„Sie sind verbunden mit der Naturheilpraxis Klothilde Apoplexia – zurzeit befinde ich mich gerade in einer Behandlung und kann leider nicht ans Telefon gehen – bitte hinterlassen Sie den Grund Ihres Anrufes sowie Ihre Telefonnummer, damit ich Sie schnellstmöglich zurückrufen kann – vielen Dank."

Versäumen Sie dann aber nicht, auch wirklich zurückzurufen.

7.3 Fax

Die Möglichkeit, Sie mittels eines Faxgeräts erreichen zu können, sollte in Ihrer Praxis keinesfalls fehlen. Auch in „Zeiten des Internets" werden einige Dokumente gefaxt. Vorteil ist hier der aussagekräftige Sendebericht, mit dem man bei Bedarf beweisen kann, dass man ein bestimmtes Dokument erfolgreich verschickt hat.

Es gibt auch Geräte, die sowohl als Fax als auch als Telefon benutzt werden können und sich zugleich mit Ihrem Computer vernetzen lassen.

Erstellen Sie vorab eine **Faxvorlage**, auch sie sollte Ihrer Corporate Identity entsprechen und die wichtigsten Informationen Ihrer Praxis enthalten (vgl. Kap. 6.2.6, S. 24).

7.4 E-Mail

Auch wenn Sie noch keine eigene Homepage besitzen, so können Sie sich kostenlos eine E-Mail-Adresse (vgl. auch Kap. 8) einrichten, so z. B. unter www.gmx.de.

Ihr **virtuelles Postfach** sollte über einige Mindestanforderungen verfügen. Eine über „Outlook" zu startende **Abwesenheitsnotiz** signalisiert dem Absender, dass Sie zurzeit nicht in der Praxis sind. Den jeweiligen Text können Sie selbst eingeben. Ein Beispiel dafür wäre: „Sehr geehrter Interessent, vom 1. Januar 2008 bis einschließlich 5. Januar 2008 bleibt die Praxis geschlossen. Ihre Anfrage kann bis dahin leider nicht bearbeitet werden."

Richten Sie des Weiteren eine **Erinnerungsfunktion** ein, damit Sie die Mail dann auch tatsächlich beantworten. Wenn Sie eine Mail versenden, platzieren Sie Ihren Briefkopf sowie Ihre Signatur an das Ende. Gestalten Sie Ihre E-Mail nicht zu verspielt.

7.5 Akustischer Praxiseinlass per Bandansage

Unabhängig davon, für welche Form der Praxisführung Sie sich entschieden haben, wird des Öfteren der Fall eintreten, dass Sie sich gerade in einer Behandlung befinden, wenn jemand die Praxis betritt. Sei es ein Patient, Ihr Nachbar oder der Briefträger. Anstatt ihn anonym in Ihrem Wartebereich sitzen zu lassen, haben Sie ein Band besprochen, welches beim Betreten der Praxis automatisch gestartet wird. Denkbar wäre hier: „Guten Tag, ich befinde mich gerade in einer Behandlung, bin aber in einigen Minuten persönlich für Sie da. Machen Sie es sich dort drüben auf der linken Seite bequem."

Ein persönlicher Spruch vertreibt schnell die Anonymität und der Wartende weiß, dass Sie sich gleich um ihn kümmern.

8 Internet

Da das Medium „Internet" immer mehr an Bedeutung gewinnt und sehr umfassend ist, widmen wir ihm ein separates Kapitel, obwohl es selbstverständlich auch eine Form der Kommunikationsmittel ist. Nirgendwo sonst sind die Möglichkeiten so variabel wie bei diesem Medium, was natürlich auch zu Missbrauch führen kann, sodass Ihre Möglichkeiten, sich legal und aussagekräftig im Internet zu präsentieren, hier genau erarbeitet werden sollen.

8.1 Was ist das Internet?

Das Internet ist mit Abstand das größte und schnellste globale Computernetz mit mittlerweile ca. 150 Millionen Benutzern. Das Internet, wie wir es heute kennen, ist ein interaktives Medium mit dem Ziel der Informationsbeschaffung und zum Zweck der internationalen Kommunikation.

Wussten Sie, dass das Internet bereits seinen 30. Geburtstag gefeiert hat? Ende der 1960er-Jahre fand das Internet Einzug in die Wirtschaft und Wissenschaft. Sowohl Wissenschaftler als auch das Militär begannen, ihre Computer miteinander zu vernetzen, um so – über den gesamten Erdball hinweg – neueste Erkenntnisse und Forschungsergebnisse untereinander auszutauschen. Der „Feldzug" des Internets startete von Amerika aus. Bereits 1973 waren die dort ansässigen Universitäten untereinander vernetzt und es dauerte 20 Jahre, bis sich diese Gründung international ausgebreitet hatte. Das Internet war geboren.

Anfangs wurde es lediglich von Experten genutzt, seit der Entwicklung des WorldWideWeb (www) durch ein Institut in der Schweiz ist es jedoch als Standardwerk zugänglich für jedermann. Wenn wir heute vom Internet reden, meint der Großteil das „www", das ohne jegliche Fachkenntnisse genutzt werden kann.

8.2 Zugangsvoraussetzungen

Um Zugang zum Internet zu bekommen, benötigen Sie außer einem Computer und einer Maus einen Telefonanschluss. Abhängig von Ihrem Telefonanschluss benötigen Sie:

- bei einem analogen Telefonanschluss ein Modem sowie die Zugangssoftware eines Providers (Anbieters) – z. B. die beiden Anbieter AOL oder T-Online,
- bei einem ISDN-Anschluss eine ISDN-Karte für Ihren Computer sowie die Zugangssoftware eines Providers,
- bei einem DSL-Anschluss eine Ethernetkarte für Ihren Computer sowie ein spezielles DSL-Modem.

Bei einer DSL-Lösung sollten Sie sich in jedem Falle beraten lassen (z. B. von der Deutschen Telekom), da hier eine Sicherheitssperre, die sog. „Firewall", anzuraten ist. Sinn ist es, Ihren Rechner bei dieser Art des Internetzugangs, einer leichter angreifbaren Verbindung, vor Fremdzugriffen zu schützen.

8.3 Einsatzmöglichkeiten des Internets

Das Internet bietet sich einerseits als Möglichkeit zur Datenrecherche und zum Informationsaustausch an, stellt andererseits aber auch eine Plattform für Ihre persönliche Präsentation mittels einer sog. Homepage zur Verfügung.

8.3.1 Datenrecherche und Informationsaustausch

Der Internet-User spricht heutzutage von dem „**Information Highway**", was mit dem deutschen Wort „Datenautobahn" gleichzusetzen ist. Gemeint ist damit eine funktionierende, leistungsfähige (und leistungsstarke) Infrastruktur auf dem Gebiet der Informations- und Datenübertragung.

Zwei große Funktionen bietet das Internet: die der **Nachrichtenübermittlung** in Form von Informationen, elektronischer Post bzw. E-Mail sowie die eines **Kommunikationskanals** von Internetbenutzern weltweit.

Unabhängig, ob Sie Informationen über

- gewisse Therapieformen,
- Untersuchungsmethoden,
- Fachbücher,
- Kollegen,
- Ihren Berufsstand,
- Fachfortbildungen,
- die aktuellsten Gesetzesänderungen sowie Musterurteile oder
- Praxisbedarf (mit Preisangaben)

wünschen, hier finden Sie alles, und zwar

- „rund um die Uhr",
- 24 Stunden täglich,
- 7 Tage wöchentlich,
- weltweit.

Dabei ist es unerheblich, welchen Rechner Sie haben, da sog. Browserprogramme Texte und Grafiken darstellen. Texte können verknüpft werden (mittels „Links"), sodass per Anklicken mit der Maustaste von einem Thema zum nächsten gewandert werden kann. Durch bewegte Bilder und Tonanimationen erzielt man einen Multimediaeffekt.

Am Beispiel der Internetseite „Naturheilpraxis.de" sieht man, welche Oberbegriffe man „anklicken" kann, um die jeweiligen gewünschten Informationen zu bekommen (**Abb. 8.1**).

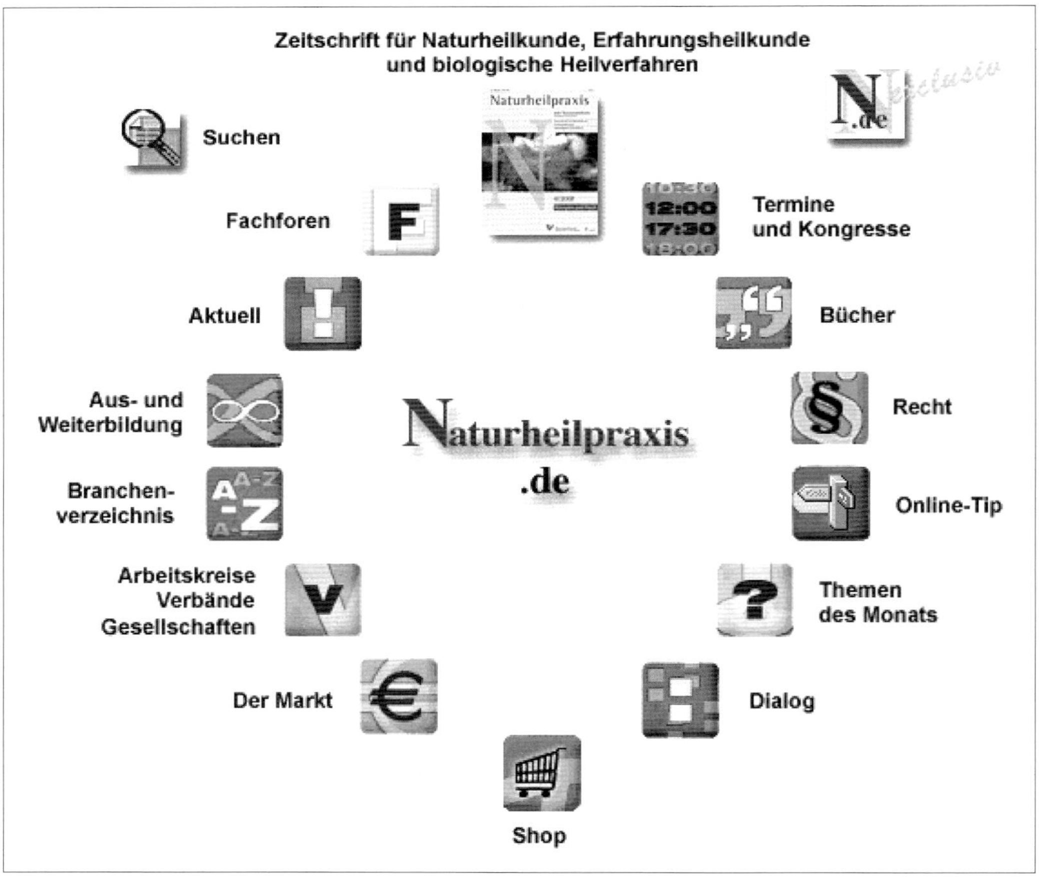

Abb. 8.1 Startseite des Naturheilkundeportals „www.naturheilpraxis.de".

8.3.2 Suchmaschinen

Im Internet gibt es sog. „Suchmaschinen“, die das gesamte Internet nach Seiten durchforschen, die das von Ihnen angegebene Stichwort enthalten. Die bekanntesten sind wohl www.google.de sowie www.yahoo.de.

Zur Suche von Informationen oder wie finde ich was?

Wenn Sie nun z.B. Informationen zum Thema „Homöopathie“ suchen, gehen Sie wie folgt vor: Tippen Sie z.B. www.yahoo.de oder www.google.de ein und warten, bis die Benutzeroberfläche erscheint (**Abb. 8.2**).

Dann geben Sie unter „Suchbegriff“ das Wort „Homöopathie“ ein. Sie werden eine ganze Liste von Homepages angezeigt bekommen, die irgendwo das Wort „Homöopathie“ enthalten. Dieses Bild zeigt sich nun dem Internet-User als erstes Suchergebnis (**Abb. 8.3**).

Selbstverständlich können Sie auch mehrere Suchbegriffe gleichzeitig eingeben, um die Suchfunktion einzuschränken und die Ergebnisliste zu präzisieren, so z.B. Homöopathie Hausapotheke (S.151).

Zur Suche von Informationen oder wie finde ich wen?

Ein ganz anderes Beispiel für den Einsatz solch einer Suchmaschine bietet sich für Therapeuten an. Geben Sie einfach die Suchbegriffe „Heilpraktiker“ und „Irisdiagnose“ ein. Als Ergebnis werden Ihnen u.a. Heilpraktiker angezeigt, die diese Form der Anamneseerhebung anbieten.

Sie können sich kostenlos in Datenbanken – z.B. bei dem Verband, in dem Sie Mitglied sind – registrieren lassen – hier ein Beispiel der Internetpräsenz www.heilpraktikerverband.de. Unter anderem wird dem Heilpraktiker dort die Möglichkeit geboten, sich in eine Therapeutenliste aufnehmen zu lassen (**Abb. 8.4**, S. 35): http://www.heilpraktikerverband.de/HP suchen.

Weshalb führe ich diese Möglichkeit hier auf? Die oben geschilderte Vorgehensweise ist die eines typischen „Internet-Users“, von denen es weltweit Millionen gibt. Heutzutage besitzt fast jeder dritte Privathaushalt einen Computer mit Internetzugang. Vor allem jüngere Leute greifen mehr und mehr auf dieses Medium zurück und beschaffen sich vorab Informationen über die Dinge, die sie interessieren, z.B. über alternative Heilmethoden, Heilpraktiker in ihrer unmittelbaren Umgebung usw.

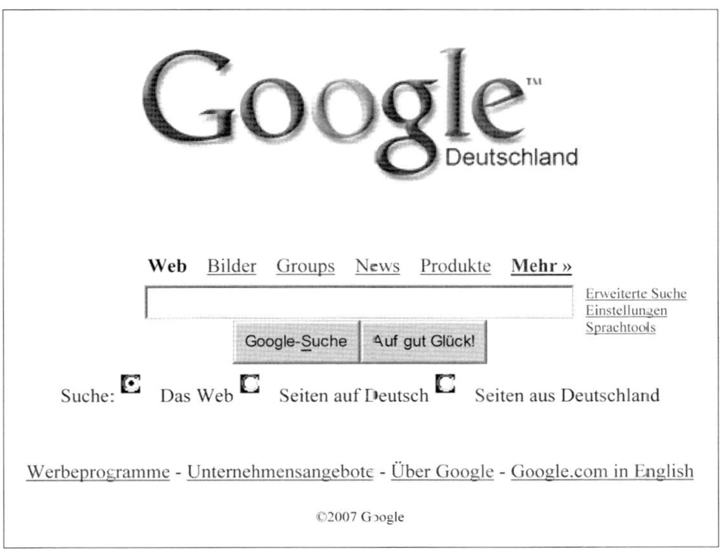

Abb. 8.2 Startmaske der Suchmaschine „Google“: www.google.de.

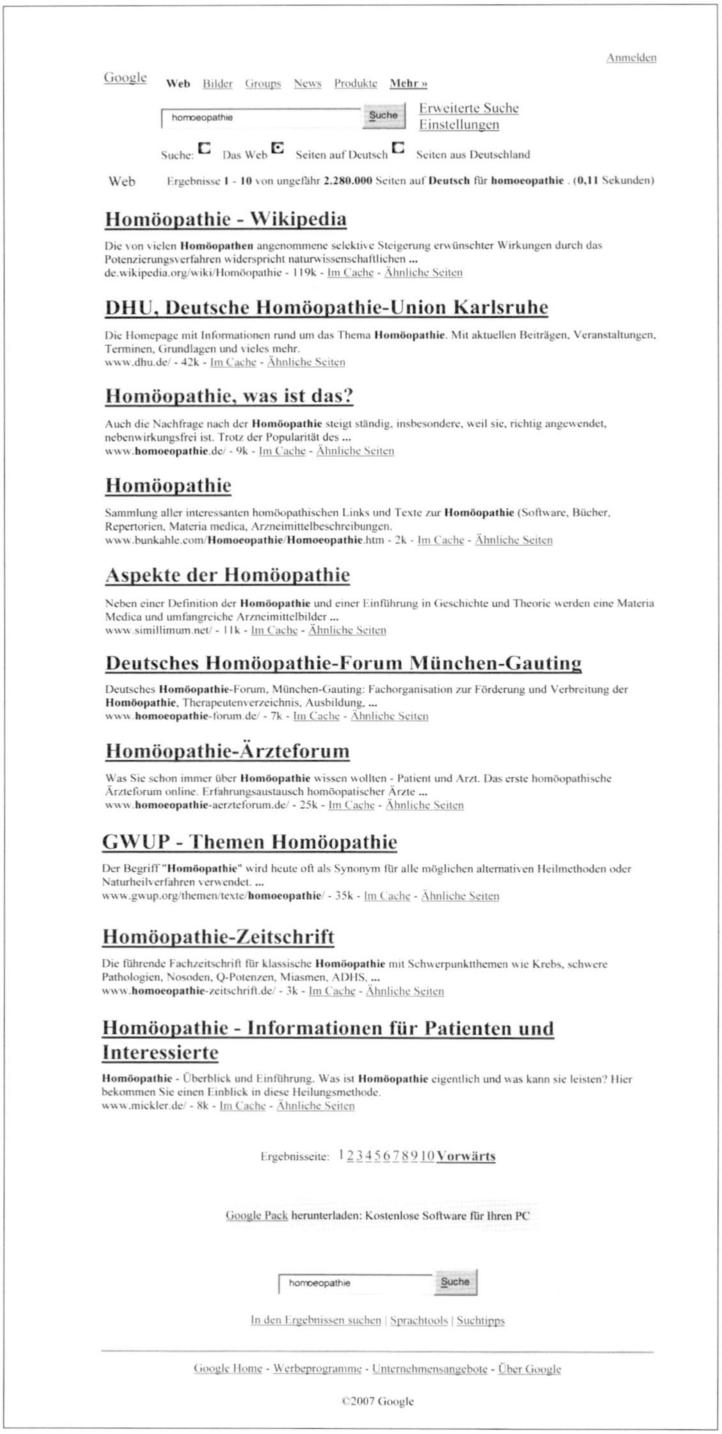

Anmelden

Google Web Bilder Groups News Produkte **Mehr »**

homoeopathie Suche

Erweiterte Suche
Einstellungen

Suche: Das Web Seiten auf Deutsch Seiten aus Deutschland

Web Ergebnisse **1** - **10** von ungefähr **2.280.000** Seiten auf **Deutsch** für **homoeopathie** . (**0,11** Sekunden)

Homöopathie - Wikipedia

Die von vielen **Homöopathen** angenommene selektive Steigerung erwünschter Wirkungen durch das Potenzierungsverfahren widerspricht naturwissenschaftlichen **...**
de.wikipedia.org/wiki/Homöopathie - 119k - Im Cache - Ähnliche Seiten

DHU, Deutsche Homöopathie-Union Karlsruhe

Die Homepage mit Informationen rund um das Thema **Homöopathie**. Mit aktuellen Beiträgen, Veranstaltungen, Terminen, Grundlagen und vieles mehr.
www.dhu.de/ - 42k - Im Cache - Ähnliche Seiten

Homöopathie, was ist das?

Auch die Nachfrage nach der **Homöopathie** steigt ständig, insbesondere, weil sie, richtig angewendet, nebenwirkungsfrei ist. Trotz der Popularität des **...**
www.**homoeopathie**.de/ - 9k - Im Cache - Ähnliche Seiten

Homöopathie

Sammlung aller interessanten homöopathischen Links und Texte zur **Homöopathie** (Software, Bücher, Repertorien, Materia medica, Arzneimittelbeschreibungen.
www.bunkahle.com/**Homoeopathie**/**Homoeopathie**.htm - 2k - Im Cache - Ähnliche Seiten

Aspekte der Homöopathie

Neben einer Definition der **Homöopathie** und einer Einführung in Geschichte und Theorie werden eine Materia Medica und umfangreiche Arzneimittelbilder **...**
www.simillimum.net/ - 11k - Im Cache - Ähnliche Seiten

Deutsches Homöopathie-Forum München-Gauting

Deutsches **Homöopathie**-Forum, München-Gauting: Fachorganisation zur Förderung und Verbreitung der **Homöopathie**, Therapeutenverzeichnis, Ausbildung, **...**
www.**homoeopathie**-forum.de/ - 7k - Im Cache - Ähnliche Seiten

Homöopathie-Ärzteforum

Was Sie schon immer über **Homöopathie** wissen wollten - Patient und Arzt. Das erste homöopathische Ärzteforum online. Erfahrungsaustausch homöopatischer Ärzte **...**
www.**homoeopathie**-aerzteforum.de/ - 25k - Im Cache - Ähnliche Seiten

GWUP - Themen Homöopathie

Der Begriff "**Homöopathie**" wird heute oft als Synonym für alle möglichen alternativen Heilmethoden oder Naturheilverfahren verwendet. **...**
www.gwup.org/themen/texte/**homoeopathie**/ - 35k - Im Cache - Ähnliche Seiten

Homöopathie-Zeitschrift

Die führende Fachzeitschrift für klassische **Homöopathie** mit Schwerpunktthemen wie Krebs, schwere Pathologien, Nosoden, Q-Potenzen, Miasmen, ADHS, **...**
www.**homoeopathie**-zeitschrift.de/ - 3k - Im Cache - Ähnliche Seiten

Homöopathie - Informationen für Patienten und Interessierte

Homöopathie - Überblick und Einführung. Was ist **Homöopathie** eigentlich und was kann sie leisten? Hier bekommen Sie einen Einblick in diese Heilungsmethode.
www.mickler.de/ - 8k - Im Cache - Ähnliche Seiten

Ergebnisseite: 1 2 3 4 5 6 7 8 9 10 **Vorwärts**

Google Pack herunterladen: Kostenlose Software für Ihren PC

homoeopathie Suche

In den Ergebnissen suchen | Sprachtools | Suchtipps

Google Home - Werbeprogramme - Unternehmensangebote - Über Google

©2007 Google

Abb. 8.3 Ergebnisse der Suchanfrage „Homoeopathie" unter www.google.de.

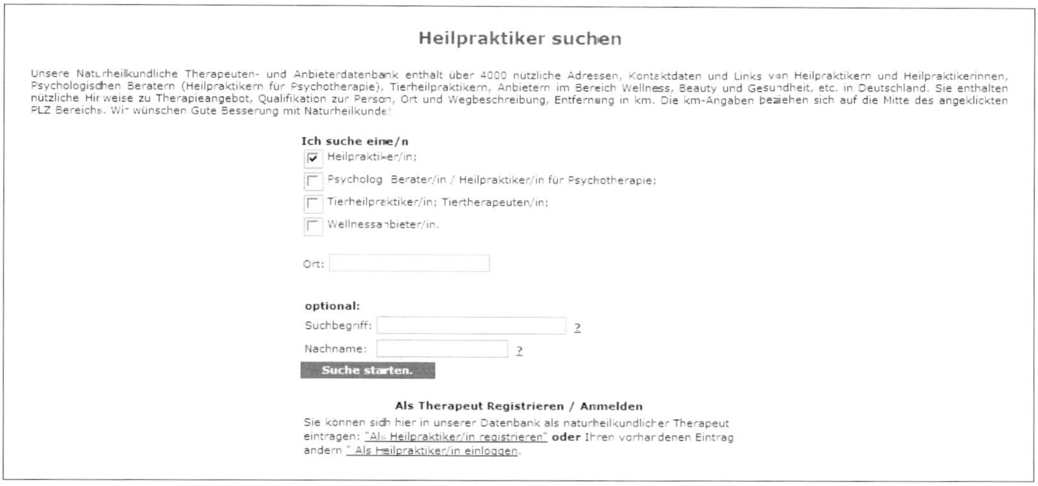

Abb. 8.4 Therapeutendatenbank des Verbandes Freier Heilpraktiker e.V. Initiative 2002 (www.heilpraktikerverband.de).

Wäre es nun nicht interessant, wenn auch **Ihre Homepage** in der Ergebnisliste angezeigt würde? Das ist möglich. Natürlich unter der Voraussetzung, dass Sie im Internet mittels einer eigenen Homepage vertreten sind und einige Punkte beim Einrichten Ihrer Internetpräsenz beachten.

8.3.3 Ihre Internetpräsenz – Homepage

Zunächst einmal sollten Sie selbst einen Internetzugang besitzen und sich mit dem Internet vertraut machen. Eine Homepage ist nichts anderes als eine oder mehrere Dateien, die auf einem Computer gespeichert sind, welcher eine feste Verbindung an das Internet hat und somit selbst zum Bestandteil des Internets wird, z. B. die **Repräsentation Ihrer Praxis.** Kurz gesagt, Ihre Visitenkarte im Internet.

Die Homepagedateien können über eine Internetadresse erreichbar gemacht werden, z. B. www.apoplexya.net, vergleichbar mit einer Postanschrift. (Anmerkung: Die hier gewählte Webadresse dient lediglich der Veranschaulichung und ist fiktiv.) Diese Adresse muss im gesamten Netz eindeutig und einmalig sein, d. h., es kann und darf keine Adresse mehrfach geben.

Registrierung einer Domain. Damit kommen wir zum wichtigsten Punkt – der Registrierung Ihres Internetnamens bzw. Ihrer „Domain". Haben Sie einen außergewöhnlichen Namen? Wenn ja, ist es relativ einfach, Ihren Wunschnamen anzumelden, schwieriger wird es bei Namen wie „Pusemuckel.de" o. Ä. Das „de" steht dabei für Ihr Land, Deutschland. Für die Schweiz wäre es „CH", für Holland „NL" usw. Seit April/Mai 2006 kann man sich z. B. unter www.united-domains.de eine eu-Domain registrieren lassen; im Zeitalter der Globalisierung bestimmt ein interessanter Weg.

Viele befassen sich bereits so intensiv mit dem Internet, dass sie selbst in der Lage sind, ihre eigene Homepage zu erstellen. Ob Ihr gewünschter Name noch frei ist, können Sie unter www.denic.de überprüfen. Die DENIC e. G. verwaltet und vergibt die deutschen Internetadressen. Für die technisch besonders Interessierten stehen mehr Informationen unter www.suchmaschinentricks.de. Bekannte Internetprovider sind zum Beispiel 1&1, Strato, T-Online.

Beachten der Gesetzesvorgaben. Klären Sie bei den verschiedenen Anbietern zugleich auch noch ab, ob diese mit den wettbewerbsbeschränkenden Gesetzesvorgaben – unseren Beruf betreffend – vertraut sind, denn auch im virtuellen Internet sind Sie an diese Gesetze gebunden. Lassen Sie sich ruhig die eine oder andere Musterhomepage zeigen.

Homepage im Aufbau. Sollte die Homepage gerade erstellt werden, können Sie dort bereits auf „das Kommende" hinweisen. Wenn Sie dabei einen Zeitraum definieren, müssen Sie diesen auch einhalten. Ein typischer Hinweis, der auf solchen Seiten zu finden ist, lautet: „Diese Seite befindet sich im Aufbau. In den nächsten Wochen werden Sie hier folgende Themen finden ..."

Suchmaschinenkatalog. Unter **www.sucharchiv.com** gibt es einen Suchmaschinenkatalog. Die wichtigsten Suchmaschinen sind zurzeit folgende:

- www.google.de
- www.yahoo.de
- www.fireball.de
- www.altavista.de

Bei den drei folgenden Suchmaschinen handelt es sich um sog. Metasuchmaschinen, d.h., sie durchsuchen mehrere normale Suchmaschinen gleichzeitig, fassen die Treffer zusammen und sortieren sie:

- www.MetaGer.de
- www.apollo.7.de
- www.metacrawler.de

Fragen Sie bei Ihrem Berufsverband nach, ob er Homepageerstellungen anbietet und in welchem Umfang (Hinterlegung Ihrer Adresse auf verschiedenen Suchmaschinen usw.).

8.4 Zielsetzung

Bevor wir uns nun mit den Gesetzesvorgaben u.Ä. zur Erstellung einer Homepage befassen, erst einmal die Frage „Warum?" „Warum solch ein Aufwand?", werden Sie vielleicht denken, und: „Ich will therapieren und nicht der Hacker des nächsten Jahrhunderts werden."

Beispiel

Dazu eine kurze Anekdote, welche die Werbewirksamkeit solch einer Internetpräsenz verdeutlicht: Ein Patient kam zu mir in die Praxis. Er litt seit längerer Zeit unter Schwindelattacken, einhergehend mit Ohrgeräuschen und hatte aufgrund seiner Beschwerden bereits den gesamten Ärzteapparat durchlaufen. Der Hausarzt überwies ihn zum HNO-Arzt, dann zum Orthopäden und von dort aus zum Neurologen. Danach folgte eine Kernspintomographie, mit deren Befund er erneut zum Hausarzt gehen musste, der ihn mangels Diagnosen zu einem weiteren HNO-Arzt schickte. Diesmal kam er mit der Diagnose „benigner Schwindel" zurück und der Aussage des Arztes „da kann man nicht viel machen".

Da der Patient auch beruflich viel mit dem Internet zu tun hatte, fing er an, dort nach Informationen zu diesem Symptom zu recherchieren. Ergebnis war:

- Dass er „Leidensgenossen" fand, denen es ähnlich erging; sie tauschten sich untereinander aus, ihre Arzt-Odysseen, Symptome usw. Allein dies motivierte ihn, dass er sich nicht länger als Hypochonder sah.
- Dass es in dieser „Internet-Selbsthilfegruppe" eine Frau gab, welche mittels einer homöopathischen Behandlung bei einer Heilpraktikerin ihren Schwindel „in den Griff" bekommen hatte. Sie stellte den Namen ihrer Heilpraktikerin den anderen zur Verfügung. Nach Aussage des Patienten gab es begeisterte Rückmeldungen.
- Dass mein Patient sich dazu entschloss, nun seinerseits ebenfalls einen Heilpraktiker in seiner Nähe zu suchen. Und wo? Natürlich im Internet!

8.5 Entwicklung eines Konzepts – was wollen Patienten wissen?

Gute Planung ist Ihre halbe Webseite! Sie haben sich dazu entschlossen, Ihre eigene Homepage zu entwerfen. Sie wissen auch schon ungefähr, wie sie aussehen soll. Doch welchen Zweck, welche Zielgruppe soll sie ansprechen?

Entwerfen Sie ein Konzept

1. Schritt. Sammeln Sie Informationen und schreiben Sie auf, welche Informationen für welche Zielgruppen interessant und wichtig sind. Möchten Sie neue Patienten gewinnen und ihnen Ihr gesamtes Praxiskonzept näher bringen (z.B. Therapieformen, Diagnoseformen, ein virtueller Rundgang durch Ihre Praxis)? Oder möchten Sie Dienstleistungen wie die Terminvereinbarung via E-Mail? Oder möchten Sie Ihrem bestehenden Patientenstamm Fakten erklären oder über Newsletter auf dem aktuellen Stand Ihrer Praxis halten (z.B. mit Terminen über Seminare der VHS usw.)?

2. Schritt. Im zweiten Schritt ordnen Sie Ihr vorhandenes Material und strukturieren es. Strukturieren wonach? Nach Inhalten, nach Zusammenhängen, nach dem roten Faden. Daraus leiten Sie dann Menüpunkte ab. Was kommen für Unterpunkte?

Ein Beispiel könnte wie folgt aussehen: „Diagnoseverfahren" als ein Menüpunkt, „Therapieformen" als ein weiterer Menüpunkt. Der Unterpunkt (Gliederungspunkt) ist bei den Therapieformen „Aderlass", „Akupunktur" sowie „TCM". Bitte beachten Sie dabei § 11 Abs. 1 Satz 1 Nr. 6 HWG. Es muss im Einzelfall geprüft werden, ob es sich um fremd- oder fachsprachliche Begriffe handelt, die noch nicht in den deutschen allgemeinen Sprachgebrauch eingegangen sind. Wenn dies der Fall ist, müssen diese Begriffe erläutert werden.

Haben Sie passende Bilder, die die Aussage Ihrer Homepage unterstützen könnten? Doch achten Sie auf das Bestehen fremder Urheberrechte – auf jeden Fall vorher schriftlich abklären. Und verwenden Sie keine Bilder, die Sie bei der Berufsausübung zeigen, wenn diese Werbung geeignet ist, das Laienpublikum unsachlich zu beeinflussen und dadurch eine jedenfalls mittelbare Gesundheitsgefährdung zu bewirken (Bundesgerichtshof, Urteil vom 1. März 2007, Az.: IZR 51/04).

3. Schritt. Im dritten Schritt müssen Sie sich überlegen, welche Wortwahl Sie verwenden, wie Sie Ihre Texte am besten schreiben.

! Ein Tipp aus der Praxis: Im Internet lesen die Patienten nicht mit der gleichen Intensität wie in einem Buch. Sie suchen nach Schlüsselwörtern, die sie oft bereits bei den Suchmaschinen eingegeben haben. Die Patienten „scannen" den Text, d.h., sie überfliegen ihn nach Kernaussagen und Schlüsselwörtern. Daher: kurze und klare Sätze, Zusammenfassungen und der Gebrauch von Schlüsselwörtern! Wenn jemand einen Text nicht im Ganzen erfassen kann, sondern „scrollen" muss, liest er oft nicht bis zum Ende. Das Gleiche gilt für Fachvokabular – vermeiden Sie Fremdwörter und nutzen Sie Fachbegriffe (mit Erklärung) nur, wenn nötig. Integrieren Sie patientenorientierte

- Tipps der Woche,
- Newsletter,
- Patientenmagazine.

8.6 Praktische Umsetzung

Im Falle einer Mitgliedschaft in einem Verband wird Ihre Praxis oft schon automatisch vom Verband ins Internet gestellt, d.h. zumindest auf die Homepage Ihres Verbands. Für die Hinterlegung Ihres Namens sowie Ihrer Homepage auf verschiedenen Suchmaschinen sind Sie selbst zuständig.

8.6.1 Für Mitglieder eines Berufverbandes

Halten Sie hier Rücksprache mit Ihrem jeweiligen Berufsverband über das entsprechende Vorgehen, damit Sie registriert werden, falls es nicht automatisch erfolgt. Sie können sich auch ohne Verbandsmitgliedschaft auf den jeweiligen Verbandsseiten registrieren lassen – nehmen Sie mit dem zuständigen Verband Kontakt auf. Denn auch unsere Heilpraktikerverbände sind online vertreten.

Es gibt sechs große Heilpraktiker-Berufsverbände, den **BDH** sowie die in der Gemeinschaftsinitiative **Die Deutschen Heilpraktikerverbände** (**DDH**) zusammengeschlossenen Verbände **FDH**, **FV**, **FVDH**, **UDH** und **VDH**.

Im Internet finden Sie diese unter:

- Bund Deutscher Heilpraktiker (BDH) unter http://www.bdh-online.de/ (**Abb. 8.5**)
- Fachverband Deutscher Heilpraktiker e.V. (FDH) unter http://www.heilpraktiker.org/
- Freie Heilpraktiker e.V. (FH) unter http://www.freieheilpraktiker.com/
- Freier Verband Deutscher Heilpraktiker (FVDH) unter http://www.fvdh.de/
- Union Deutscher Heilpraktiker (UDH) unter http://udh-bundesverband.de/
- Verband Deutscher Heilpraktiker (VDH) unter http://www.heilpraktiker-vdh.de/

Abb. 8.5 Startseite der Website des Bundes Deutscher Heilpraktiker (BDH): www.bdh-online.de.

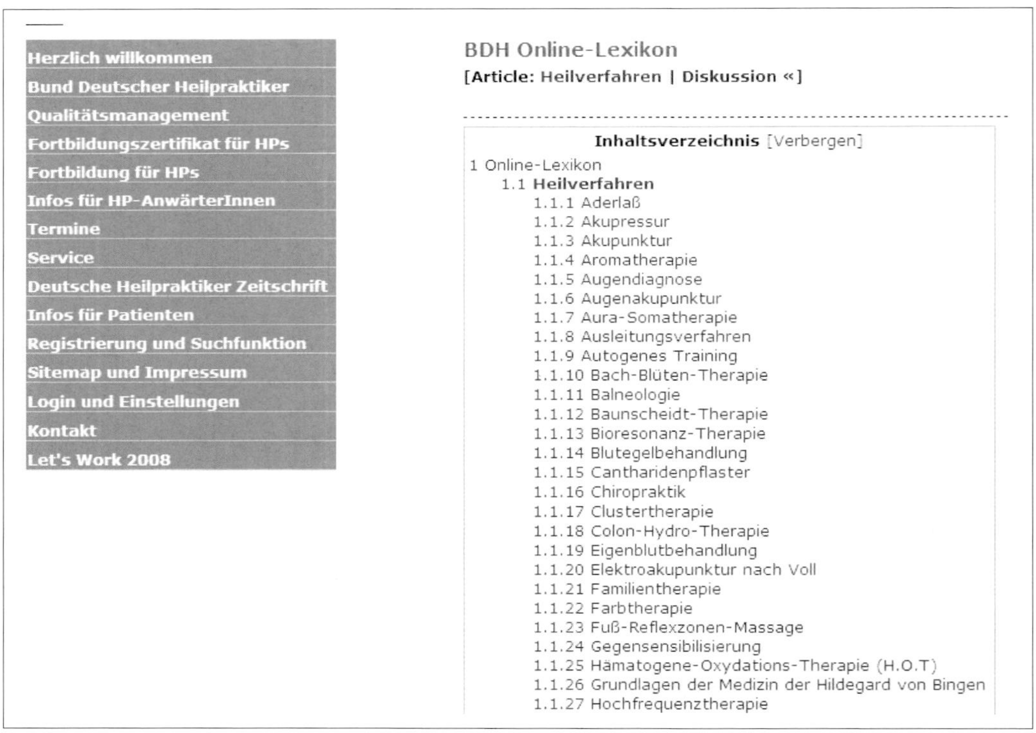

Abb. 8.6 Internetseite des BDH über Heilverfahren.

Auf ihren Seiten können sich sowohl Heilpraktiker als auch interessierte Laien über die verschiedensten Themen die Gesundheit betreffend informieren.

Ihr Berufsverband bietet Ihnen eine Plattform, sich mittels Angabe dreier Therapieformen zu präsentieren. So hat beispielsweise der Bund Deutscher Heilpraktiker (BDH) auf seiner Internetseite unter „Infos für Patienten" den Link (Querverweis) **„Heilverfahren"** (**Abb. 8.6**) mit der Erklärung eingefügt:

„Sie können hier auch eine Praxis in Ihrer Nähe finden und unmittelbar feststellen, ob von Ihnen bevorzugte oder gesuchte Verfahren dort zum Einsatz kommen."

Der interessierte Patient kann sich nun anhand eines Heilverfahrens, z. B. „Magnetfeldtherapie" (**Abb. 8.7**), das ihn interessiert, als Erstes einen Überblick über den Hintergrund der Therapie verschaffen (teilweise sogar mit Preisangaben).

Danach gibt er unter dem Link „Heilpraktikersuche BDH" seine Postleitzahl an und bedient den Button (**Abb. 8.8**). Probieren Sie das o. g. Beispiel einmal aus und Sie werden feststellen, dass noch ein erheblicher Handlungsbedarf besteht. Noch nicht einmal 25 % der eingetragenen Heilpraktiker haben ihre eigene Homepage, einige mehr zumindest eine E-Mail-Adresse!

! Denken Sie immer daran, dass Sie Ihren Patienten vorab informativ beraten, was z. B. Ihre Therapieschwerpunkte betrifft. Erklären Sie es benutzerfreundlich, d. h. Fachbegriffe führen leicht zu Unverständnis (und wie wir wissen, dürfen wir lt. HWG § 11 mit Fachvokabular keine Angstgefühle usw. erzeugen und keine Fachbegriffe zu Werbezwecken benutzen, die noch nicht in den allgemeinen Sprachgebrauch Eingang gefunden haben). Es kann auch nicht schaden, wenn Sie Auflockerungen in Form von Hintergrundmusik oder Karikaturen verwenden.

Sie sehen, dass Sie das Internet auf jeden Fall als Medium nutzen sollten, allein schon, um konkurrenzfähig zu bleiben. So haben auch die großen Heilpraktikerverbände in dieser Richtung bereits Einiges unternommen. Zu nennen wäre hier eine Pressemitteilung des FDH vom Februar 2000, in welcher das Cyberradio TV, ein Internetsender, seinen Hörern und Internetnutzern die Möglichkeit gibt,

- Interviews,
- Moderation und
- Demonstration von **Naturheilverfahren**, wie sie der Heilpraktiker in seiner täglichen Praxis anbietet,

zu verfolgen. Man rechnet mit ca. 250 000 Internethörern und -sehern von Cyberradio TV pro Stunde.

Damit wird ein neues Zeitalter der Internetpräsentation begonnen, da der doch eher traditionelle Beruf des Heilpraktikers und das Medium der Zukunft, das Internet, verknüpft werden. Ziel ist es, die Möglichkeit einer vielfach höheren Aufmerksamkeit zu erlangen, und zwar weltweit.

8.6.2 Netzwerkmarketing

Newsgroups. Ein weiterer Grund, einen Internetzugang sowie eine eigene Homepage zu besitzen, ist die Möglichkeit, mit Kollegen in Kontakt zu treten, und zwar auf einer Basis der allgemeinen Marktwirtschaft. Zum einen gibt es den fachlichen Austausch unter den interessierten Heilpraktikern in sog. „Newsgroups". Der Vorgang ist vergleichbar mit dem sog. „chatten" – dem Unterhalten mehrerer Personen in einem virtuellen Raum; hier jedoch geht es um Fachthemen.

Sie finden diese Newsgroups im Internet, indem Sie über eine Suchmaschine gehen. So geben Sie www.google.de auf Ihrer Tastatur ein und klicken auf der Internetseite dann auf das Wort „Groups", um dort den Begriff „Naturheilkunde" einzugeben. Als Ergebnis bekommen Sie eine Liste mit Newsgroups präsentiert, in denen Sie sich mit unseren Kollegen austauschen können. Einen kleinen Ausschnitt zeigt Ihnen die angeführte Internetseite (**Abb. 8.9**, S. 41). Als Beispiel sei hier auch die Newsgroup „de.alt.naturheilkunde" erwähnt.

Weitere Möglichkeiten. Des Weiteren können Sie sich anhand der anderen Homepages über Ihre Kollegen informieren und ggf. ansprechen, weil Sie die einen oder anderen Seminarunterlagen interessant finden und gern verwenden würden.

Bund Deutscher Heilpraktiker e.V.
zukunftsweisend - praxisnah - serviceorientiert

Kontakt | Registrierung | Login | Über uns | Termine | Heilpraktikersuche | BDH-Schulen | Impressum | Sitemap | Suche

Home

Herzlich willkommen
Bund Deutscher Heilpraktiker
Qualitätsmanagement
Fortbildungszertifikat für HPs
Fortbildung für HPs
Infos für HP-AnwärterInnen
Termine
Service
Deutsche Heilpraktiker Zeitschrift
Infos für Patienten
Registrierung und Suchfunktion
Sitemap und Impressum
Login und Einstellungen
Kontakt
Let's Work 2008

BDH Online-Lexikon

[Article: Magnetfeld - Therapie | Diskussion]

Die Magnetfeld-Therapie ist eine neue Form der physikalischen Therapien, bei welcher großflächige, pulsierende Magnetfelder extrem niedriger Frequenz für therapeutische Zwecke nutzbar gemacht werden.

Es handelt sich hierbei um die direkte Einwirkung solcher Felder mit bestimmter Intensität und Frequenzmodulation. Beide Faktoren richten sich nach dem Krankheitsbild und sind je nach Indikation grundverschieden.

Unter anderem werden die Abwehrkräfte des Körpers verstärkt und die Durchblutung der Gefäße erheblich verbessert. Weiterhin wird die Sauerstoffversorgung der Zelle angehoben und damit der Energiestoffwechsel (ATP) erhöht.

Die physikalische Größe Magnetfeld kann mit bestimmter Frequenz und Intensität den Organismus bioenergetisch beeinflussen. Es ist bekannt, daß bei verschiedenen Krankheiten die Grenzflächenpotentiale der Zelle im Organismus gegenüber dem Normalwert verändert erscheinen und dadurch die Zellfunktion beeinträchtigt wird.

An dieser Stelle greift das Magnetfeld ein und wirkt normalisierend mit den oben erwähnten körperlichen Auswirkungen. Es durchdringt den Körper vollständig, somit auch jede Zelle, womit auch seine Anwendungsbereiche beinahe allumfassend sind.

Es gibt kaum Kontraindikation und das Verfahren kennt keine Nebenwirkungen.

Behandlungskosten: unterschiedlich, bitte bei Ihrem Heilpraktiker erfragen !

Abb. 8.7 Internetseite des BDH über das Heilverfahren „Magnetfeldtherapie“.

Bund Deutscher Heilpraktiker e.V.
zukunftsweisend - praxisnah - serviceorientiert

Kontakt | Registrierung | Login | Über uns | Termine | Heilpraktikersuche | BDH-Schulen | Impressum | Sitemap | Suche

Home Infos für Patienten Heilpraktikersuche BDH

Herzlich willkommen
Bund Deutscher Heilpraktiker
Qualitätsmanagement
Fortbildungszertifikat für HPs
Fortbildung für HPs
Infos für HP-AnwärterInnen
Termine
Service
Deutsche Heilpraktiker Zeitschrift
Infos für Patienten
Die Behandlung durch den Heilpraktiker
Diagnoseverfahren
Therapieverfahren
Heilpraktikersuche BDH
Registrierung und Suchfunktion
Sitemap und Impressum
Login und Einstellungen
Kontakt
Let's Work 2008

Heilpraktiker im PLZ-Bereich 70

Legende:

Diese Symbole erscheinen bei BDH-Mitgliedern und kostenplichtigen Einträgen.
B D H Therapeut/in ist BDH-Mitglied
Therapeut/in ist EAV-Mitglied
Therapeut/in hat eine Homepage angegeben.
Therapeut/in hat Foto(s) im Profil.
D Therapeut/in hat praktizierte Diagnoseverfahren angegeben.
T Therapeut/in hat praktizierte Therapieverfahren angegeben.

	Name	PLZ	Ort	Informationen	
B D H	Thilo Taetzner	70174	Stuttgart	T	Details
	Daniela Schott	70178	Stuttgart		Details
B D H	Uli Schmidt	70180	Stuttgart		Details
	Kai Stefan Haschke	70180	Stuttgart		Details
	Inge Kuhn	70180			Details
	Christoph Schmitz	70180	Stuttgart		Details
B D H	Marc Aschmann	70327	Stuttgart	T	Details
	Barbara Walter	70374			Details
	Geis	70378	Stuttgart		Details
	Brigitte Wiebler	70378	Stuttgart-Hofen		Details
B D H	Barbara Walter	70378	Stuttgart	T	Details
B D H	Sabine Rothmeier	70435	Stuttgart	T	Details
B D H	Monika Jähne	70469	Stuttgart	T	Details
B D H	Romina Cataldo	70469	Stuttgart	T	Details
	Silvia Mensing	70469	Stuttgart		Details
B D H	Volker Türk	70499	Stuttgart	T	Details
	Christiane Segatz	70563	Stuttgart		Details
	Doris Müller	70565	Stuttgart		Details
B D H	Karin Ruthardt	70565	Stuttgart-Dürrlewang	D T	Details
	Bertha Wagner te Biesebeck	70567	Stuttgart		Details
	Marianne Häberlen	70567			Details
	Franziska Helling	70619	Stuttgart		Details
	Franziska Helling	70619	Stuttgart		Details

Abb. 8.8 Internetseite des BDH über Heilpraktiker in Ihrer Nähe (www.heilpraktikersuche.bdh-online.de).

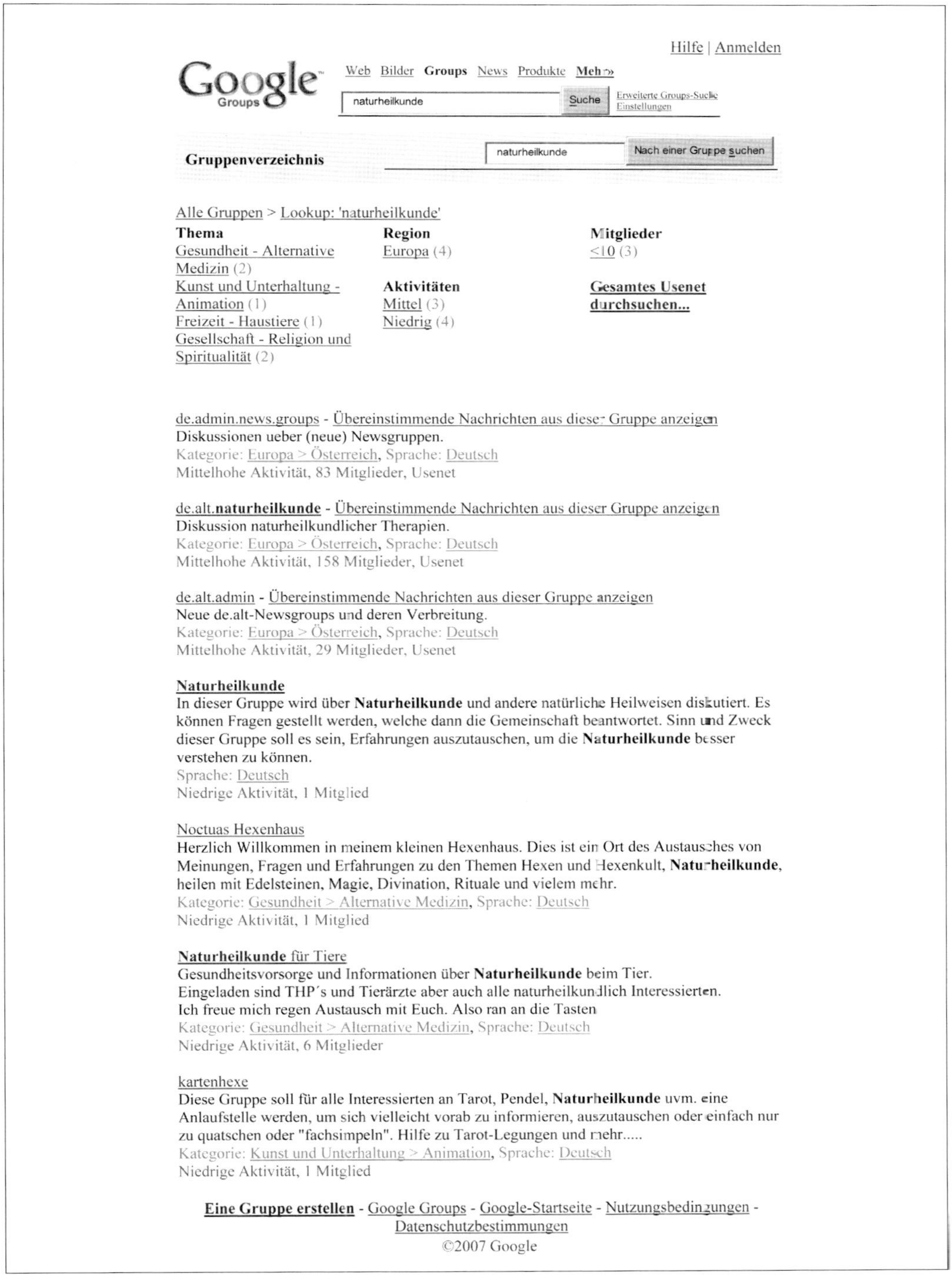

Hilfe | Anmelden

Google Groups

Web Bilder **Groups** News Produkte **Mehr »**

naturheilkunde Suche

Erweiterte Groups-Suche
Einstellungen

Gruppenverzeichnis

naturheilkunde Nach einer Gruppe suchen

Alle Gruppen > Lookup: 'naturheilkunde'

Thema
Gesundheit - Alternative Medizin (2)
Kunst und Unterhaltung - Animation (1)
Freizeit - Haustiere (1)
Gesellschaft - Religion und Spiritualität (2)

Region
Europa (4)

Aktivitäten
Mittel (3)
Niedrig (4)

Mitglieder
≤10 (3)

Gesamtes Usenet durchsuchen...

de.admin.news.groups - Übereinstimmende Nachrichten aus dieser Gruppe anzeigen
Diskussionen ueber (neue) Newsgruppen.
Kategorie: Europa > Österreich, Sprache: Deutsch
Mittelhohe Aktivität, 83 Mitglieder, Usenet

de.alt.**naturheilkunde** - Übereinstimmende Nachrichten aus dieser Gruppe anzeigen
Diskussion naturheilkundlicher Therapien.
Kategorie: Europa > Österreich, Sprache: Deutsch
Mittelhohe Aktivität, 158 Mitglieder, Usenet

de.alt.admin - Übereinstimmende Nachrichten aus dieser Gruppe anzeigen
Neue de.alt-Newsgroups und deren Verbreitung.
Kategorie: Europa > Österreich, Sprache: Deutsch
Mittelhohe Aktivität, 29 Mitglieder, Usenet

Naturheilkunde
In dieser Gruppe wird über **Naturheilkunde** und andere natürliche Heilweisen diskutiert. Es können Fragen gestellt werden, welche dann die Gemeinschaft beantwortet. Sinn und Zweck dieser Gruppe soll es sein, Erfahrungen auszutauschen, um die **Naturheilkunde** besser verstehen zu können.
Sprache: Deutsch
Niedrige Aktivität, 1 Mitglied

Noctuas Hexenhaus
Herzlich Willkommen in meinem kleinen Hexenhaus. Dies ist ein Ort des Austausches von Meinungen, Fragen und Erfahrungen zu den Themen Hexen und Hexenkult, **Naturheilkunde**, heilen mit Edelsteinen, Magie, Divination, Rituale und vielem mehr.
Kategorie: Gesundheit > Alternative Medizin, Sprache: Deutsch
Niedrige Aktivität, 1 Mitglied

Naturheilkunde für Tiere
Gesundheitsvorsorge und Informationen über **Naturheilkunde** beim Tier.
Eingeladen sind THP´s und Tierärzte aber auch alle naturheilkundlich Interessierten.
Ich freue mich regen Austausch mit Euch. Also ran an die Tasten
Kategorie: Gesundheit > Alternative Medizin, Sprache: Deutsch
Niedrige Aktivität, 6 Mitglieder

kartenhexe
Diese Gruppe soll für alle Interessierten an Tarot, Pendel, **Naturheilkunde** uvm. eine Anlaufstelle werden, um sich vielleicht vorab zu informieren, auszutauschen oder einfach nur zu quatschen oder "fachsimpeln". Hilfe zu Tarot-Legungen und mehr.....
Kategorie: Kunst und Unterhaltung > Animation, Sprache: Deutsch
Niedrige Aktivität, 1 Mitglied

Eine Gruppe erstellen - Google Groups - Google-Startseite - Nutzungsbedingungen - Datenschutzbestimmungen
©2007 Google

Abb. 8.9 Google-Suchergebnis

Auch ist es denkbar, dass Sie Patienten haben, die der kontinuierlichen Behandlung aufgrund eines Krankheitsbildes bedürfen, jedoch gern in Urlaub fahren würden. Über das Internet können Sie einen Kollegen am Urlaubsort ausfindig machen, der die Versorgung in dieser Zeit übernehmen wird.

Im Bereich des Netzwerkmarketing ist Ihrer Kreativität wieder einmal „Tür und Tor geöffnet" – überlegen Sie sich, gemeinsam mit Kollegen, Ansatzpunkte, um sich bekannter zu machen. Entwerfen Sie gemeinsam Broschüren, Seminarunterlagen, Slogans usw. – das spart nicht nur Zeit, es bereichert auf jeden Fall bereits durch die Ideenvielfalt der unterschiedlichen Personen und spart zudem noch Geld (dies wiederum hat eine Reduzierung des Marketingbudgets zur Folge).

8.7 Pflichtangaben und Gestaltungsmöglichkeiten der Homepage

Bei der praktischen Umsetzung treffen Pflicht und Kür aufeinander und wollen Beachtung finden.

8.7.1 Rechtslage

Auch die Gestaltung und der Inhalt Ihrer Homepage ist Gesetzen unterworfen. Zum Tragen kommen hier das neue Telemediengesetz (TMG) sowie Rechtsprechungen des Bundesgerichtshofs (BGH) in Bezug auf öffentlich nutzbare Computerkommunikationsnetze. Da das Medium Internet auch heute noch lange nicht am Ende der Entwicklung steht und gerade unsere Branche noch einiges aufzuholen hat, hier noch einmal aus aktuellem Anlass Auszüge aus dem o.g. Gesetz.

Auszüge aus dem Telemediengesetz, in Kraft getreten: 01.03.2007

§1 Anwendungsbereich
(1) Dieses Gesetz gilt für alle elektronischen Informations- und Kommunikationsdienste (...).
(...).

§2 Begriffsbestimmungen
Im Sinne dieses Gesetzes
1. ist Diensteanbieter jede natürliche oder juristische Person, die eigene oder fremde Telemedien zur Nutzung bereithält oder den Zugang zur Nutzung vermittelt,
(...)
3. ist Nutzer jede natürliche oder juristische Person, die Telemedien nutzt, insbesondere um Informationen zu erlangen oder zugänglich zu machen,
(...)
5. ist kommerzielle Kommunikation jede Form der Kommunikation, die der unmittelbaren oder mittelbaren Förderung des Absatzes von Waren, Dienstleistungen oder des Erscheinungsbilds eines Unternehmens, einer sonstigen Organisation oder einer natürlichen Person dient, die eine Tätigkeit im Handel, Gewerbe oder Handwerk oder einen freien Beruf ausübt; die Übermittlung der folgenden Angaben stellt als solche keine Form der kommerziellen Kommunikation dar:
a) Angaben, die unmittelbaren Zugang zur Tätigkeit des Unternehmens oder der Organisation oder Person ermöglichen, wie insbesondere ein Domain-Name oder eine Adresse der elektronischen Post,
b) Angaben in Bezug auf Waren und Dienstleistungen oder das Erscheinungsbild eines Unternehmens, einer Organisation oder Person, die unabhängig und insbesondere ohne finanzielle Gegenleistung gemacht werden.
Einer juristischen Person steht eine Personengesellschaft gleich, die mit der Fähigkeit ausgestattet ist, Rechte zu erwerben und Verbindlichkeiten einzugehen.
(...)

§5 Allgemeine Informationspflichten
(1) Diensteanbieter haben für geschäftsmäßige, in der Regel gegen Entgelt angebotene Telemedien folgende Informationen leicht erkennbar, unmittelbar erreichbar und ständig verfügbar zu halten:
1. den Namen und die ladungsfähige Anschrift, unter der sie niedergelassen sind, bei juristischen Personen zusätzlich den Vertretungsberechtigten (...),

2. Angaben, die eine schnelle elektronische Kontaktaufnahme und unmittelbare Kommunikation mit ihnen ermöglichen, einschließlich der Adresse der elektronischen Post,
3. soweit der Dienst im Rahmen einer Tätigkeit angeboten oder erbracht wird, die der behördlichen Zulassung bedarf, Angaben zur zuständigen Aufsichtsbehörde,
4. das Handelsregister, Vereinsregister, Partnerschaftsregister oder Genossenschaftsregister, in das sie eingetragen sind, und die entsprechende Registernummer,
5. soweit der Dienst in Ausübung eines Berufs im Sinne von Artikel 1 Buchstabe d der Richtlinie 89/48/EWG des Rates vom 21. Dezember 1988 über eine allgemeine Regelung zur Anerkennung der Hochschuldiplome, die eine mindestens dreijährige Berufsausbildung abschließen (ABl. EG Nr. L 19 S. 16), oder im Sinne von Artikel 1 Buchstabe f der Richtlinie 92/51/EWG des Rates vom 18. Juni 1992 über eine zweite allgemeine Regelung zur Anerkennung beruflicher Befähigungsnachweise in Ergänzung zur Richtlinie 89/48/EWG (ABl. EG Nr. L 209 S. 25, 1995 Nr. L 17 S. 20), zuletzt geändert durch die Richtlinie 97/38/EG der Kommission vom 20. Juni 1997 (ABl. EG Nr. 184 S. 31), angeboten oder erbracht wird, Angaben über
a) die Kammer, welcher die Diensteanbieter angehören,
b) die gesetzliche Berufsbezeichnung und den Staat, in dem die Berufsbezeichnung verliehen worden ist,
c) die Bezeichnung der berufsrechtlichen Regelungen und dazu, wie diese zugänglich sind,
6. in Fällen, in denen sie eine Umsatzsteueridentifikationsnummer nach § 27a des Umsatzsteuergesetzes oder eine Wirtschafts-Identifikationsnummer nach § 139c der Abgabenordnung besitzen, die Angabe dieser Nummer. (...)
(2) Weitergehende Informationspflichten nach anderen Rechtsvorschriften bleiben unberührt.

§ 6 Besondere Informationspflichten bei kommerziellen Kommunikationen

(1) Diensteanbieter haben bei kommerziellen Kommunikationen, die Telemedien oder Bestandteile von Telemedien sind, mindestens die folgenden Voraussetzungen zu beachten:
1. Kommerzielle Kommunikationen müssen klar als solche zu erkennen sein.
2. Die natürliche oder juristische Person, in deren Auftrag kommerzielle Kommunikationen erfolgen, muss klar identifizierbar sein.
(...)
(2) Werden kommerzielle Kommunikationen per elektronischer Post versandt, darf in der Kopf und Betreffzeile weder der Absender noch der kommerzielle Charakter der Nachricht verschleiert oder verheimlicht werden. Ein Verschleiern oder Verheimlichen liegt dann vor, wenn die Kopf- und Betreffzeile absichtlich so gestaltet sind, dass der Empfänger vor Einsichtnahme in den Inhalt der Kommunikation keine oder irreführende Informationen über die tatsächliche Identität des Absenders oder den kommerziellen Charakter der Nachricht erhält.
(3) Die Vorschriften des Gesetzes gegen den unlauteren Wettbewerb bleiben unberührt.
(...)

Pflichtangaben auf der Homepage

Dieses Buch möchte Sie nicht zu einem Rechtsanwalt ausbilden, doch leiten sich, gerade aus dem § 5 des TMG, einige Pflichtangaben ab, die auf unserer Homepage erscheinen müssen.

Unter den „Allgemeinen Informationspflichten“ des TMG steht: „Dienstanbieter haben für geschäftsmäßige, in der Regel gegen Entgelt angebotene Telemedien folgende Informationen leicht erreichbar, unmittelbar erreichbar und ständig verfügbar zu halten“, d.h. Ihre Pflichtangaben müssen nicht unbedingt auf der Startseite Ihrer Homepage stehen, jedoch muss der Internet-User über einen entsprechend bezeichneten Button (z.B. „Kontakt“) zu diesen Informationen gelangen. Es reicht nicht aus, wenn der Internet-User einen Button anklicken muss, in dem er bestätigt, dass er entsprechende Post (E-Mail) mit diesen Informationen bekommt, daher auch der Begriff „unmittelbar“.

Ein (bis auf die E-Mail-Adresse) sehr gelungenes Beispiel hat die UDH (Union Deutscher Heilpraktiker). Wenn man auf der Homepage ist und den „Impressum“-Button anklickt, erscheinen exakt alle geforderten Informationen, wie auf **Abb. 8.10** (S. 44) ersichtlich. Bei Anklicken der E-Mail-Adresse wird man direkt an den Bundesverband weitergeleitet.

Impressum

Webimpressum des Bundesverbandes Union Deutscher Heilpraktiker

Union Deutscher Heilpraktiker e.V.
Bundesverband
Waldstraße 21
61137 Schöneck
Tel.: 0 61 87 . 99 06 03
Fax: 0 61 87 . 9 92 80 75
E-mail an den Bundesverband

Vorstand:
Präsidentin
Monika Gerhardus, Landesverband Hessen

Vizepräsidenten
Bernd Saenger, Landesverband Bayern
Hartmut Lockenvitz, Landesverband Nordrhein-Westfalen

Revisoren
Ludwig Biederer
Roland Meinhold

Vereinsregisternummer:
Eingetragen in das Vereinsregister Nr.7104
beim Amtgericht Frankfurt am Main am 9.6.1983

Inhaltlich Verantwortlicher gemäß §10 Abs. 3 MDStV :
Für den Bundesverband sowie den Landesverband Hessen:
Monika Gerhardus, 1. Vorsitzende
Union Deutscher Heilpraktiker e.V.
Geschäftsstelle
Waldstraße 21
61137 Schöneck

Verantwortlich in Sachen des Inhaltes für Länderangelegenheiten:
Die jeweiligen Landesverbände

Website:
Stefan Kujawa [information design] livingdots : team, Emailkontakt
ZMS Template Anpassung:
Natalia Wehler, www.matente.de
Bildquellen:
eigenes Archiv des Verbandes, pixelquelle (Dank an Marika Kude)

Haftungshinweis:
Trotz sorgfältiger inhaltlicher Kontrolle übernehmen wir keine Haftung für die Inhalte externer Links. Für den Inhalt der verlinkten Seiten sind ausschließlich deren Betreiber verantwortlich.

Die Tätigkeit als Heilpraktiker basiert auf dem Heilpraktikergesetz, der ersten Durchführungsverordnung zum Heilpraktikergesetz und der Berufsverordnung für Heilpraktiker.

Abb. 8.10 Impressum des UDH: www.udh-bundesverband.de/content/e224/index_ger.html.

Die Pflichtangaben kurz zusammengefasst:

- Ihr Name, Anschrift sowie Berufsbezeichnung.
- Ihre Telefonnummer, Faxnummer sowie Ihre E-Mail-Adresse, um die Anforderungen der elektronischen Kontaktaufnahme sowie den unmittelbaren Kontakt zu erfüllen.
- Angaben zur zuständigen Aufsichtsbehörde, also in unserem Fall das zuständige Gesundheitsamt.
- Angaben zum Handels-, Vereins-, Genossenschaftsregister mit der jeweiligen Registriernummer, d.h. Angabe unserer Berufsgenossenschaft sowie Vereinsmitgliedschaft.
- Falls vorhanden, Ihre Umsatzsteueridentifikationsnummer – bei unserem Berufsstand eher selten zu finden.

Zusammenfassung der Rechtsprechung des BGH in Bezug auf Nutzung des Internet

Zunächst folgt eine Zusammenfassung der Rechtsprechung, was dem Arzt und somit auch dem Heilpraktiker (im Bezug auf die Gleichstellung nach BGH, WRP 90,246 aus dem Jahre 1989) in öffentlich nutzbaren Computerkommunikationsnetzen, beispielsweise via Internet, erlaubt ist.

Es wird unterschieden zwischen:

1. Informationen gegenüber Dritten auf einer Homepage,
2. weitergehenden Informationen, die nur über eine Schaltfläche auf der Homepage abgefragt werden können,
3. Informationen gegenüber anderen Kollegen in einem Intranet.

Die drei Punkte dürfen die Person des Heilpraktikers nicht werbend herausstellen und müssen sich auf sachliche Inhalte begrenzen.

8.7.2 Informationen gegenüber Dritten auf einer Homepage

Unter Berücksichtigung, dass der interessierte Patient/Leser beim Suchprozess im Internet zunächst nur Zugang zu einer Homepage des Heilpraktikers erhalten kann, dürfen dort ausschließlich die für das Praxisschild zugelassenen Informationen zu finden sein. Erst nach einer weiteren Nutzerabfrage (z.B. durch das Anklicken auf einen Button) dürfen die Praxisinformationen zugänglich gemacht werden.

Eingangsseite. Das bedeutet im Klartext für Sie, dass Sie auf Ihrer „Frontpage" folgende Daten einstellen dürfen:

- Ihren Namen,
- Ihre Berufsbezeichnung,
- Ihre vollständige Adresse mit Telefon-/Faxnummer,
- Ihre Web- sowie E-Mail-Adresse,
- Ihre Therapieschwerpunkte,
- die Öffnungszeiten Ihrer Praxis,
- die Form der Praxis („Gemeinschaftspraxis, Praxisgemeinschaft").

Farbgebung. Gestalten Sie die erste Seite ruhig farborientiert. So vermag eine grüne (vielleicht nicht gerade „giftgrüne") Benutzeroberfläche das menschliche Unterbewusstsein beruhigen, harmonisieren und ausgleichen. Grün ist die Farbe der Heilung und damit mit Sicherheit richtig auf Ihrer Homepage. Doch auch andere Farben haben ihre Symbolik und können jederzeit von Ihnen benutzt werden (z.B. Indigoblau, Orange).

Hier ein Ausschnitt einer Homepage eines praktizierenden Heilpraktikers (**Abb. 8.11**). Unser Kollege bevorzugt klare Linien, einen klar definierten Hintergrund und die Farbe Blau. Ein Qualitätssiegel fällt dem Internet-User sofort ins Auge und suggeriert ihm bereits vor der allerersten fachlichen Information ein hohes Maß an Fachkompetenz – dazu noch die persönliche Unterschrift sowie ein kurzer Bedienungshinweis für seine Homepage – schade, dass man solch eine Homepage noch viel zu selten findet!

Abb. 8.11 Startseite eines praktizierenden Heilpraktikers: www.praxis-heinemann.com.

Gesetzesvorgaben. Achten Sie auch bei Selbstdarstellungen im Internet auf die wettbewerbseinschränkenden Gesetzesvorgaben, denn sie haben auch hier ihre vollständige Gültigkeit. So dürfen Sie beispielsweise außerhalb von Fachkreisen „nicht für Arzneimittel, Verfahren, Behandlungen, Gegenstände oder andere Mittel werben (... mit der bildlichen Darstellung von Personen in der Berufskleidung oder bei der Ausübung der Tätigkeit von Angehörigen der Heilberufe, des Heilgewerbes oder des Arzneimittelhandels, wenn diese Werbung geeignet ist, das Laienpublikum unsachlich zu beeinflussen und dadurch eine jedenfalls mittelbare Gesundheitsgefährdung zu bewirken)" (HWG §11 Abs.1 Satz 1 Nr.4; BGH, Urteil vom 01.03.2000, Az: IZR 51/04).

8.7.3 Weitergehende Informationen, die nur über eine Schaltfläche auf der Homepage abgefragt werden können

Nachdem sich der Besucher die Oberfläche Ihrer Internetzpräsenz angeschaut und sich mit dieser vertraut gemacht hat, möchte er im Rahmen einer eventuellen Behandlung mehr über Sie und Ihre Praxis erfahren. Dazu gibt es auf Ihrer Homepage ein kleines Fenster, welches sich durch „Anklicken per Maustaste" öffnet und den Weg freigibt.

Ihrer Fantasie sind hier keine Grenzen gesetzt, was die Umsetzung folgender Informationen für Ihre Patienten betrifft.

Hinweise auf einzelne besondere Untersuchungs- sowie Behandlungsverfahren im Rahmen Ihres Fachgebietes

Sie sehen sich beispielsweise als erfahrenen Diagnostiker auf dem Feld der Elektroakupunktur nach Voll. Sie haben sich auf dieses Thema spezialisiert und können Ihrem Patienten nach der Erstanamnese bereits eine Fülle von Informationen seinen Gesundheitszustand betreffend mitteilen und ihn entsprechend therapieren. Ihr Patient in spe kann sich in aller Ruhe zu Hause am Computer Informationen über genau dieses Verfahren besorgen bzw. ist sehr zufrie-

Abb. 8.12 Heilpraktiker-typische Therapieverfahren anhand einer Homepage einer praktizierenden Heilpraktikerin: www.naturheilverfahren-volk-seitz.de.

den, weil er schon immer zu einem Heilpraktiker mit diesem Behandlungsschwerpunkt gehen wollte, sich jedoch im Vorfeld nicht sicher war, ob ein niedergelassener Heilpraktiker dies auch praktizieren würde.

Unter www.naturheilpraxis-volk-seitz.de (**Abb. 8.12**) finden Sie eine sehr gelungene Erklärung zum Therapieverfahren „Wirbelsäulentherapie nach Dorn" (**Abb. 8.13**, S. 48). Der Internet-User gelangt nach Anklicken des entsprechenden Buttons unter „Therapiespektrum" auf die gewünschte Seite.

Beschreibungen bestimmter medizinischer Vorgänge, die zur Vorbereitung des Patienten auf spezielle Untersuchungs- und Behandlungsmaßnahmen für zweckmäßig erachtet werden

In diesem Fall denken Sie an die Colonmassage bei der Colon-Hydro-Therapie (**Abb. 8.14**, S. 48). Diese Art der Behandlung ist nicht „jedermanns Sache" und es ist für Ihre Patienten sicherlich von Bedeutung, wenn ihnen im Vorfeld beispielsweise die Funktion des Darmes sowie die Bedeutung einer Darmreinigung o. Ä. erklärt wird.

Hinweise auf Sprechstundenzeiten und Sondersprechstunden sowie Ihre Erreichbarkeit außerhalb der Sprechstunden

Auch wenn Sie auf Ihrer Frontpage bereits kurz auf Ihre Sprechzeiten eingegangen sind, dürfen Sie hier noch einmal Angaben über Sondersprechstunden machen. Das können Wochenenddienste ebenso wie Abendsprechstunden, Urlaubsvertretungen und Hausbesuchszeiten sein. Aber auch spezielle Sprechstunden nur für Kinder (ein besonderer Service, den sicher nicht jeder hat, **Abb. 8.15**). Für den Fall der Urlaubsvertretung können Sie hier gleich auf Ihren Kollegen verweisen. Eine Information bzgl. Ihrer Erreichbarkeit außerhalb der Sprechzeiten, ggf. für Notfälle, sollte auf keinen Fall fehlen.

Praxislage in Bezug auf öffentliche Verkehrsmittel – Straßenplan

Stellen Sie sich vor, Sie betreiben eine Praxis in der Stadtmitte Dortmunds. Nicht jeder Patient

Naturheilpraxis
Sylvia Volk-Seitz

Startseite ‣ Therapiespektrum ▾ Info ▾ Seminare Preise Kontakt/Anfahrt Meine Praxis Persönliches Gästebuch

Donnerstag, 7. August 2008 ..:: Therapiespektrum » Wirbelsäulentherapie nach Dorn ::.. anmelden

Wirbelsäulentherapie nach Dorn

Mit der sanften Wirbelsäulentherapie nach Dorn werden Schmerzzustände der Wirbelsäule sowie aller den Händen zugänglichen Gelenke und der zugehörigen Muskulatur behandelt.

Die Ursache für eine Vielzahl von Wirbelsäulenerkrankungen ist ein Beckenschiefstand durch Fehlhaltung. Mit der sanften Wirbelsäulentherapie nach Dorn lassen sich solche funktionellen Beinlängendifferenzen fast immer ausgleichen. So stimmt die Statik von unten, die Gelenke werden wieder gleichmäßig belastet und die Schmerzen können sich wieder beruhigen. Fehlstehende Wirbelkörper werden ertastet und mit sanftem Daumendruck des Therapeuten und mit Hilfe der Muskelbewegung und Atmung des Patienten in ihre ursprüngliche Position zurückgeführt. Diese Therapie löst Blockaden und der Patient wird von seinen oft langwierigen Rückenschmerzen befreit.

Durch spezielle Übungen für zu Hause sind Sie in der Lage, sich selbst zu helfen und langfristig beschwerdefrei zu bleiben.

Therapiedauer

Die Horntherapie ist keine Dauerbehandlung. In der Regel sind eine bis zwei Behandlungen nötig, um eine Linderung der Beschwerden zu erzielen.

Durch die Übungen für zu Hause haben Sie selbst den größten Einfluss auf den langfristigen Erfolg der Behandlung.

Abb. 8.13 Information über das Therapieverfahren Wirbelsäulentherapie nach Dorn auf der Homepage von Sylvia Volk-Seitz: www.naturheilpraxis-volk-seitz.de/Therapiespektrum.

Die **Colon-Hydro-Therapie säubert den Darm** von innen.
Mittels dieser Therapieform werden Gärungs- und Fäulnisstoffe von den Wänden des Darmes entfernt.
Die Stoffe haben sich durch unausgewogene Ernährung, Nikotingenuss, Übergewicht, zu wenig Bewegung usw. an den Darmwänden angelagert, dicken ein und der Stuhl stagniert.
Dieser natürliche Säuberungsprozess bewirkt, dass die Symptome, die direkt oder indirekt mit dem Nichtfunktionieren des Darmes zusammenhängen, beseitigt werden. Eine Heilung ist nur möglich, wenn vorher eine Säuberung erfolgt.

Behandlungsablauf:
Sie liegen während der Behandlung bequem in Rückenlage. Durch ein Kunststoffröhrchen fließt temperierbares Wasser in Ihren Darm ein.
Ich bin während des ganzen Vorgangs bei Ihnen.
Um Geruchsentwicklungen zu vermeiden, wird das Wasser mit den nun darin enthaltenen „Rückständen" über ein geschlossenes System per Abwasserschlauch ausgeleitet.
Mit einer unterstützenden, gezielten Bauchdeckenmassage verstärke ich sanft die Wirkung auf Ihren Darm.
Insgesamt gesehen wird durch beide Aktionen Ihr Darm zur Selbstreinigung angeregt, er wird nun verstärkt den Darminhalt weiterbefördern.
Die Colon-Hydro-Therapie erzeugt keine Schmerzen oder Krämpfe und wird vom Patienten als **äußerst angenehm und wohltuend** empfunden.

Abb. 8.14 Erklärung Colon-Hydro-Therapie.

„Kindersprechstunde“

Folgender Schwerpunkt:

allgemeine Hauterkrankungen	**hyperaktive Kinder**
Wachstums-störungen	**Störung der Immunabwehr**
Neurodermitis	

⇧ **Zurück**

Abb. 8.15 Beispiel einer Kindersprechstunde.

kommt mittels eines PKW mit integriertem Navigationsgerät und kann direkt vor Ihrer Praxis parken. Überlegen Sie sich, welche Art der Wegweisung die effektivste ist und wie man sie Ihren Patienten leicht anschaulich erklären kann.

Da Ihre Patienten gerade auf Ihrer Homepage sind und somit das Internet nutzen, können Sie ihnen einen Link zu diversen Routenplanern anbieten, so z.B. www.map24.de oder www. web.de. Ihr Patient kann sich die Wegbeschreibung zu Ihnen dann ganz einfach ausdrucken.

Anfahrt mit dem PKW:

- Wie heißt Ihre Straße?
- Welche Hauptstraße kreuzt eventuell?
- Gibt es markante Stellen / Denkmäler / Museen etc. in Ihrer Nähe, die Sie als Wegweiser benutzen können?
- Liegt Ihre Praxis in einer Einbahnstraße?
- Von welcher Seite aus kann man nicht fahren?
- Angaben über Parkplätze:
  - Gibt es Parkmöglichkeiten in unmittelbarer Nähe? Wenn nein, vielleicht ein Parkhaus?
  - Gibt es vielleicht Parkplätze, die man unentgeltlich nutzen darf?

Anfahrt mit dem Bus oder der Straßenbahn:

- Gibt es eine Bus-, S-Bahn-Haltestelle in direkter Nähe?
- Wie heißen die zwei Haltestellen die Ihrer Praxis am nächsten sind?
- Gibt es eine Direktlinie vom Bahnhof aus zu Ihnen (denken Sie hierbei auch an die Patienten, die von außerhalb kommen)?
- Welche Nummer hat die Buslinie bzw. die S-Bahn?

Besondere Einrichtungen für Behinderte

Besteht die Möglichkeit eines ebenerdigen Aufgangs, einer rollstuhlgerechten Klingel (die nicht in 1,50 m Höhe angebracht ist) oder eines geräumigen Aufzugs? Sollten Sie innerhalb Ihrer Praxis besondere Einrichtungen installiert haben, können Sie dies im Interesse Ihrer Patienten hier dokumentieren. Des Weiteren können Sie Ihre Praxis hier behindertengerecht vorstellen. Im Fachterminus redet man vom sog. „barrierefreien Internet“. Damit ist gemeint, dass Sie Ihre Homepage so programmieren können, dass z.B. ein blinder Patient beim Anklicken das Geschriebene auch hören kann. Weitere Informationen dazu finden Sie im Internet u.a. unter www.abi-projekt.de sowie www.webforall-heidelberg.de.

Informationen über Weiterbildungen

Auch hier ist Ihrer Kreativität eine Menge Platz geboten. Wie Sie Ihre Fortbildungen, die Sie – auch aus eigenem Ermessen heraus – besucht haben, „vermarkten“ bzw. informativ gestaltet auf Ihrer Homepage unterbringen, bleibt Ihnen oder der Firma, mit der Sie zusammenarbeiten, überlassen (vergessen Sie jedoch auch hier nicht die wettbewerbsbeschränkenden Gesetzesvorgaben). Es ist und bleibt für Ihre Patienten sowie deren Angehörige sehr wichtig zu wissen, dass ihr Behandler auf dem aktuellen Stand der naturheilkundlichen Behandlungen ist. Viele Menschen bringen dies ausschließlich mit dem Besuch von Fortbildungen in Verbindung.

Fachkunde

Erzählen Sie etwas über das, was Sie in Ihrer Praxis machen. Berichten Sie von Ihren Behandlungsschwerpunkten und erklären dem virtuellen Besucher etwas über die Naturheilkunde. Damit nehmen Sie einem bisher vielleicht ausschließlich schulmedizinisch behandelten Patienten die Scheu, sich Ihre Meinung als naturheilkundlich orientierter Heilpraktiker in seinem spezifischen Krankheitsfall anzuhören.

Ihre Person

Unter diesem Aspekt dürfen Sie folgende Angaben zu Ihrer Person machen:

- Geburtsjahr des Praxisinhabers,
- Zeitpunkt der Überprüfung durch den Amtsarzt und damit Zulassung als Heilpraktiker,
- Zeitpunkt der Niederlassung,
- Sondersprechstunden,
- Sprachkenntnis (dies ist von besonderer Bedeutung, wenn Sie Fremdsprachen wie z. B. Türkisch, Arabisch, Polnisch, Russisch usw. beherrschen, denn viele unserer ausländischen Mitmenschen vermissen oft einen Behandler, der ihrer Sprache mächtig ist und sind selbst weder der deutschen noch der englischen Sprache kundig),
- Konfession,
- Bilder des Praxisteams (Sie lesen richtig – und gehen damit sogar konform mit dem HWG § 11, denn Sie lassen sich nicht während Ihrer Arbeit oder in Ihrer Berufskleidung ablichten, sondern „einfach als Mensch" bzw. „nettes Behandlerteam"). Dies nimmt den Patienten oft schon die Scheu, weil sie sich vorab ein Bild (im wahrsten Sinne des Wortes) von Ihnen machen konnten.

Kurz gesagt dürfen Sie einen nicht zu langen Lebenslauf von sich auf Ihrer Homepage hinterlegen (lesen Patienten gern!).

Logo der Praxis

Benutzen Sie durchgängig das gleiche Logo – sowohl hier in Ihrer Internetpräsenz als auch auf Ihrer Visitenkarte, Ihren Rechnungsformularen, Briefköpfen usw.

Zugehörigkeit zu einem Praxisverbund

Hier können Sie noch einmal auf die Form Ihrer Praxis eingehen. Haben Sie eine Praxisgemeinschaft mit einem anderen Kollegen? Oder gar einem Kollegen einer anderen Berufssparte (z. B. einen Logopäden)?

Geben Sie den Patienten die Möglichkeit, Ihren Flyer als PDF-Datei von Ihrer Homepage herunterzuladen.

Zusammenarbeit mit Selbsthilfegruppen

Unter diesem Punkt können Sie Ihrem virtuellen Besucher genauere Informationen liefern, mit welchen Selbsthilfegruppen Sie in Kontakt stehen. Das können beispielsweise Diabetikergruppen, Allergikergruppen usw. sein.

Auch hier soll sich Ihr Patient vorab ein genaues Bild über Ihren Tätigkeitsrahmen verschaffen können (ohne dass Sie natürlich gegen die guten Sitten im Sinne des Wettbewerbrechts verstoßen), sodass er vorab entscheiden kann, ob Sie derjenige sind, den er als Behandler schon so lange vergeblich gesucht hat.

Anzeigen, z. B. über die Niederlassung, Urlaub, Vertretung usw.

Auch hier sind Ihrer Kreativität keine Grenzen gesetzt, was die Umsetzung dieser Informationen betrifft. Sie sollten nur bei allem, was Sie schreiben, darauf achten, dass es gesetzkonform ist und der Patient nicht viel Text lesen, sondern sich möglichst knapp, illustriert und v. a. informativ informieren möchte. Zum Urlaub gehören beispielsweise auch Informationen, dass man zurzeit nicht erreichbar ist.

8.7.4 Zusammenfassung der Vorteile einer Homepage

- Mit einer Homepage ist Ihre Naturheilpraxis für Patienten, interessierte Laien und Kollegen weltweit rund um die Uhr erreichbar.
- Sie können sich unabhängig Ihres Aufenthaltsortes alle notwendigen Informationen über das Medium Internet beschaffen und sowohl mit Patienten als auch Kollegen (wenn gewünscht) in Kontakt treten.
- Gegebenenfalls findet ein Patient auf Ihr Anraten einen neuen Heilpraktiker, weil Sie ihn aus gewissen Gründen nicht weitertherapieren möchten.
- Ihre Patienten können sich über Ihre medizinische Versorgung zu Hause, an ihrem Wohnort oder anderswo vorab informieren, auch während der Zeit ihres Urlaubs.
- Auch Patienten, die dienstlich unterwegs sind und beispielsweise für eine regelmäßige Eigenbluttherapie einen Heilpraktiker benötigen, werden fündig.

- Sie als Behandler können sich über das Leistungsspektrum Ihrer Kollegen informieren.
- Sie können, wenn Sie von Ihrem Patienten darum gebeten werden, seine Versorgung am Urlaubsort planen (sollte er verreisen und dennoch ständige Betreuung benötigen) und Voraussetzungen für eine Weiterbehandlung und Kontrolle verlässlich prüfen (der Patient wird Ihnen gewiss sehr dankbar sein).
- Ihre Homepage bietet Ihnen die legale Möglichkeit, detailliert über Ihr Praxisangebot zu informieren.
- Ihre Patienten und Kollegen finden Sie garantiert.

! Ihre direkte Patientenbetreuung erhält eine völlig neue Qualität. Daneben ergeben sich durchaus auch ökonomische Vorteile: Die Suche nach Ihrer Homepage erfolgt im Internet über eine Suchmaschine oder Ihren Berufsverband, indem nach Name, Ort und Fachrichtung gesucht werden kann. Als Ergebnis erhält Ihr Patient direkt Ihre Homepage bzw., wenn mehrerer Naturheilpraxen den Suchkriterien entsprechen, eine Liste, in der auch Ihre Homepage aufgeführt ist.

8.8 Klassische Web-Fehler

1. Ihre gewählte Schrift ist zu klein, zu unleserlich, zu verschnörkelt.
2. Zu viel „Unruhe“: Wenn man auf Ihrer Homepage ist, verfolgen einen kleine Mäuse oder Schriftzüge, sobald man den Cursor bewegt.
3. Der Hintergrund ist zu bunt, zu überladen, das Auge des Patienten kann nicht mehr aussortieren, was wichtig ist oder was eher im Hintergrund bleiben kann.
4. Zu viel Werbung von Fremdfirmen. Einige haben ihre Werbung so eingestellt, dass man über die „Zurück-Funktion“ nicht mehr aus der Werbung herauskommt, sondern das Fenster (und damit Ihre Internetpräsenz) komplett schließen muss.
5. Zu lange Texte, keine Grafiken, keine Struktur.
6. Texte ohne Bezug.
7. „Tote“ Links, Buttons, hinter denen sich keine Funktion verbirgt, die Ihre Homepage nur aufpeppen wollen.
8. Sie haben einen Anbieter, der Ihr Postfach automatisch alle 30 Tage leert. Wenn Sie die wichtigen Unterlagen nicht vorher kopiert und an einem anderen Ort gelagert haben, bekommen Sie keinen Zugang mehr zu den Informationen.
9. Ihre Webseite hat zu wenig Speicherplatz.

8.9 E-Mail-Adresse

Im Verlauf des letzten Kapitels haben Sie bereits einige Male den Begriff „E-Mail-Adresse“ gelesen. Vergleichen Sie die E-Mail-Adresse mit einem virtuellen Briefkasten. Hierbei handelt es sich lediglich um eine Art „Hausanschrift“ Ihrer Praxisadresse, für den Fall, dass Sie über Ihren Computer Briefe schreiben und versenden möchten.

Sie sollten sich auf jeden Fall eine E-Mail-Adresse zulegen, die Sie jedes Mal angeben können, wenn Sie sich Informationen schnell zusenden lassen möchten oder jemand mit Ihnen per E-Mail in Kontakt treten will.

Auch ist diese empfehlenswert, wenn Patienten in spe die eine oder andere Frage bzgl. Ihrer Praxis haben – die E-Mail-Adresse können Sie ebenfalls auf Ihrer Homepage hinterlegen.

Einer der wohl bekanntesten Anbieter ist hier die Firma „GMX“. Sie finden diesen Anbieter im Internet unter der Adresse www.gmx.de – die Anmeldung ist kostenlos.

Über elektronischen Briefverkehr gelangt eine Nachricht über Ihr Modem und dann das Internet zum (wiederum elektronischen) Briefkasten des Empfängers. Er kann die Nachricht lesen, speichern, bearbeiten oder weiterverschicken.

8.10 Informationsaustausch für Heilpraktiker in einem Intranet

In geschlossenen Netzen, d.h. solchen Computerkommunikationsnetzen, die nur Ihren Kollegen offen stehen (dem Intranet), darf umfassend über das Leistungsangebot der Praxis informiert werden. Sie können das auf Ihrer Homepage umsetzen, indem Sie einen Button anlegen mit der Aufschrift „Zutritt nur für Heilpraktiker" o. Ä. Dieser Bereich ist passwortgeschützt; bevor man dieses Passwort bekommt, muss man sich registrieren lassen.

Es ist ein nicht unerheblicher Aufwand und der Nutzen für eine Naturheilpraxis hält sich dabei in Grenzen. Die Entscheidung, ob Sie so etwas auf Ihrer Homepage umsetzen möchten oder nicht, bleibt in jedem Falle Ihnen überlassen.

9 Werbung

In diesem Kapitel erfahren Sie, welche unterschiedlichen Arten der Werbung es gibt und zu welchen Gelegenheiten Sie Ihre Praxis im Alltag repräsentieren und bekannt machen können.

9.1 Historie

Das erste „Werbegeschenk" der Menschheit war der Apfel, mit dem Eva Adam lockte. Wahrheit oder reine Provokation? – Vielleicht etwas von beidem. Diese Geschichte ist weltbekannt und breitete sich per Mundpropaganda über Generationen aus, wobei wir bereits mitten im Thema sind: Werbung!

1625 erschien die erste Werbeanzeige in England, das war vor rund 380 Jahren. Werbung, wie wir Sie heute kennen, begann mit der Industrialisierung, als sich der Markt vom Nachfrage- zum Angebotsmarkt entwickelte.

In den 1960er-Jahren setzte sich das Marketing zuerst bei Markenartikelherstellern durch, 20 Jahre später, Mitte der 1980er-Jahre, erkannten auch kleine und mittlere Betriebe die Bedeutung der Werbung für den Absatzmarkt. Ein neuer Betriebszweig entstand.

9.2 Definition

Unter dem Begriff **Werbung** versteht man „eine spezielle Kommunikation, die mit dem Ziel betrieben wird, die Kommunikationsempfänger in bestimmter Weise zu beeinflussen". Es wird unterschieden zwischen der Propaganda und der sog. Wirtschaftswerbung, welche „alle Maßnahmen zur Absatzförderung umfasst" (Brockhaus-Lexikon).

Die propagandistische Form der Werbung, die besonders für bestimmte geistige und politische Ziele, religiöse, künstlerische oder humanitäre Ideen benutzt wird, bedient sich meist der publizistischen Beeinflussung ihrer Inhalte und Methoden. Doch dieser Bereich der Werbung ist für unsere Möglichkeiten, sich nach „außen" zu repräsentieren und zu werben, nicht interessant.

! Der Bereich der Werbung umfasst also alle Tätigkeiten, die Ihre Praxis und Ihre Leistungen in der Öffentlichkeit bekannt machen und bemächtigt sich eines breit gefächerten Instrumentariums, um ihr Ziel zu erreichen.

In der Betriebswirtschaftslehre wird Werbung als Teil des Absatzes und des Marketings verstanden. Somit ist klar erkennbar, dass es keine strikte Trennung zwischen den Begriffen „Marketing" und „Werbung" gibt, sondern die zwei ineinander übergreifen.

Es gibt die verschiedensten Wege, die Endverbraucher (also unsere Patienten) mittels Werbung zu erreichen und man sollte ständig hinterfragen, **wem** man **was** näher bringen möchte.

Ihr Zauberwort heißt Zielgruppe

Stellen Sie sich vor, Sie haben beispielsweise ein Magnetfeldgerät und möchten dieses verkaufen, weil es sich in Ihrer Praxis nicht amortisiert. Sprechen Sie eher einen Kollegen oder einen Ihrer Patienten an (ganz abgesehen von den wettbewerbsbeschränkenden Gesetzesvorgaben)?

Im Folgenden werden Sie feststellen, dass es eine Vielfalt an Möglichkeiten gibt, die verschiedenen Gruppen gezielt anzusprechen. Denn eine ungezielte, noch so aufwändig gestaltete Werbung ist wirkungslos, wenn man noch nicht einmal weiß, wen man mit seiner Werbung erreichen will.

! Der Käse muss der Maus schmecken, nicht der Katze, sonst beißt die Maus nicht an (**Abb. 9.1**)!

Abb. 9.1

9.3 Irreführende Werbung

Im Verlauf dieses Buches werden Sie oft den Begriff der „irreführenden Werbung" lesen. Besonders häufig finden wir ihn in den Gesetzestexten (der Berufsordnung, dem Gesetz über die Werbung auf dem Gebiete des Heilwesens „HWG" sowie dem Gesetz gegen den unlauteren Wettbewerb „UWG"). Doch was verbirgt sich hinter diesem Begriff?

Gesetz gegen den unlauteren Wettbewerb. Der Begriff der irreführenden Werbung stammt aus dem Gesetz gegen den unlauteren Wettbewerb (UWG). Eine der zentralen Vorschriften ist §3 UWG, welcher irreführende Angaben in der Werbung behandelt. Diese können sich auf verschiedene Aspekte beziehen.

Inhalt des Gesetzes. Das Gesetz benennt Irreführungen über Beschaffenheit, Ursprung, Herstellungsart, Preisbemessung, Auszeichnungen, Menge der Vorräte und den Anlass und Zweck des Verkaufs als Beispiele. Irreführungen über die Bezugsquelle, Echtheitswerbung, Garantiewerbung, Naturprodukte, Neuheitswerbung, Preisangaben, Preissenkungen, Produktwirkung, Rechtsform, Titel usw. gehören ebenso hierher.

! Wer unwahre, unrichtige oder unvollständige Angaben macht, kann auf Unterlassung und Schadenersatz in Anspruch genommen werden. Daher ein gut gemeinter Tipp: Überzeugen Sie durch Leistung und nicht durch Marktschreierei. Es gilt hier nicht die Redensart „auch eine negative Berichterstattung macht bekannt".

Meist gehören die Richter eines angerufenen Gerichts selbst zu den durch die Werbung angesprochenen Verkehrskreisen und beurteilen deshalb selbst, ob die Werbeaussagen irreführend sein könnten. Denn es kommt auf die Sicht des verständigen Verbrauchers an, wie er also die Aussage interpretiert (Werberechtslexikon „www.urteilsticker.de").

9.4 Arten der Werbung nach beabsichtigter Wirkung

Informative und suggestive Werbung sind die beiden wesentlichen Formen. Während die erste eher rational ausgerichtet ist, zielt die zweite mehr auf die gefühlsbetonten Aspekte. Zumeist treten Mischformen auf.

9.4.1 Informative Werbung

Ein Beispiel für diese Form der Werbung wäre Ihre Eröffnungsanzeige mit Ihrem Namen, Ihrer Berufsbezeichnung usw. (vgl. Checkliste zur Praxiseröffnung, S.131) in einer regionalen Tageszeitung in Bezug auf Ihren Patienten. Informationswerbung beinhaltet sachliche, objektive Informationen unter rationalen Gesichtspunkten.

Welches Format Sie benutzen, bleibt weitgehend Ihnen und Ihrem Geldbeutel vorbehalten – es sollte den übrigen Anzeigen angepasst sein. Das bedeutet jedoch nicht, dass sich Ihre Anzeige optisch nicht von den anderen abheben darf.

Farbwahl, Schrifttyp und andere prägnante Blickfänger besprechen Sie am besten mit dem Sachbearbeiter der Anzeigenannahme (**Abb. 9.2**). Schwarzweiß oder doch lieber farbig? Sie haben die Qual der Wahl!

Ein anderes Beispiel wären Urkunden über Zusatzqualifikationen in Ihrem Wartezimmer. So haben Sie beispielsweise einen Akupunkturkurs in China absolviert, was mit Sicherheit nicht jeder Ihrer Kollegen getan hat. Bereits durch die Mitteilung dieser Zusatzqualifikationen erreichen Sie bei Ihren Patienten eine Form der „informativen Werbung".

Naturheilpraxis
K. Apoplexia
Prothesenstr. 2
23333 Musterhausen
Akupunktur – Phytotherapie – Magnetfeldtherapie
Tel. / Fax: 01234 / 6789
www.kapoplexia.de

Liebe Patient(innen);

über Ihr Erscheinen zum
„Tag der offenen Tür“
am Freitag
würde ich mich sehr freuen
und möchte gleichzeitig
die Eröffnung
meiner
Naturheilpraxis
am
05. Oktober 2008
bekannt geben.

Ihre Heilpraktikerin
K. Apoplexia

Abb. 9.2 Anzeige zum „Tag der offenen Tür“.

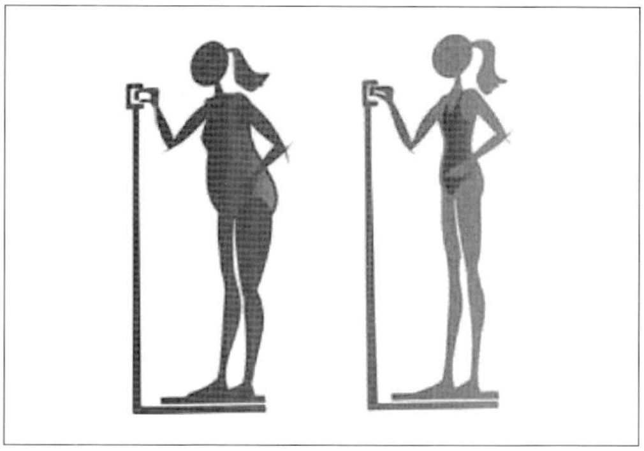

Abb. 9.3 Vorher-Nachher-Darstellung

Angespannt? Gestresst? Gewichtsprobleme?
Ich kann Ihnen helfen – mit Nahrungsergänzungsmitteln, Naturkosmetik, Aloe-Vera-Produkten und Naturheilkunde.
Sie müssen sich nicht im Geringsten in Ihren Lebensgewohnheiten einschränken.
Telefon: 08071–111222

Abb. 9.4 Beispiel unzulässiger Werbung.

! Ein Tipp aus der Praxis: Zeigen Sie Ihre Urkunden, aber gehen Sie maßvoll damit um, da eine zu plakative Gestaltung einen negativen Eindruck erwecken kann.

9.4.2 Suggestive Werbung

Die andere Form der Werbung verbirgt sich hinter dem Begriff „Suggestivwerbung“ – bekannt auch durch die Beschreibung einer „suggestiv wirkenden Beeinflussung“. Durch diese Form der Werbung werden bewusst die Gefühle und Triebe des Verbrauchers angesprochen.

In den Medien sieht man beispielsweise oft einen durchtrainierten Menschen, der mittels eines Massagegurtes angeblich durch fünf Minuten „Training“ täglich einen „Waschbrettbauch“ hat – ohne Ernährungsumstellung, andere körperliche Betätigung usw. So genannte „Vorher-Nachher-Bilder“ (**Abb. 9.3**) suggerieren dem Endverbraucher, dass sich allein durch dieses Gerät seine Probleme (Übergewicht, „Bierbauch“ usw.) auflösen. Abgesehen davon, dass in unserem Berufsstand die Werbung mit „Vorher-Nachher-Bildern“ außerhalb von Fachkreisen verboten ist, ist sie mit Sicherheit sehr teuer.

Oftmals findet man in regionalen Tageszeitungen Anzeigen der in **Abb. 9.4** gezeigten Art.

Vermittelt Ihnen diese Anzeige Kompetenz und Vertrauen? Oder eher Unbehagen und ein „mulmiges Gefühl“? Würden Sie sich auf diese Anzeige melden? – Wohl kaum. Daher sollten Sie diese Werbung unterlassen, denn sie ist auch mit dem Gesetz unvereinbar.

Gesellschaftliche Funktionen

Eine ganz andere Art der „Suggestivwerbung“ ist Ihre Präsenz in einigen ortsansässigen Vereinen. Werden Sie ehrenamtliches Mitglied. Abgesehen von Ihrer steigenden Popularität treffen Sie hier mit vielen Menschen unterschiedlicher gesellschaftlicher Schichten zusammen. Sie haben die Möglichkeit, sich gezielt als gesundheitsbewusster Mensch, der die Naturheilkunde beherrscht, zu präsentieren. Sie werden schnell um Rat gefragt, vielleicht erzählt man Ihnen sogar „Rezepte aus Omas Zeiten". Welche Vereine gibt es in Ihrer näheren Umgebung?

Schwimm- oder Turnverein Ihres Kindes

Bieten Sie Ihre regelmäßige Mithilfe an. Vor jedem Wettkampf massieren Sie die Kinder mittels Ihrer medizinischen Fertigkeiten (natürlich nicht therapeutisch, sondern, um ganz gezielt beanspruchte Muskelgruppen zu lockern). Sie vermitteln den Eltern dieser Kinder damit neben Engagement ein gewisses Können (was Sie ja definitiv haben) und stellen Ihre Person damit gleichzeitig der Öffentlichkeit vor. Sie zeigen Initiative – Sie werden sehen, dass einige dieser Eltern bei gesundheitlichen Beschwerden den Weg zu Ihnen in die Praxis finden werden. Stellen Sie sich bei Mannschaftsfotos ruhig dazu (wenn erwünscht) und lassen bei Zeitungsberichten Ihren Namen mit Ihrer Berufsbezeichnung abdrucken.

Sportverein im Ort

Jeder noch so kleine Ort hat meist einen eigenen Turn- oder Sportverein. Falls beides nicht vorhanden sein sollte, gibt es bestimmt einen Fußballverein. Die Mannschaften freuen sich mit Sicherheit über das Angebot, dass Sie beim Spiel die „erste Hilfe" übernehmen. Bevor Sie sich dazu entscheiden, sollte Ihnen klar sein, dass diese Spiele häufig an den Wochenenden vormittags ausgetragen werden. Scheuen Sie sich nicht, nach gewonnenem Spiel auch mal mit der Mannschaft „einen trinken zu gehen". Dabei werden wichtige Kontakte geknüpft.

Altersheime, Kinderheime, Einrichtungen für behinderte Mitmenschen, Hospize

Gerade in solchen Einrichtungen herrscht oft ein Pflegenotstand. Das Personal ist froh, wenn es die Funktionspflege bewältigt und die Bewohner „satt, sauber und schmerzfrei" sind. Doch das Persönliche, Seelische bleibt zurück. Wie einfach können Sie allein durch Ihre Anwesenheit Menschen helfen. Die Möglichkeit, hier zu helfen, sollten Sie allerdings nicht aus marketingstrategischen Gründen erwägen, sondern weil Ihnen die Menschen am Herzen liegen. Doch auch hier können Sie Kontakte mit Angehörigen knüpfen, sich bekannt machen und von Ihrer Arbeit erzählen.

Weitere Informationen zu den positiven Aspekten einer Vereinsmitgliedschaft finden Sie im Kap. 12.3.8, S. 95.

9.4.3 Mischform von suggestiver und informativer Werbung

Im Verlauf des Buches werden Sie feststellen, dass einige Berührungspunkte zwischen den Begriffen „Werbung" und „Information" existieren. Einen Grenzfall bzw. eine Überschneidung beider Formen stellt beispielsweise folgende Situation dar: Ihr Kollege teilt Ihnen mit, dass seine Patienten ausschließlich aufgrund von Mundpropaganda zu ihm in die Praxis kommen. Information einerseits – die Patienten kommen aufgrund der Mundpropaganda – und Suggestion – „ich habe keine Werbung nötig" – andererseits.

9.5 Psychologische Aspekte des Patientenverhaltens

Wussten Sie, dass „Werbung" nicht bewusst erlebt werden muss, um zu wirken? Es reicht bereits, wenn eine gewisse Reizschwelle überschritten wurde. Setzen sie Werbereize. Untersuchungen haben ergeben, dass eine mittlere Aufmerksamkeit beim Betrachter den besten Werbeeffekt erzielt. Der Fachmann spricht hier auch vom sog. AIDA-Modell:

- **A** für Attention, d. h., bei unseren Patienten soll Aufmerksamkeit für das Produkt, also eine Konsultation in Ihrer Praxis, geweckt werden.
- **I** für Interest, d. h., das Patienteninteresse soll geweckt werden.
- **D** für Desire, d. h., es sollen der Wunsch und das Verlangen geweckt werden, Ihre Dienstleistung in Anspruch zu nehmen.
- **A** für Action, d. h., das Ausführen der Aktion, einer Terminvereinbarung in Ihrer Praxis.

9.6 Arten der Werbung nach Zahl der Umworbenen

Auch nach der Zahl der Umworbenen werden die Formen der Werbung unterschieden, wobei hier nicht nur an Einzel- und Mengenwerbung, sondern auch an Werbung innerhalb von Fachkreise sowie an Publikumswerbung und an Laienwerbung zu denken ist. Die verschiedenen Aspekte der unterschiedlichen Arten werden im Folgenden erläutert.

9.6.1 Einzelwerbung

Einzelwerbung definiert sich über das „Direktmarketing" – d.h., Ihr Patient wird persönlich angesprochen. Charakteristisch wird ein Werbemittel so eingesetzt, dass es eine individuelle Ansprache an eine Zielperson ermöglicht. Praxisorientiert könnte das für Sie bedeuten, dass Ihnen Ihr Patient mitteilt, dass er zwar zwei Schachteln Zigaretten am Tag raucht, jedoch davon loskommen möchte. Im Rahmen Ihres Therapieprogramms überzeugen Sie ihn von einer bestimmten Raucherentwöhnungskur.

Im Unterschied dazu wendet man sich mittels der Mengenumwerbung an eine genau definierte Zielgruppe.

9.6.2 Mengenwerbung

Auch hier wäre es im praxisorientierten Fall so, dass Sie im Rahmen einer Informationsveranstaltung, beispielsweise einer Diabetikerschulung, genau auf die Bedürfnisse und Belange der Diabetiker eingehen.

! Achten Sie jedoch darauf, dass Sie im Rahmen der wettbewerbsbeschränkenden Gesetzesvorgaben mit den Gesetzen konform gehen.

§3 des HWG (vgl. Kap.14.4, S.101 f.) verbietet eine „irreführende Werbung" mittels nicht nachweisbaren Heilungsversprechen, Vortäuschung unwahrer Angaben usw.

§9 definiert die Unzulässigkeit der Werbung über die „Erkennung oder Behandlung von Krankheiten ..., die nicht auf eigener Wahrnehmung an dem zu behandelnden Menschen oder Tier beruht (Fernbehandlung)", und

§12 untersagt u.a. die Werbung für Behandlungen bei nach dem Infektionsschutzgesetz meldepflichtigen Krankheiten oder durch meldepflichtige Krankheitserreger verursachte Infektionen, bösartige Neubildungen und Suchtkrankheiten (ausgenommen Nikotinabhängigkeit).

In letzter Zeit findet der naturheilkundlich Interessierte des Öfteren Schilder über Fachvorträge im Eingangsbereich oder Schaufenster von Apotheken, vor Drogerien und Reformhäusern. Meist haben diese Apotheken Zusatzbezeichnungen wie „Naturheilkunde" oder „Homöopathie" als Blickfänger auf ihren Schildern stehen.

Oder aber Sie können diese Einladung (**Abb. 9.5**) in Zeitungen inserieren, was zum einen den Vorteil einer größeren Informationsstreuung und zum anderen eine zusätzliche Bekanntmachung Ihrer Person zur Folge hat.

Sommerzeit gleich Urlaubszeit

Liebe Kunden,
die Urlaubstage nahen – sind Sie gut vorbereitet?
Sonnenbrand und Verdauungsstörungen im Urlaubsland – das muss nicht sein.
Ich lade Sie herzlich zu einem unverbindlichen Informationsnachmittag am Dienstag, den 03.07. um 15.00 Uhr in meinen Praxisräumen ein.
Für Kaffee und Kuchen ist bestens gesorgt.
Bei Interesse melden Sie sich bitte unter der Telefonnummer 0231 / 111 111.

Es freut sich auf Sie Ihre Heilpraktikerin
Klothilde Apoplexia

Abb. 9.5 Beispiel Mengenwerbung.

Gesundheitsvortrag »Naturheilkunde«

Nidda-Bad Salzhausen. Im Jahr 2003 wird der Heilpraktiker Dr. rer. nat. Klaus Zöltzer aus Bad Nauheim im Rahmen einer Vortragsreihe zusammen mit der Kurverwaltung Bad Salzhausen verschiedene Referate zum Thema Naturheilkunde halten.
Der erste Vortrag findet am 26. März, um 19 Uhr im Parksaal von Bad Salzhausen statt. Die Naturheilkunde ist ein Teilbereich der Medizin und hat eine sehr lange Tradition.

Abb. 9.6 Gesundheitsvortrag

Tipp aus der Praxis: Hat Ihre Gemeindeverwaltung Interesse an kostenlosen Informationstagen rund um das Thema „Naturheilkunde"? Bestens. Die Gemeinde schaltet die Anzeige auf eigene Kosten, Sie werden namentlich genannt und im seriösen Rahmen einer staatlichen Institution angekündigt (**Abb. 9.6**). Was wollen Sie mehr?

9.6.3 Laienwerbung

Beim Durcharbeiten dieses Kapitels werden Sie neben dem Begriff der „Laienwerbung" auf den Begriff der „Publikumswerbung" stoßen. Auch sie richtet sich an die Umwerbung von „Laien", d. h. „Fachfremde", bezieht aber im Unterschied zur Publikumswerbung (vgl. Kap. 9.6.5, S. 59), keine dritten Personen mit ein. Die Laienwerbung versteht den Einsatz von Dritten, die nicht gewerbemäßig Werbung betreiben, zur Förderung des eigenen Absatzes.

Zwar werden infolge des gewandelten Verbraucherleitbildes und nach Aufhebung der Zugabeverordnung und des Rabattgesetzes sachfremde Zuwendungen vom Gesetzgeber nicht mehr so streng beurteilt, doch wenn ein Kunde gegen eine, vielleicht noch finanzielle Form der Zuwendung Kundenakquise für uns betreiben würde, wäre dies vom Gesetzgeber zu verurteilen und würde kein professionelles Bild von Ihnen abgeben. Ein Musterurteil zu diesem Thema finden Sie in der Urteilsdatenbank des BGH, Urteil vom 06.07.2006 – Az: 1 ZR 145/03.

Gesetzesvorgaben. Im Rahmen unseres Berufsstandes sollten wir uns im Praxisalltag dieser Form der Werbung über Patienten/Freunde/Vereinskollegen usw. jedoch enthalten. Abgesehen vom § 11 Abs. 1 Nr. 11, 13 HWG, welcher unter anderem besagt, dass

- mit Äußerungen Dritter, insbesondere mit Dank-, Anerkennungs- oder Empfehlungsschreiben, oder mit Hinweisen auf solche Äußerungen,
- mit Preisausschreiben, Verlosungen oder anderen Verfahren, deren Ergebnis vom Zufall abhängig ist,

außerhalb von Fachkreisen nicht geworben werden darf, macht es sicherlich einen eher negativen Eindruck, da unsere Glaubwürdigkeit auf medizinischem Wissen basiert und nicht erkauft werden muss.

9.6.4 Werbung innerhalb von Fachkreisen

Diese Form der Werbung findet man sehr oft in Fachzeitschriften, Vorlagen für Arbeitskreise oder auf Fachmessen (**Abb. 9.7**).

Gesetzesvorgaben. Hintergrund ist der § 2 HWG, welcher besagt, dass „Fachkreise im

Willkommen
Landesverband Bayern der Union Deutscher Heilpraktiker
Mitglieder werben Mitglieder

Wir möchten nochmals darauf aufmerksam machen, dass wir auch in diesem Jahr eine Werbeaktion veranstalten.
Ab dem 01.08.2007 bis zum 01.01.2008 erhalten Sie für jedes geworbene Mitglied € 25,-
Es lohnt sich, nicht nur Mitglied in dem kostengünstigsten HP-Verband zu sein, sondern auch Mitglieder für ihn zu werben!

Abb. 9.7 Mitgliederwerbung innerhalb von Fachkreisen.

Sinne dieses Gesetzes Angehörige der Heilberufe oder des Heilgewerbes sind ..., soweit sie mit Arzneimitteln, Verfahren, Behandlungen, Gegenständen oder anderen Mitteln erlaubterweise Handel treiben oder in Ausübung ihres Berufes anwenden".

Beispiele. Ein **Stand auf einer Fachmesse**, der Ihnen die Wirkung verschiedener Arzneimittel erläutert und Ihnen kostenlos Proben mit dem Fernziel der Absatzförderung mitgibt, wäre ein Beispiel. Sie setzen diese Muster dann in Behandlungen direkt am Patienten ein. In Ihrer Eigenschaft als Heilpraktiker können Sie Werbung auf Fachmessen machen, indem Sie ein **Seminar** durchführen, immer mit Hinweis auf Ihre in der Praxis angewendeten Behandlungsstrategien.

9.6.5 Publikumswerbung

Der Gesetzgeber hat als sog. „Gegenpol" zur Werbung innerhalb von Fachkreisen die „Publikumswerbung" gesetzt (vgl. hierzu auch Kap. 9.6.4, S. 58).

Sie bezieht sich demnach auf jegliche Form der Werbung außerhalb von Fachkreisen – an „jedermann" – sowohl als Produkt- wie auch als Leistungsempfänger. Der medizinische Laie soll per Gesetz vor unlauteren Wettbewerbsmethoden zu seinem eigenen Schutz bewahrt werden (vgl. Kap. 14.4, S. 101), sodass Sie sich stets daran orientieren müssen.

Gesetzesvorgaben. Schwerpunktmäßig will der Gesetzgeber den Patienten vor folgenden Punkten schützen:

- Zu viele Fachbegriffe – der Patient soll verstehen, was ihm gesagt wird. Der Gesetzgeber versucht damit, unsere Patienten zu schützen.
- Der Patient könnte einzig aus diesen Angstgefühlen heraus zu uns kommen (lt. Gesetz).
- Er könnte in Situationen der Verzweifelung (z. B. ein Karzinompatient im Endstadium) die schulmedizinische Behandlung abbrechen, da Sie ihm vielleicht Heilungsversprechen gegeben haben („mit diesem Mittel, 3-mal täglich nach dem Essen genommen, werden wir diese Krankheit auf jeden Fall in den Griff bekommen und heilen ...") – und das möchte der Gesetzgeber vermeiden.

Anwendung findet hier das HWG.

Zusammenfassend gesagt:
- Nicht irreführende Werbung innerhalb von Fachkreisen ist erlaubt (§ 3 HWG, § 3 UWG).
- Werbung außerhalb von Fachkreisen sehr sensibel und gesetzeskonform betreiben; ebenfalls erlaubt.

9.7 Arten der Werbung nach Werbezielen

In Hinblick auf die Werbeziele werden Einführungswerbung, Expansionswerbung und Erhaltungswerbung unterschieden.

9.7.1 Einführungswerbung

Unter dem Begriff der Einführungswerbung versteht man die erstmalige Werbung bei Ihrer Praxiseröffnung. Sie dient der Bekanntmachung Ihrer Person und Praxis (vgl. Checklisten 2 und 3, S. 132 f.).

Praxisphilosophie. Bevor Sie sich jedoch mit Ihrer Einführungswerbung und damit der verschiedenen Darstellungsmöglichkeiten Ihrer Praxis näher auseinandersetzen, machen Sie sich klar, was Sie Ihren zukünftigen Patienten vermitteln möchten, da sich diese Dinge stets „wie ein roter Faden" von den ersten Bestrebungen Ihrer Praxiseröffnung an wiederholen sollten.

Hierzu gehört u. a. die Frage, welche Praxisphilosophie (Leitgedanken, Behandlungsschwerpunkte, z. B. ausschließlich klassische Homöopathie oder doch eher das gesamte Spektrum der Naturheilkunde) Sie vermitteln möchten. Die **Abb. 9.8a** und **9.8b** verdeutlichen es Ihnen anhand des Beispiels „Praxisphilosophie". Eine Abbildung (**Abb. 9.8a**) zeigt das Yin- und Yang-Zeichen (vgl. auch Kap. 6.1.5, S. 18) und steht für eine praktizierende Heilpraktikerin mit mehreren Therapieansätzen. Die andere Abbildung (**Abb. 9.8b**) zeigt die Visitenkarte einer klassi-

a

Heilpraktikerin
Klothilde Apoplexia
Prothesenstr. 2, 23333 Musterhausen
Tel./Fax: 01234 / 6789
k.apoplexia@info.de
www.kapoplexia.de

Akupunktur – Phytotherapie – Magnetfeldtherapie

Sprechzeiten Mo – Mi – Fr 9.00–19.00
und nach tel. Vereinbarung

b

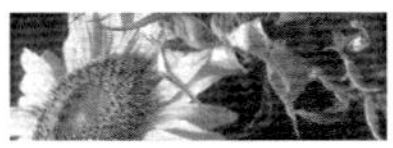

Heilpraktikerin
Klothilde Apoplexia
Prothesenstr. 2, 23333 Musterhausen
Tel./Fax: 01234 / 6789
k.apoplexia@info.de
www.kapoplexia.de

Klassische Homöopathie

Sprechzeiten Mo – Mi – Fr 9.00–19.00
und nach tel. Vereinbarung

Abb. 9.8 Visitenkarten
a Variante A.
b Variante B.

schen Homöopathin, die eine einzelne Pflanze zur Darstellung nutzt.

Persönliches Erscheinungsbild. Die Frage, welche Wirkung Sie mit Ihrem persönlichen Erscheinungsbild sowie dem Ihrer Praxis hervorrufen wollen, stellt sich ebenso wie die Frage, ob Sie einen **bestimmten Stil** verkörpern möchten, der Ihre Patienten anspricht. Sie sollten sich über diese Fragen bereits vor der ersten Einführungswerbung im Klaren sein, um von Beginn an ein dementsprechendes Bild darstellen zu können (vgl. Kap. 6.1, S. 15 ff.).

Zu nennen wären hier auf jeden Fall:

- Die **Eröffnungsanzeige** in Ihrer regionalen Tageszeitung. Solch eine Anzeige, verbunden mit dem geplanten Eröffnungszeitpunkt sowie dem Hinweis auf einen „Tag der offenen Tür" sensibilisiert Ihre Patienten in spe (je kleiner der Ort Ihrer Niederlassung, desto größer ist Ihr Werbeeffekt, da die „Anonymität der Großstadt" nicht vorhanden ist).
- Bei Anzeigen in Großstädten nach Möglichkeit im Lokalblatt inserieren – eine Eröffnungsanzeige in der FAZ fällt sicher weniger auf als eine in der „Wimsheimer Rundschau" mit einer Auflage von 822 Exemplaren (www.nussbaum-wds.de). Informieren Sie sich vorab, an welchen Tagen die Zeitung die höchste Auflage hat – meist sind es zwei Tage in der Woche (z. B. mittwochs und samstags).

Abb. 9.9 „Die Dorfschelle" – Gemeindezeitung aus dem Spessart: www.dorfschelle.net.

! Als „Geheimtipp" empfehle ich, sich nach lokalen „Dorfblättern" (**Abb. 9.9**) und Kirchenzeitungen zu erkundigen. Oft kostet eine Anzeige – wenn überhaupt – nur sehr wenig. Fragen Sie bei Ihrer Gemeinde nach.

Weitere Möglichkeiten. Als Einführungswerbung könnten auch stattfinden:

- ein „Tag der offenen Tür" zur Praxiseröffnung (vgl. Checkliste 3, S. 133),
- eventuell ein Interview im Rundfunk.

! Vergessen Sie dabei nicht, dass Sie von Ihrem persönlichen Erscheinungsbild auch selbst überzeugt sein müssen, da jegliche Art der „Aufgesetztheit" und des „Verstellens" schnell durchschaut wird.

9.7.2 Expansionswerbung

„Expansion" bedeutet Ausweitung. In diesem Falle wird die „Expansionswerbung" zur Steigerung Ihres Umsatzes eingesetzt. „Expandieren" ist das Schlagwort der Marktwissenschaftler,

> ***Heilpraktiker(in) oder Psychotherapeut(in)***
>
> *PC-versiert, gute Englischkenntnisse,*
> *für sehr innovative, ausbaufähige Tätigkeit*
> *in naturheilkundlicher Praxis in Südostbayern*
> *baldmöglichst gesucht.*
>
> *Zuschriften erbeten unter NH 62231/1*
> *an NATURHEILPRAXIS MIT NATURMEDIZIN,*
> *Postfach 19 07 37, 80607 München*

Abb. 9.10 Inserat aus „Naturheilpraxis mit Naturmedizin".

doch wenn es eine goldene Regel für die Umsetzung dessen gäbe, hätten wir nicht so viele arbeitslose Mitmenschen.

Für unseren Praxisalltag bedeutet solch eine Umsetzung, dass wir einen Kollegen, beispielsweise mit anderen Therapieschwerpunkten, mit in unsere Praxis integrieren, sodass sich noch mehr Patienten von unserer Praxis angesprochen fühlen und zu uns kommen – wir **erweitern** die Praxis. Achten Sie auf Anzeigen wie in **Abb. 9.10** gezeigt.

9.7.3 Erhaltungswerbung

Ziel jeglicher „Erhaltungswerbung" ist die Erhaltung Ihres Bekanntheitsgrades und der Ihrer Praxis.

> **!** Denn wenn Ihre Patienten erst einmal ausbleiben, wird es sehr schwer sowie zeit- und kostenintensiv, sie wieder zurückzugewinnen.

Sie haben sich einen guten Ruf erarbeitet und betreiben **Kundenakquise** nur noch passiv, da jeder Patient aufgrund von Mundpropaganda zu Ihnen kommt? Gut, es kommt aber auch darauf an, bekannt und „begehrt" zu bleiben, sodass sich einige Kollegen mit dezenten Informationsschreiben bei ihren Patienten in Erinnerung rufen.

Wenn man gewisse Tageszeitungen intensiver verfolgt, fällt einem auf, dass einige Kollegen häufig eine

- Hauswirtschaftsfrau,
- Sekretärin,
- Teilhaber o. Ä.

suchen. Eine weitere beliebte Variante ist die Fahrt in den Urlaub (**Abb. 9.11**) ebenso wie die Bekanntmachung ihrer Wiedereröffnung nach den Sommerferien. Nach Durcharbeiten dieses Buches werden Sie in der Lage sein, Ihr nutzbares Werbepotenzial ganz legal einzusetzen, sodass Sie solche „Ausweichmanöver" nicht länger zu Werbezwecken einsetzen müssen. Vergessen Sie auch hier Ihre Patienten nicht: Manch einer wird sich sicher denken, Sie „nagen bereits am Hungertuch", weil man Ihre Werbestrategie durchschaut.

Beispiel

> Der Heilpraktiker Herr Mustermann überlegt sich bereits seit einiger Zeit Möglichkeiten, sich auf legalem Wege bei seinen Patienten „in Erinnerung zu halten".
>
> Unter Zuhilfenahme seines Computerprogramms bekommt er regelmäßig Informationen, welche seiner Patienten Geburtstag haben. Er schreibt sie mit einem kurzen Brief an, welchen er zuvor für das kommende Jahr einheitlich erstellt und in seinem Computer abgespeichert hat, um diesen nur jeweils mit dem aktuellen Namen ergänzen zu müssen. In dem Brief wünscht er der Person alles Gute zum Geburtstag, legt einen handgeschriebenen „Zweizeiler" in Form eines Kurzgedichtes hinzu und schickt ihn ab. Der Patient freut sich und fühlt sich durch den handgeschriebenen Vers persönlich angesprochen. Herr Mustermann hat mit wenig Aufwand etwas für seine Erhaltungswerbung getan. Zusätzlich gratuliert er, sofern er Kenntnis darüber hat, zu Hochzeiten, Taufen, Jubiläen usw. (**Abb. 9.12**).

> ***Naturheilpraxis***
> ***K. Apoplexia***
> ***Prothesenstr. 2, 23333 Musterhausen***
>
> ***Akupunktur – Phytotherapie – Magnetfeldtherapie***
>
> ***Tel.: 01234 / 6789***
>
> ***Ich bin in der Zeit vom***
> ***15.09.–30.09.2008***
> ***im Urlaub***
>
> ***Ihre Heilpraktikerin***
> ***K. Apoplexia***

Abb. 9.11 Lokalanzeige

Er ist sich allerdings auch im Klaren darüber, dass er diesen Weg konsequent weiterführen muss, da alles andere „negative Werbung“ ist. Stellen Sie sich das Gerede vor, wenn sich zwei Patienten über ihn unterhalten und der eine etwas sehr Nettes bekommen hat, von dem der andere vielleicht nur träumen kann.

Abb. 9.12 Erhaltungswerbung. **a** Geburtstagsgrüße. **b** Weihnachtsgrüße.

10 Die 4 „W's“

Der Betriebswissenschaftler würde sagen, dass Sie dieses Kapitel durch die „absatzpolitischen Instrumente des Marketings“ führt, d.h. mit welchen umfassenden Mitteln Sie Ihre Patienten für sich gewinnen können. Allein durch diesen Satz wird deutlich, wie eng die Begriffe „Marketing“ und „Werbung“ miteinander verbunden sind, wie Sie im Folgenden feststellen werden.

Betriebswirtschaftliches Äquivalent. In aktuell erschienenen, betriebswirtschaftlich orientierten Marketingbüchern ist die Rede von den sog. 4 „P's“. Dahinter verbergen sich die englischen Begriffe:

- Product (Produkt),
- Price (Preis),
- Place (Platz),
- Promotion (Werbung).

Da sich dieses Buch jedoch nicht als betriebswirtschaftliches Lehrbuch, sondern als reines Arbeits- und Handbuch für die Naturheilpraxis versteht, wird hier nicht weiter auf diese Begriffe eingegangen, deren Inhalte sich ohnehin weitgehend in den unten genannten 4 W's widerspiegeln.

Kernpunkte der Werbestrategie. Haben Sie sich schon einmal überlegt, was Sie genau mit Ihrer Werbung erreichen möchten? Kernpunkte jeglicher Werbestrategien sind die 4 W's (**Abb. 10.1**).

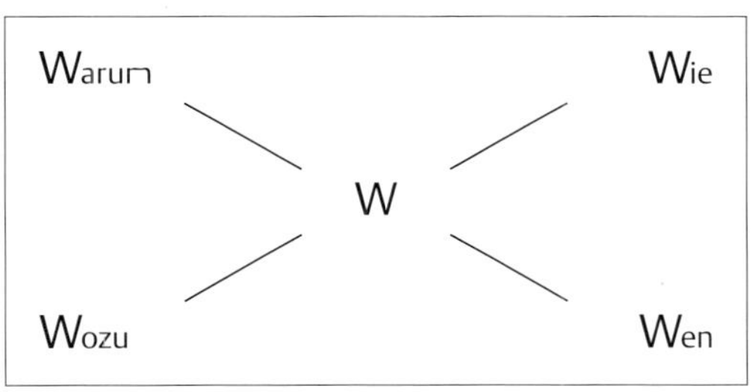

Abb. 10.1 Die 4 W's.

!

- Wen will ich mit meinen Aktivitäten erreichen?
- Wie und womit will ich meine Zielgruppen erreichen?
- Warum kommt der Patient gerade zu mir in die Praxis?
- Wozu möchte ich diesen Personenkreis erreichen?

Machen Sie sich auf den folgenden Seiten Gedanken zu diesen Kernpunkten und füllen Sie den nachfolgenden Fragebogen aus (S. 64).

10.1 Wen wollen Sie mit Ihrer Werbung erreichen?

Es gibt verschiedene Adressaten, an die Sie denken sollten. Zum einen gibt es folgende Zielgruppen:

- potenzielle Patienten,
- naturheilkundlich interessierte Laien,
- Selbsthilfegruppen,
- Therapiegruppen,
- Gesundheitsvereine (z.B. Kneipp-Vereine),
- Kindergärten, Spielkreise,
- Altenclubs,
- Frauenclubs, Mutter-Kind-Gruppen, Stillgruppen,
- Sportvereine,
- Freiwillige Feuerwehr,
- kirchliche Institutionen, z.B. Malteser-Hilfsdienst, Johanniter.

Zum anderen gibt es:

- Ihre Kollegen,
- Arbeitskreise,
- Fachpresse.

Nicht zu vergessen sind artverwandte Berufe wie z.B.:

- Krankengymnasten,
- Logopäden,
- Ärzte,
- Krankenhäuser,

Wen will ich mit meinen Aktivitäten erreichen?

Wie will ich ihn erreichen?

Warum kommt er gerade zu mir in die Praxis?

Wozu will ich ihn erreichen?

- Rehabilitationskliniken,
- ambulante Pflegedienste.

Oder andere Berufsgruppen wie:

- Masseure,
- Hebammen,
- Fitnessstudios,
- Reformhäuser,
- Naturkostläden,
- Pharmakonzerne,
- Apotheken,
- Kosmetikerinnen,
- Vertreter von (z. B.) privaten Krankenkassen, Ersatzkassen.

Damit haben Sie sich jetzt bereits eine Übersicht über den Personenkreis verschaffen, mit dem Sie mehr oder weniger zu tun haben werden.

Auf die Bedeutung der unterschiedlichen Personenkreise kommen wir in den folgenden Kapiteln, auch wie diese differenziert anzuwerben sind, womit wir zur Frage „Wie erreiche ich meine Zielgruppe?“ gelangen.

10.2 Wie wollen Sie Ihre Zielgruppe erreichen?

Unabhängig von Ihrer Zielgruppe können Sie sich anhand folgender Grafik (**Abb. 10.2**) auf jeden Personenkreis individuell vorbereiten.

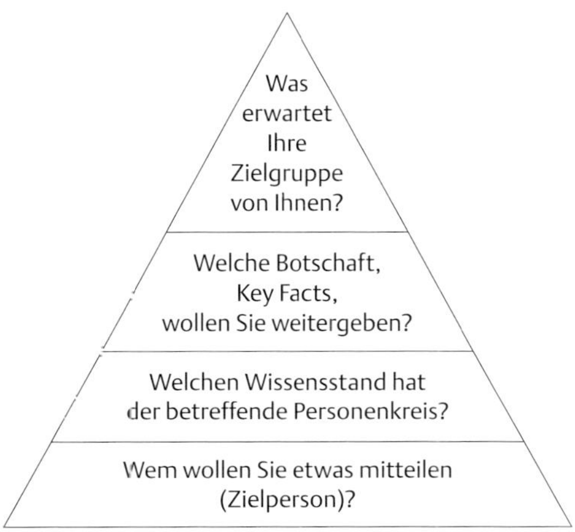

Abb. 10.2 Fragepyramide

10.2.1 Zielgruppe Patienten

Es wäre zu schön, um wahr zu sein, wenn Sie nur in Ihrer Praxis sitzen müssten, um abzuwarten, wann der erste Patient / Kunde zu Ihnen kommt. Doch wir alle wissen: So ist es nicht. Wer kann es sich bei der heutigen Wirtschaftslage leisten, vielleicht sogar als Alleinverdiener, ca. drei Jahre zu investieren, bevor sich eine Praxis von selbst trägt?

> ! Setzen Sie Ihren Patienten ins Zentrum. Er ist das Ziel.

Das „Wie“ und „Womit“ ist eine Frage

- **Ihrer** Tatkraft,
- **Ihrer** Energie,
- **Ihrer** Bemühungen, die Dinge so abzuändern, um den gewünschten Effekt zu bekommen.

> ! Versetzen Sie sich in die Lage Ihres Patienten / Kunden.

Oftmals ist der Patient

- schulmedizinisch gesehen bereits „austherapiert“,
- hat chronische Erkrankungen,
- wird nicht ernst genommen und als Hypochonder dargestellt bzw. dieses Gefühl wurde ihm vermittelt oder
- er erwartet einfach mehr als ein fünfminütiges Patienten-Arzt-Gespräch.

Er erwartet Heilung, zumindest Linderung seiner Beschwerden und dies am besten sofort, auch wenn seine Erkrankungen schon jahrzehntelang bestehen.

Patientennutzen

Bevor wir jetzt ins Detail gehen, wie Sie Ihren Patienten in der alltäglichen Praxis begegnen sollten, sprechen wir über den sog. **Patientennutzen**.

Patientennutzen, was stellen Sie sich darunter vor?

- Was hat der Patient, der zu Ihnen in die Praxis kommt, um sich therapieren zu lassen, von Ihnen und Ihrem Leistungsangebot?

- Welche Therapieschwerpunkte haben Sie?
- Gibt es in Ihrer unmittelbaren Umgebung Kollegen mit denselben Therapieschwerpunkten (vgl. Kap. 4, S. 6 f.)?
- Warum soll der Patient Sie und nicht Ihren Kollegen wählen?
- Sieht Ihr Patientenklientel Ihre Praxis genauso patientenorientiert wie Sie oder hat es ganz abweichende Bedürfnisse?
- Welches Patientenklientel haben Sie bisher?
- Kann es sein, dass Sie überwiegend ältere Damen zwischen 55 Jahren und 65 Jahren als Patientinnen haben, weil Sie ein „Gentleman“ (im Gegensatz zu dem „jungen Hüpfer eine Praxis weiter“) sind? Hinterfragen Sie Ihren Patientenstamm ruhig in Hinblick auf Alter, Geschlecht, Bedürfnisse, usw.
- Welchen „Magneten“, welchen „Anziehungspunkt“ haben Sie, der Sie unverwechselbar macht?
- Welche ideellen Werte (z.B. Ihre Praxisphilosophie), sozialen Werte (z.B. Ihr Engagement in diversen Verbänden, Spenden), persönlichen Werte (Ihre Persönlichkeit, Charakter) möchten Sie Ihren Patienten vermitteln, um eine Bindung an Ihre Person als Therapeuten zu festigen?

! Bereits das Vorhandensein von Zusatzqualifikationen oder Behandlungsschwerpunkten, die vielleicht nicht jeder hat, bedeutet gleichzeitig einen positiven Nebeneffekt, auch als „Schneeballprinzip“ oder „Mundpropaganda“ bekannt. Dieser Patient (und hoffentlich noch viele mehr) wird in seinem Freundes-, Bekannten- und Arbeitskreis von Ihnen und Ihren Fertigkeiten erzählen und Sie somit bekannt machen.

Daher:

- Seien Sie praxisbezogen, patientenorientiert und grenzen sich von Ihren Kollegen ab (**Abb. 10.3**).

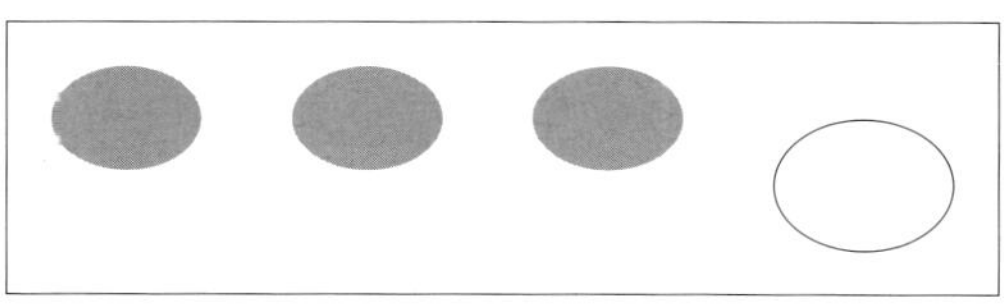

Abb. 10.3 Abgrenzen – einzigartig sein.

- Definieren Sie Ihr persönliches Konzept.
- Setzen Sie den Patienten in den Zenit und definieren Sie sich über den Patientennutzen.
- Spezialisieren Sie sich und finden Sie Ihre persönlichen Behandlungsschwerpunkte.

Beispiel

Eine praktizierende Heilpraktikerin bietet zweimal jährlich ein Heilfastenseminar an der Ostsee an, ebenso einmal jährlich eine „Entsäuerungstherapie mit Kartoffeln und Gemüse aus biologischem Anbau“. Sie inseriert in lokalen Tageszeitungen wie folgt:

Die Heilpraktikerin Elfriede Pusemuckel lädt vom 2. bis 12. Mai zu einem Heilfastenseminar in Scharbeutz an der Ostseee ein. Vom 9. bis zum 18. September bietet sie das Seminar „Entsäuerungstherapie mit Kartoffeln“ an. Vom 1. bis zum 12. November begleitet Elfriede Pusemuckel Interessierte auf dem Seminar „Nach Hause kommen – Ziel aller Reisen“ in der Vulkaneifel. Informationen unter Tel. 0123 / 456 789.

In den nun folgenden Kapiteln werden Sie mehr über die verschiedenen Möglichkeiten erfahren, wie Sie Ihre Zielgruppen erreichen können.

10.2.2 Zielgruppe Kollegen

Ihre Kollegen als Zielgruppe betrachtet erreichen Sie diese in Form von Fortbildungen, Seminaren oder Workshops. Bereits bevor Sie an den eigentlichen Fachvortrag denken können, steht eine Vielzahl an organisatorischen Dingen an:

- Sie müssen Einladungen schreiben (oder schreiben lassen) und versenden. Dazu wiederum müssen Sie die Adressen herausfinden (auch hier wieder ein Tipp: Über das Medium Internet findet man auch Einträge in den „Gelben Seiten“).
- Möchten Sie für Ihr Seminar werben? Wie? In welchem Ausmaß?
  - Per Zeitungsannonce?
  - Per Aufruf in einer Fachzeitschrift?
  - Oder über eine Anzeige im Internet, platziert an einer virtuellen Pinnwand in einem Gesundheitsforum (vgl. Kap. 8.10, S. 51 f.)?
- Soll es sich um einen einmaligen Termin oder um regelmäßige Termine handeln?
- Findet die Fortbildung in Ihren eigenen Räum-

lichkeiten statt oder in einer Fremdpraxis, anderen Büroräumen usw.?
- Initiieren Sie Arbeitsgruppen, die sich nach Möglichkeit in Ihrer Praxis treffen.

! Bei einem Seminar unter Kollegen ist ein grundlegendes Know-how wichtig, da Sie mit Detailfragen rechnen müssen.

Machen Sie sich im **Vorfeld** klar, welche

- Botschaften,
- Themen,
- Kernaussagen

Sie mitteilen möchten.

Welche **Hilfsmittel** benötigen Sie dafür (vgl. Checkliste 4, S.135):

- Overheadfolien,
- Wandtafeln,
- Flipchartbilder,
- Beamer,
- Informationsbroschüren usw.

Haben Sie den Ablauf so geplant, dass Ihre Kollegen sich Dinge notieren müssen oder geben Sie ihnen im Anschluss Unterlagen mit?

10.2.3 Zielgruppe Kooperationspartner

Wie bereits im vorherigen Punkt zu sehen ist, haben Sie mit einer Vielzahl verschiedener Berufsgruppen Kontakt. Einige eignen sich sehr gut als Kooperationspartner, was bedeutet, dass Sie in ständigem Kontakt und Informationsaustausch mit diesen Berufsgruppen stehen und sie beide gewisse Vorstellungen von solch einem „ergänzenden Informationspodium" besitzen.

Beziehungsnetzwerk. Einerseits existiert das Fernziel des absatzorientierten Nutzens für die eigene Praxis. In unserem Fall drückt sich dieses Ziel noch nicht einmal in Zahlen, sondern in Ausweitung eines unsichtbaren Beziehungsnetzes durch Partner, die als Multiplikatoren dienen, aus. Sie tragen aktiv dazu bei, positive Informationen über unsere Praxis weiterzutragen. Andererseits besteht die Zielerreichung in einer optimalen Versorgung für die Patienten.

! Da es ein ständiges Nehmen und Geben ist, sollten diese Kontakte ehrlich, rational und von gegenseitiger Achtung geprägt sein.

10.2.4 Zielgruppe Ärzte

Eine Gemeinschaftspraxis eines Heilpraktikers und eines Arztes ist aufgrund des ärztlichen Berufsrechts verboten.

Es spricht jedoch nichts dagegen, wenn z.B. Zahnärzte in ihren Wartezimmern Informationsbroschüren oder Visitenkarten von Ihnen auslegen, in denen u.a. Therapieformen wie „Entgiftungskuren" o.Ä. nach Amalgamentfernung beschrieben sind.

Gesetzesvorgaben. Sie müssen sich nur stets bewusst sein, dass Sie nicht gegen die wettbewerbsbeschränkenden Gesetze verstoßen, denn – absichtlich oder nicht – Unwissenheit schützt vor Strafe nicht.

Kooperation. Auch wenn Sie keine Gemeinschaftspraxis mit einem Arzt betreiben dürfen, können Sie jedoch eine Art loser Kooperation anstreben. Ist der Zahnarzt in Ihrer Nähe vielleicht der Überzeugung, jede Amalgamfüllung müsse entfernt werden, damit sie den Körper nicht vergiftet? Rufen Sie ihn zwanglos an, stellen Sie sich vor und erzählen Sie ihm von den therapeutischen Möglichkeiten einer Entgiftung. Vielleicht finden Sie einen gemeinsamen Nenner.

! Ein Tipp aus der Praxis: Meist kommen Anfragen über Schulungen, Seminare und Fortbildungen unerwartet. Erstellen Sie vorab ein Profil von sich, eine Art Lebenslauf, welches Sie beim Verteilen von Informationsmaterial als vorderes Blatt einfügen. Erstellen Sie für solche Fälle eine Präsentationsmappe.

10.2.5 Zielgruppe Kindergärten

Eine besondere Art der Zusammenarbeit ist die Kooperation mit interessierten Eltern von Kindern im kindergartenfähigen Alter. Dies ist v.a.

ein Betätigungsfeld der Prävention, da bei den Kleinen durch Vorbeugung viele Krankheiten im Alter erst gar nicht zum Ausbruch kommen müssen (wie z. B. Arthrose).

Der Dachverband Deutscher Heilpraktiker hat bereits im Mai 2000 Folgendes gefordert:

„Ein Thema, das den Berufsverbänden besonders am Herzen liegt, ist die Gesundheit der nachwachsenden Generation, der Kinder. Aus diesem Grund [fordern die Berufsverbände] eine verbesserte Gesundheitsvorsorge, die schon in Kindergarten und Schule ansetzen muss.“

Seminar. In die Praxis umgesetzt könnte dies bedeuten, dass Sie ein Seminar organisieren, das in zwei Teile aufgeteilt ist. Den ersten Teil können Sie auf einen Vormittag (da haben die „betroffenen“ Eltern am ehesten Zeit) und den zweiten auf einen Nachmittag (damit auch die Kinder daran teilnehmen können) legen.

Im ersten Teil machen Sie die Eltern beispielsweise mit der Anatomie und Physiologie bestimmter Organe vertraut und erklären, warum und wie bestimmte Zivilisationskrankheiten entstehen, damit sie bei ihren Kindern bereits Vorsorge (z. B. durch Ernährungsumstellung, Gewichtsreduktion, regelmäßige körperliche Bewegung usw.) treffen können.

Sie müssen nicht befürchten, mit § 11 des HWG in Konflikt zu kommen, welcher besagt, dass:

- mit einer Werbeaussage, die geeignet ist, Angstgefühle hervorzurufen oder auszunutzen, nicht geworben werden darf,
- ein Feilbieten oder eine Entgegennahme von Anschriften verboten ist,
- mit Veröffentlichungen, die dazu anleiten, bestimmte Krankheiten, Leiden, Körperschäden oder krankhafte Beschwerden beim Menschen selbst zu erkennen und mit den in der Werbung bezeichneten Arzneimitteln, Gegenständen, Verfahren, Behandlungen oder anderen Mitteln zu behandeln, nicht geworben werden darf,
- mit Werbemaßnahmen, die sich ausschließlich oder überwiegend an Kinder unter 14 Jahren richten, nicht geworben werden darf.

Vortrag und Übung. All die oben genannten Verbote übertreten Sie nicht, wenn Sie beispielsweise einen Vortrag über die Prävention mit all ihren Facetten halten. Niemand kann und wird Ihnen verbieten, Ihre Seminarunterlagen mit Ihrem Namen und Ihrer Telefonnummer zu versehen.

Denkbar wäre im Rahmen Ihrer Chiropraktikausbildung, Eltern und ihren Kindern physiologisch „richtiges“ und gelenkschonendes Sitzen, Aufstehen, rückengerechtes Bücken u. Ä. beizubringen.

Das Ganze wird spielerisch umgesetzt, z. B. Kinder bauen mit großen Stoffkisten ein Haus – dabei lernen sie unter Ihrer Aufsicht das richtige Heben und Tragen. Sie werden sehen, es wird neben der im Vordergrund stehenden Information ein sehr lustiger Nachmittag. Die Atmosphäre wird aufgelockert und Sie beziehen die Kinder aktiv mit ein! – Probieren Sie es aus! Ebenso kann „richtiges“ Atmen (besonders im Bereich der Allergien, Asthmaproblematiken usw.) spielerisch durch Singen, Pfeifen, Pustespiele usw. eingeübt werden.

Gerade Kinder sind visuell betonte Menschen und können das Gehörte am besten begreifen, indem sie beispielsweise Zeichnungen sehen. Danach kann man das eben Gelernte spielerisch mit den Eltern üben. Auch der Hinweis auf regelmäßige sportliche Betätigung sollte nicht fehlen und kann gemeinsam mit den Eltern in die Praxis umgesetzt werden.

Besonders diese Zielgruppe wird Ihnen sehr dankbar sein, denn möchte man als Elternteil nicht bereits im Vorfeld alles richtig machen, gerade wenn es so einfach ist?

! Abgesehen von Ihrem Ziel, diesen Familien etwas Gutes mit auf den Weg gegeben zu haben, können Sie davon ausgehen, dass man sich im Bedarfsfall genau an Sie erinnern und im Bekanntenkreis von Ihnen berichten wird. Damit wiederum sind Sie Ihrem Ziel der Mundpropaganda wieder ein Stück näher gekommen.

10.2.6 Zielgruppe Frauenvereine und Hebammen

Auch hier gibt es einige Ansatzpunkte, bei denen sich die Interessen der Frauen und Hebammen mit den Ihren überschneiden.

! Natürlich dürfen Sie aufgrund der neuen Anlage des §12 HWG keine Werbung „für die Behandlung bei krankhaften Komplikationen der Schwangerschaft, der Entbindung und des Wochenbettes machen", doch Sie können in Absprache mit der Hebamme einen Informationsabend im Schwangerschaftsvorbereitungskurs zu den homöopathischen Mitteln in Bezug auf Schwangerschaft und Neugeborene halten.

Sie werden sehen, dass ein enormes Interesse besteht, auch wenn heutzutage bereits viele Hebammen homöopathisch geschult sind und „ihre Schwangeren" damit betreuen – sie sind dennoch keine Naturheilkundler. Bieten Sie auch ihnen gezielte Workshops o. Ä. an.

10.2.7 Sonstige interessierte Personengruppen

Wie Sie bereits im Kap. 10.1, S. 63 erfahren konnten, gibt es eine Vielzahl von Personenkreisen, die nicht einzeln zu erfassen sind. Doch Sie konnten auch sehen, dass es eine Vielzahl an Möglichkeiten gibt, bekannt zu werden, und dass die einzelnen Gruppen schwerpunktmäßige Interessen haben, die es nur herauszufinden gilt.

Ihrer Kreativität sind hier keine Grenzen gesetzt, hier einige Beispiele:

- Informationen über Diabetes bei älteren Menschen, vielleicht mit Anatomie, Physiologie,
- Informationen über Allergien bei Kleinkindern,
- Informationen über Impfungen (hier bitte nur informieren, aber keine Stellung beziehen!),
- Informationen über Wechselbäder, ansteigende Bäder, kreislaufregulierende Übungen in Kneipp-Vereinen usw.

! Sie müssen den Kontakt nach außen suchen und sich präsentieren (und zu Beginn Ihrer Praxis haben Sie für solche Dinge sicherlich mehr als genügend Zeit).

Wir leben im Zeitalter der Informationsfreiheit, daher können Sie in Ihrer Praxis auslegen, was Sie möchten, solange es nicht rechtswidrig ist. Daher wäre es auch denkbar, dass Sie in Ihrem Wartezimmer Flyer von Zusatzversicherungen auslegen, die die Kosten für Heilpraktikerbehandlungen abdecken. Im Idealfall hätten Sie dort einen bestimmten Sachbearbeiter, den Sie bei Fragen der Kostenaufstellung usw. anrufen können. Auch wenn die Krankenkassen gedanklich noch nicht so weit sind: Mit den Ärzten sind sie Kooperationen z. B. im Bereich der Akupunktur eingegangen. Vielleicht eines Tages auch mit unserem Berufsstand. Fragen Sie nach.

10.3 Warum kommt der Patient gerade zu Ihnen in die Praxis?

Ihr Patient ist geprägt durch verschiedenste Einflüsse (**Abb. 10.4**) und kommt mit den unterschiedlichsten Erwartungen. Der eine möchte kerngesund nach der ersten Therapiesitzung nach Hause gehen, der zweite kommt, weil Sie bereits seiner Nachbarin helfen konnten und versteht überhaupt nicht, warum er nicht dieselben Globuli bekommen kann wie sie usw. Warum also sollte ein Patient zu Ihnen in die Praxis kommen und Sie nach erfolgreicher Behandlung auch noch weiterempfehlen?

! Machen Sie sich bewusst: Ein guter Heilpraktiker besitzt weit mehr als nur medizinische Kompetenz. Profilieren Sie sich durch ein unverwechselbares, kompetentes und aussagekräftiges Image. Machen Sie sich bewusst, wo Ihre Schwerpunkte liegen und welche Botschaft Sie übermitteln möchten. Bringen Sie Ihre Persönlichkeit mit ein. Bereiten Sie sich stets gut auf Ihre Termine vor.

Zu Beginn kann man bereits bei der Terminabsprache erfragen, mit welchen Beschwerden

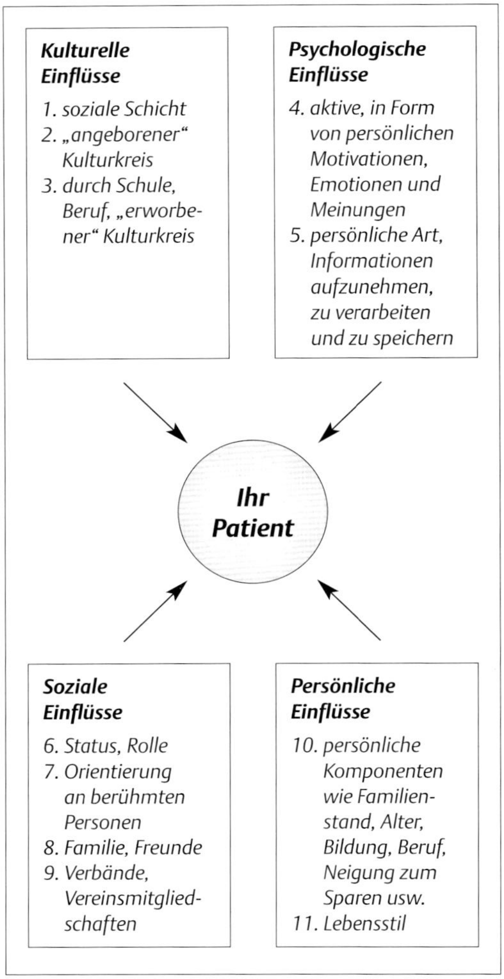

Abb. 10.4 „Patientenbeeinflussung“

der Patient in die Praxis kommen wird. Denn wenn man noch keine jahrelange Praxiserfahrung hat, hilft es vielleicht, wenn man in einem Buch das eine oder andere nachschlagen kann. Terminabsprachen verhindern einerseits eine menschenleere Praxis, andererseits jedoch ebenso eine „Fließbandabfertigung“.

Überlegen Sie sich, welche Art Praxis Sie führen möchten (vgl. Kap. 6.1.4, S. 17), damit Sie keinen „Bumerang-Effekt“ haben, d.h., Sie versuchen mit Terminabsprachen die Wartezeiten Ihrer Patienten auf ein Minimum zu reduzieren, und der Einzelne bekommt vielleicht den Eindruck, dass sich niemand außer ihm in diese Praxis „verirrt“.

> Planen Sie genug Zeit ein, gerade bei der Anamnese und dem Erstgespräch.

Vielleicht ist Ihr Gegenüber unsicher und benötigt etwas Zeit, sich verbal zu öffnen, womit wir bei Ihrem sog. **Kommunikationskonzept** sind.

10.3.1 Kommunikationskonzepte

Stehen Sie kurz vor Ihrer Praxiseröffnung oder haben Sie gerade die amtsärztliche Prüfung zum Heilpraktiker abgelegt und fragen sich manchmal, wie „denn das alles in der Praxis funktionieren soll“? – Es ist noch kein Meister vom Himmel gefallen!

Auch Beratungsgespräche müssen erlernt und geübt werden. Zu Beginn sind Beratungs- sowie Behandlungsgespräche sehr ungewohnt. Versuchen Sie nach Möglichkeit, für einige Zeit einen Hospitationsplatz bei einem praktizierenden Kollegen zu bekommen. Oft hat man das Glück, hier auch noch eine Fülle an Praxistipps zu erhalten. Seien Sie jedoch nicht zu frustriert, wenn es nicht bei dem ersten Kollegen klappt. Auch hier schläft die Konkurrenz nicht. Literatur über dieses Thema finden Sie im Anhang (S. 152).

Erstellen Sie sich Ihr individuelles Konzept

Das kann eine Art Fragebogen sein, den Sie in Sichtweite auf dem Schreibtisch liegen haben oder eine Art Liste, die Sie während der Behandlung geistig durchgehen und sich selbst hinterfragen, ob Sie wirklich patientenorientiert sind.

Dazu gehören auf jeden Fall einige Grundregeln. Hinterfragen Sie sich selbst bitte bei jedem Patienten (in Ihrem eigenen Interesse), ob

- Sie ihn ernst genug nehmen, höflich und respektvoll behandeln,
- Sie ihn namentlich, mit einem Händedruck und freundlichem (aber nicht aufgesetztem) Lächeln empfangen,
- Sie Höflichkeitsfloskeln wie „danke“ und „bitte“ verwenden,

- Sie auf seine Fragen/Wünsche eingehen (ein Tipp: wenn Sie seine Frage ad hoc nicht beantworten können, sagen Sie ihm das, notieren sich die Frage und erklären es ihm während des nächsten Termins),
- der Patient die Erklärungen auch verstanden hat,
- er mit den verordneten Therapien umgehen und sie praktikabel in den Alltag umsetzen kann (z.B. Ernährungsplan) und ob er damit einverstanden ist (ansonsten Alternativen finden),
- Sie ihn über die zu erwartenden Kosten aufgeklärt haben,
- er zufrieden war (Sie können auch einen Briefkasten in Ihrem Wartezimmer oder an einer anderen leicht zugänglichen Stelle in Ihrer Praxis anbringen, in den er ein vorgefertigtes Formular anonym einwerfen kann, z.B. mit konstruktiver Kritik).

! Vermeiden Sie Konfliktsituationen. Wenn Sie Spannungen bemerken, sprechen Sie diese an, aber auf eine ruhige Art, und versuchen Sie, diese gemeinsam mit Ihrem Patienten aus „dem Weg zu schaffen".

Wir sind Dienstleister – unser Patient und damit der Kunde ist König! Vereinbaren Sie Ziele, setzen Sie Grenzen und halten Sie jede Art von Vereinbarung unbedingt ein!

Allgemeine Grundregeln

Auch wenn Sie selbst „nur" ein Mensch sind, der nicht stets die pure Lebenslust versprühen kann, sollten Sie auf folgende Dinge achten:

- Sorgen Sie dafür, dass Sie Ihre Probleme nicht mit in die Praxis nehmen.
- Sorgen Sie dafür, dass in Ihrer Praxis ein gutes Betriebsklima herrscht, wenn Sie Mitarbeiter angestellt haben (hier hilft übrigens Supervision – eine offene Diskussionsrunde mit Besprechung von Problemen, ggf. geleitet durch einen Psychologen –, falls interne Probleme auftauchen sollten).
- Sorgen Sie für den menschlich-emotionalen Abstand zu Ihren Patienten. Gerade Berufsanfänger übersehen leicht die fachlich notwendige Distanz. So fällt z.B. während einer klassischen homöopathischen Befragung der Satz: Das kenne ich mir ist einmal etwas Ähnliches passiert.
- Vermeiden Sie abfällige Bemerkungen über andere (Patienten, Sekretärin, Ihre Kollegen usw.), denn Ihr Patient wird sich sicher sein, dass Sie auch über ihn reden könnten, sobald er Ihre Praxis verlassen hat.
- Vermeiden Sie eine herablassende Art und Fachvokabular.
- Sorgen Sie dafür, dass auch der letzte Patient am späten Freitagnachmittag ohne Zeitdruck und mit der gleichen Motivation behandelt wird wie der erste Patient am Montagmorgen.
- Sprechen Sie notwendige Dinge, wie z.B. die Frage nach dem Honorar, direkt an. Deklarieren Sie es nicht zum Tabuthema.

Hinterfragen Sie Ihr Tun und Handeln von Zeit zu Zeit und seien Sie selbstkritisch. Das ist nicht immer einfach, denn man ist ja überzeugt von dem, was man tut. Wenn Sie es sich leisten können, suchen Sie die Unterstützung durch Supervision oder einen erfahrenen Coach. Helfen können Ihnen hier sicherlich Ihre Berufsverbände. Verstellen Sie sich nicht, bringen Sie Ihre Persönlichkeit mit in Ihre Praxis. Erscheinen Sie kompetent und freundlich, nicht aufgesetzt.

Zusätzlich bemühen Sie sich, Ihrem Patienten Informationen zukommen zu lassen, die er im Alltag umsetzen kann, um aktiv an seinen gesundheitlichen Fortschritten mitzuarbeiten.

> Sehen Sie sich stets als eine Art „Dienstleistungsunternehmen mit Herz und Verstand", dann gehen Sie den richtigen Weg.

10.3.2 Umgang mit schwierigen Patienten

Vielleicht erinnern Sie sich bei dieser Überschrift an genau einen bestimmten Patienten, der Ihnen Ihr Leben nicht leicht gemacht hat. Dazu eine Grundregel:

Beziehen Sie das Gesagte nicht auf sich persönlich. Bewahren Sie innerliche Distanz und bleiben Sie sachlich. Eine Fülle an Informationen zu diesem Thema finden Sie in den Büchern von Thomann und Schulz von Thun (1988). Diese beiden Autoren haben die vier verschiedenen Aspekte einer Kommunikationstheorie im Umgang mit schwierigen Patienten aufgestellt, die wie folgt lauten (Nickel et al. 2005):

- *Sachinhalt*: Der Sachinhalt muss jetzt im Mittelpunkt stehen. Reden Sie sachlich und reduzieren Sie Ihre Mimik und Gestik auf ein mittleres Maß.
- *Beziehungsebene*: Ignorieren Sie diese Seite der Kommunikation. Beziehen Sie auch Vorwürfe oder Beleidigungen nicht auf Ihre Person.
- *Selbstoffenbarung*: Beachten Sie diesen Aspekt der Kommunikation besonders. Was erzählt der schwierige Patient von sich selbst? Sprechen Sie diesen Aspekt sachlich an.
- *Appell*: Beachten Sie nur die Appelle, die sachlich weiterführen. Ignorieren Sie Appelle zu Streit, endlosen Diskussionen oder persönlichen Auseinandersetzungen.

! Ein Tipp aus der Praxis: Üben Sie zu Hause, mit Freunden, Familie usw. in Rollenspielen den Umgang mit schwierigen Patienten. Das erleichtert Ihnen den Praxisalltag ungemein, und wenn es nur dazu dient, Ihnen ein wenig mehr Routine im Patientengespräch zu ermöglichen.

10.4 Wozu wollen Sie diese Zielgruppen erreichen?

Diese Frage ist vielleicht die wichtigste, denn sie beinhaltet die **Werbe-** oder auch **Marketingziele. „Was für eine Frage", werden Sie denken – natürlich um Patienten zu gewinnen. Doch dies ist nur ein Teil des Mosaiks.**

Streutechnische und psychologische Werbeziele. Unterscheidung Ihrer allgemeinen Marketingziele:

- **„Streutechnische" Werbeziele**, d. h., durch den gezielten Einsatz verschiedener Werbeelemente (inklusive Ihrer Öffentlichkeitsarbeit) soll Ihre Praxis an Bekanntheitsgrad gewinnen. Das kann von dem Verteilen Ihrer Visitenkarten über das Auslegen von Broschüren bei Ärzten und Verbänden bis hin zu den Adressaufklebern Ihrer Seminarunterlagen gehen.
- **„Psychologische" Werbeziele**, d. h., Sie erregen zunächst die Aufmerksamkeit, dann das Interesse und zu guter Letzt das „Verlangen" Ihrer Patienten, Sie und Ihre Praxis kennen zu lernen und sich von Ihnen therapieren zu lassen. In die Praxis umgesetzt könnte das bedeuten, Sie halten einen Präventivvortrag über Kinderkrankheiten oder die Möglichkeiten einer homöopathischen Hausapotheke im Rahmen eines Vortrags für Laien. Einer der Zuhörer ist so positiv eingenommen von Ihrer Persönlichkeit und dem, was Sie vermitteln, dass er aufgrund dessen zu Ihnen in die Praxis kommen wird.

Überlegen Sie sich ganz genau, welche Botschaft Sie übermitteln möchten.

Weitere Werbeziele. Ihre Werbeziele bestehen auch darin,

- sich bekannt zu machen (Erlangung des Bekanntheitsgrades bis hin zur Erhaltung und nach Möglichkeit Erhöhung desselben),
- zur Information (Bei welchen Erkrankungen kann man zu Ihnen kommen? Unterstützen Sie auch Raucher, die sich das Rauchen abgewöhnen wollen? Was kostet eine Behandlung bei Ihnen?),
- zur Schaffung einer Vertrauensbasis,
- und natürlich in letzter Instanz, damit der Patient zu Ihnen in die Praxis kommt und Sie ihm dort helfen können.

Insgesamt ist das Ziel:

- Umsatzsteigerung,
- die Gewinnung neuer Patienten (die auch bei Ihnen bleiben),
- die Tatsache, Ihren Bekanntheitsgrad zu erhöhen,
- die Patientenbindung zu stärken und somit letztendlich auch
- eine Erhöhung des Marktanteils in unserer Branche.

11 Werbeplanung und Durchführung in zeitlicher Abfolge

Mit der Budget- und Etatplanung verschaffen Sie sich den Durchblick und vermeiden unnötige Kosten. Bevor Sie Ihre Planung über mögliche Werbeaktionen in die Tat umsetzen, sollten Sie sich folgende Dinge überlegen.

11.1 Etatplanung

Die Planung eines Etats für Investitionen in die Werbung ist sicher ein schwieriger Punkt. Man kann nicht ohne Weiteres von teuren oder billigen Werbemitteln sprechen, da man sie in Relation zu Erfolgs- und Kontaktchancen, die man als Folge dieser Unternehmungen erwarten kann, setzen muss. Nur sollten Sie sich im Klaren sein, dass man einige Werbemittel (z. B. eine wöchentliche Fernsehwerbung) anhand bestimmter vorgegebener Etathöhen bereits von vornherein ausschließen kann.

Die genaue Planung des Etats erfordert Informationen nach

- der Zielgruppe (vgl. Kap. 10, S. 63 f.)
- der Botschaft, die Sie vermitteln möchten (vgl. Kap. 5.1, S. 15),
- dem Werbeträger.

11.1.1 Methoden zur Festlegung des Werbeetats

Rein wirtschaftlich gesehen gibt es drei Methoden, die zur Festlegung des Werbeetats benutzt werden:

- ausgabenorientierte Methode,
- konkurrenzorientierte Methode,
- ziel- und aufgabenorientierte Methode.

Ausgabenorientierte Methode

Sie orientiert sich am Gewinn des letzten Jahres. Einfach gesagt, jedoch eher geeignet für Heilpraktiker, die eine Praxis übernehmen und somit zahlenmäßig aussagekräftige Anhaltspunkte haben:

- Hat Ihr Vorgänger im Vorjahr beispielsweise € 3 000,– für Werbemaßnahmen ausgegeben und hat diese Ihrer Meinung nach sinnvoll eingesetzt?
- War Ihr Kollege zufrieden mit den jeweiligen Werbekampagnen – und v. a., würde er die Firmen noch mal beauftragen?
- Hat er diesbezüglich noch die entsprechenden Unterlagen? Inklusive Ansprechpartner?

Dann nehmen Sie Kontakt mit den jeweiligen Personen auf, erzählen Sie von der Praxisübernahme und fragen nach **Sonderkonditionen** – Sie glauben gar nicht, wie viel Spielraum einzelne Betriebe diesbezüglich haben.

Wenn möglich investieren Sie in der gleichen Art wie er (natürlich ist der Betrag von € 3 000,– ein Fixbetrag und von dem Jahreseinkommen der Praxis abhängig) in die Werbung. Bei einer Neugründung ist die ausgabenorientierte Methode leider nicht möglich, da die Gewinnzahlen des Vorjahres noch fehlen. Auch wird bei dieser Form nicht unbedingt in erster Linie auf die finanziellen Rahmenbedingungen geachtet.

Stellen Sie sich vor, Sie haben im Vorjahr Ihre Praxis so weit gebracht, dass Sie jeden Monat etwas Kapital ansparen konnten, um sich in diesem Jahr ein neues Irisdiagnosegerät kaufen zu können. Sollten Sie sich nun lediglich am Gewinn des Vorjahres orientieren, geben Sie vielleicht mehr finanzielle Mittel aus, als Sie sich, in Anbetracht der Kosten beim Kauf Ihres Irisdiagnosegerätes, noch zu leisten imstande sind.

! Nach Informationen der Industrie- und Handelskammer Potsdam geben Betriebe unterschiedlicher Größe bei dieser Methode zwischen 2 und 15 % vom geplanten Umsatz aus.

Konkurrenzorientierte Methode

Wie der Name bereits vermuten lässt, wird hier die Höhe des Werbeetats anhand der Ausgaben der Konkurrenz bemessen. Dies ist allerdings schwer nachzuvollziehen, da Sie nur einen Teil der Marketingstrategie Ihres Mitbewerbers beurteilen können.

Ziel- und aufgabenorientierte Methode

Frei nach dem Motto „Last but not least" kommt die den höchsten Erfolg versprechende Methode zum Schluss. Hierbei richten Sie sich im Rahmen Ihrer finanziellen Möglichkeiten nach Ihren Marketingzielen.

! Ist die Werbeplanung klar auf den eigenen Etat und das Ziel abgestimmt, erzielt auch der geringste Werbeetat den gewünschten Erfolg.

11.2 Auswahl der Zielpersonen

Die Zielgruppen sind Ihnen mittlerweile bekannt (vgl. Kap.10). Denn je genauer Sie diese definieren, umso präziser können Sie Ihre Werbemedien und Mittel planen.

Wenn zum Beispiel eine Firma, die Laminatböden verlegt, auf einem Stadtplan in China wirbt, ist dort mit Sicherheit nicht ihre Zielgruppe zu erwarten, denn ein chinesischer Bürger interessiert sich kaum dafür, wie und von wem man die schönsten Laminatböden in Deutschland kaufen und verlegen lassen kann.

Werbung sollte eher nur 1000 Personen gezielt erreichen, als zu breit angesetzt und damit an 100 000 Personen vorbei geplant zu sein.

11.3 Festlegung der Botschaft

Auch die Botschaft, die Sie mittels Ihrer Werbekampagnen weitergeben möchten, haben wir im Kap. 6, S. 15 f. ausführlich besprochen. Sie besteht in dem Ziel:

- die Mitwelt (Öffentlichkeit, Patienten, Mitarbeiter, Zielgruppen) über Ihre Praxis zu informieren,
- Aufmerksamkeit zu wecken und
- Sympathie / Vertrauen zu gewinnen.

11.4 Auswahl der verschiedenen Werbemittel bzw. Werbeträger

Dieses Kapitel befasst sich schwerpunktmäßig mit der Etatplanung, d. h. den Kosten, die Sie für die verschiedenen Formen der Werbeträger als Werbung aufbringen müssen.

11.4.1 Einführung

Die Auswahl der von Ihnen gewünschten Werbeträger ist sehr wichtig, da sie den größten Teil des Etats beanspruchen, die Möglichkeiten der Gestaltung bestimmen und die unterschiedlichen Zielgruppen definieren. Die einzelnen Werbeträger finden Sie im anschließenden Kapitel „Werbemittel und ihr Einsatz".

Definitionen. Unter dem Begriff **„Werbeträger"** versteht man ein Medium, auf dem Werbung geschaltet werden kann. Der wesentliche Unterschied zum **Werbemittel** besteht darin, dass das Werbemittel die **Werbebotschaft** zur **Zielgruppe** transportiert, und zwar mithilfe des Werbeträgers.

Werbemittelstrategie. Somit legt die Werbemittelstrategie die Ausdrucksform der Werbung fest, und zwar mittels:

- Anzeigen,
- Visitenkarten,
- Funk- und Fernsehspots,
- Ihrer Homepage.

Werbeträgerstrategie. Die Werbeträgerstrategie dagegen funktioniert über das Medium, das Ihre Botschaft an die entsprechende Zielgruppe transportiert. Entscheidungskriterien sind hier:

- Verfügbarkeit,
- Möglichkeit der Selektion,
- Höhe der Kosten für eine definierte Reichweite,
- Darstellungsmöglichkeit und Nutzen der Werbeträger,
- Möglichkeit einer Erfolgskontrolle.

Zu nennen sind hier:

- Zeitungen (lokale Tageszeitungen oder Fachzeitschriften),
- Handzettel, Flyer, Faltblätter,
- Radio und Fernsehen,
- Wegweiser,
- Firmenwagen,
- Verkehrsmittel,
- Kino,
- Branchenbücher, Gelbe Seiten (**Abb. 11.1**),
- Internet.

Beispiel

Nehmen wir das Beispiel „Firmenwagen": Für Ihre Praxis würde das beispielhaft bedeuten, dass Ihr Auto, welches Sie an der Heckscheibe mit einer Werbung versehen haben, der „Werbeträger" wäre. Das Auto **trägt Ihre Werbung** auf den Straßen, und zwar mit der Aufschrift, dem sog. Werbemittel.

Mediennutzung. Laut einer repräsentativen Umfrage aus dem Jahr 2006 sind es nach wie vor die traditionellen Medien wie Fernsehen (95 %), Radio (86 %) und Tageszeitung (75 %), aus denen die Deutschen hauptsächlich ihre alltäglichen Informationen beziehen. Das Internet wird von 45 % der Bürger mehrmals in der Woche zur Informationsgewinnung genutzt – Tendenz steigend (Blödorn et al. 2006).

11.4.2 Auswahlkriterien

Bei den Kriterien, nach denen der Etat bemessen wird, handelt es sich um:

- Image / Wertschätzung,
- Selektivität,
- Reichweite,
- Kosten.

Abb. 11.1 Die „Gelben Seiten".

Image / Wertschätzung

Unterschätzen Sie die Wirkung nicht, die Sie als „Person, die in der Öffentlichkeit steht" haben – gerade, wenn Sie Ihre Praxis nicht in einer Großstadt, sondern als einziger Heilpraktiker in einem kleinen Ort eröffnen. Man wird Sie genauestens beobachten und Rückschlüsse aus Ihrem Verhalten ziehen.

Daher sollten Sie auch in Fragen der Werbung auf Ihr Image achten. Dies bedeutet für Ihre Werbung, dass sie nicht die Ortschaft mit Ihren Plakaten und Wegweisern überfrachten sollten, sondern eher versuchen, Ihre Werbung mit den Augen Ihrer Adressaten zu sehen. – **Weniger ist meist mehr!**

Selektivität

Da Sie nicht alle Werbemöglichkeiten gleichzeitig und zu Beginn Ihrer beruflichen Laufbahn als Heilpraktiker einsetzen können (es sei denn, Sie haben einen großen finanziellen Rückhalt), müssen Sie selektieren. Was ist gerade vor Praxisbeginn wichtig? Was ist wichtig, um den Bekanntheitsgrad zu erhalten? usw. Behilflich ist Ihnen dabei **Tab. 11.1**.

Kostenaspekt. Doch was bedeutet nun „günstig" oder „teuer" oder „kalkulierbar", um auf die ursprüngliche Frage nach der Etatplanung zu kommen? Regional gesehen gibt es unterschiedliche Preisgestaltungen für sämtliche oben geschilderten Kategorien. Fertigen Sie sich eine Liste mit den für Sie in Frage kommenden Werbemitteln an.

Kostenvoranschlag. Erstellen Sie eine Vorlage (**Muster**) und gehen damit in mindestens (!) zwei verschiedene Geschäfte, um sich Kostenvoranschläge geben zu lassen (oder lassen Sie sich die Kostenvoranschläge zusenden, dann können Sie die Preise zu Hause in Ruhe vergleichen; **Tab. 11.2**).

Preisvergleich. Erzählen Sie ruhig, dass Sie in Kürze eine Praxis eröffnen, vielleicht räumt man Ihnen in dem einen oder anderen Geschäft Rabatte ein. Vergessen Sie auch nicht, sich Kataloge über **Praxisbedarf** zuschicken zu lassen. Denn auch diese Anbieter haben oft Schilder, Stempel u. Ä.; ein Preisvergleich lohnt sich in jedem Fall. Mögliche Anbieter finden Sie auf S. 150.

Einbeziehung des Wohnorts. Doch auch hier sollten Sie Ihren Wohnort mit einbeziehen: Wenn Sie in München oder Frankfurt wohnen, leben Sie statistisch gesehen relativ anonym. Wohnen Sie aber in einem kleinen Dorf, in dem jeder den anderen kennt, sollten Sie vielleicht einige Euro mehr investieren, um Ihre Rezeptblöcke bei der Druckerei im Ort anfertigen zu lassen. Dies steigert zum einen Ihren Bekanntheitsgrad, da Sie die Nähe zu Ihren Nachbarn suchen. Zum anderen tun Sie etwas für die dörfliche Gemeinschaft – das sollten Sie in einem kleinen Dorf niemals unterschätzen – und kommen mit den Einheimischen ins Gespräch. Nutzen Sie diese Chance, auch wenn Sie dafür erst einmal einige Euros mehr ausgeben.

Der eine oder andere, der sich bisher nicht getraut hat, zu Ihnen in die Praxis zu kommen, überwindet jetzt vielleicht seine Hemmungen, nachdem er Sie kennen gelernt hat.

Reichweite

Prinzipiell wäre die Reichweite mittels Fernsehwerbung höher als beispielsweise mit einem Inserat in der Lokalpresse. Mit einer gezielten Anzeige in der regionalen Tageszeitung erreichen Sie jedoch präzise die Zielgruppe, die zu Ihnen in die Praxis kommen soll.

Kostenfrage

Auch hier sind die Unterschiede nicht unerheblich. So können Sie sich mit den Basiselementen der Werbungsmöglichkeiten „begnügen" oder so viel Geld investieren, dass Sie bereits die „Luxusausstattung" haben, doch brauchen Sie dies zu Beginn? – Nein!

Gemeint ist damit nicht, am falschen Ende zu sparen, z. B. indem Sie Ihre Informationsbroschüren oder Flyer zu laienhaft selbst erstellen. Vielmehr ist damit gemeint, sich Gedanken über die Notwendigkeiten einiger Werbemittel zu machen.

Während Ihnen eine Fremdfirma ein Angebot zur Erstellung Ihrer Homepage macht, das Ihren

Tab. 11.1 Selektion der Werbemöglichkeiten.

Werbeträger	Zeitungen	Faltblätter, Flyer, Handzettel	Radio	Internet	Kino	Firmenwagen	Fernsehen	Wegweiser	Branchenbücher
Werbemittel	Anzeigen, Inserate	Inhalte	Rundfunksendungen	Homepage	Werbung im Vorlauf	Aufschrift mit Praxisangaben	Vorstellung der Praxis	Aufschriften	Praxisangaben
Kosten des Werbemittels	gut kalkulierbar, relativ gering	gut kalkulierbar, relativ gering	günstig	je nach Ausstattung, günstig	hoch	sehr günstig	hoch	gut kalkulierbar, günstig	je nach Ausstattung gering bis hoch
Möglichkeiten der Erfolgskontrolle	gut durch Patientenbefragung; ansonsten unmöglich	gut durch Patientenbefragung, ansonsten unmöglich	schwierig bis unmöglich	gut durch Besucherzähler	schwierig bis unmöglich	gut durch Patientenbefragung	schwierig bis unmöglich	gut durch Patientenbefragung	gut durch Patientenbefragung
Umfang der möglichen Werbeaussagen	sehr gut	sehr gut	gut	sehr gut!	gut	gut	gut	mäßig	mäßig
Wirkungsdauer	sehr gut	sehr gut	mäßig	sehr gut!	gut	gut	gut	sehr gut	gut
Kontaktsituation	gut	gut	mäßig	sehr gut!	gut	sehr gut	gut	gut	mäßig
Anzahl und Art der kombinierbaren Werbeelemente	mittelmäßig (nur optisch, farblich)	mittelmäßig (nur optisch und farblich)	schlecht (nur akustisch)	sehr gut! sowohl optisch, akustisch und farblich; Möglichkeit der Bewegung sowie Interaktivität des Patienten	gut sowohl optisch, akustisch, farblich, Möglichkeit der Bewegung	schlecht (nur optisch)	gut (s. Kino)	schlecht (nur optisch)	schlecht (nur optisch)
Zielgruppenorientierung	mäßig	sehr gut	mäßig	sehr gut!	mäßig	sehr gut	mäßig	sehr gut	mäßig

Tab. 11.2 Werbekosten

Werbemittel	Umfang des Werbemittels	Aktuelle Durschnittskosten
Inserat in einer Fachzeitschrift	30 alphanumerische Zeichen	ca. € 7,–; Chiffregebühr € 7,50
Gewerbliches Inserat in einer lokalen Tageszeitung	3 Zeilen à 50 Zeichen (jede weitere Zeile kostet € 10,–)	ca. € 30,- zzgl. MwSt. (evtl. 2 % Skonto bei Bankeinzug)
Werbung auf Homepage der Tageszeitung	140 × 60 Pixel (4 Werbeplätze inkl. aller zug. Texte)	ca. € 17,40
Verbandszugehörigkeit – dadurch Verbandslogo, Mitgliedsstempel		ca. € 120,– / Jahr
Schriftaufkleber für PKW	nach Absprache und Aufwand	ab € 30,–
Visitenkarte	50 laminierte Visitenkarten	€ 39,80 inkl. Versand, jedoch auch Gratisangebote im Internet (S. 150)
Aufschrift auf einem Wegweiser	Buchstaben je nach Absprache	ab € 95,–
Kinospot Standbild oder Animation	5 s	ca. € 46,– zzgl. MwSt. (zzgl. Erstellung € 18,–)
Radiowerbung	Montag bis Freitag 30 s zwischen 16 – 17.00 Uhr	ca. € 1 380,– ; pro Sek. € 46,–
Fernsehwerbung	Montag bis Freitag 30 s	durchschnittlich € 1 500,– zzgl. USt. (lt. www.movie-college.de)
Inserat im Branchenverzeichnis	Name, Beruf, Telefonnummer	ab € 50,– / Jahr
Homepage	je nach Absprache	ca. € 200,– bis 400,– Grundkosten; monatlich Zusatzkosten von ca. € 3,–

Bedürfnissen angemessen ist, kann Ihnen eine andere Firma eine Homepage mit vielfältigen Sicherheitsstandards anbieten, die eher einem Geldinstitut als der Homepage eines Heilpraktikers angemessen sind. Kosten sind in diesem Bereich also bei Features einzusparen, die Sie nicht benötigen.

11.4.3 Detailvergleich unter Kostenaspekten

Die **Tab. 11.1** und **11.2** verdeutlichen Ihnen, welche Werbemittel Sie theoretisch einsetzen könnten, um bekannt zu werden oder Ihren Bekanntheitsgrad positiv zu beeinflussen. Die Kosten sind ungefähre Angaben, da die Preise der verschiedenen Anbieter sich ständig ändern.

Des Weiteren wird eine Selektion der verschiedenen Werbeträger vorgenommen mit dem Ziel, Ihnen ein möglichst umfassendes Spektrum an Informationen zu liefern, sodass Sie sich „Ihr" Werbepaket zusammenstellen können.

Genauere Zahlen können nicht angeboten werden, dazu ist die Preissituation auf dem deutschen Markt zu vielfältig. Sie sollten jedoch sehen, dass Ihre Ausgaben für die Werbung (Ihr Werbeetat) so kalkulierbar **sein und bleiben** sollten, dass Sie laufende Kosten sowie Ihren Lebensunterhalt von Ihren finanziellen Reserven bezahlen könnten, für den Fall, dass noch kein Patient den Weg zu Ihnen in die Praxis findet. Auch müssen Sie für die Werbung dann nicht extra einen Kredit aufnehmen.

Kostenkalkulation. Rechnen Sie nach Durcharbeitung der beiden Tabellen zusammen: Wenn Sie in zwei verschiedenen lokalen Tageszeitungen inserieren, sich zur Praxiseröffnung ein Paket mit 50 Visitenkarten bestellen, einem Verband zugehörig sind und womöglich noch einen Wegweiser zur besseren Auffindung Ihrer Praxis benötigen, haben Sie, ohne im Voraus einen positiven Effekt daraus ziehen können, mindestens € 350,– aufgewendet. Dazu müssen Sie noch ca. € 300,– (ein Durchschnittswert) für die Erstellung und Pflege Ihrer Homepage sowie Hinterlegung Ihrer Praxisinformationen auf verschiedenen Suchmaschinen veranschlagen.

Praxistipps. Auch wenn sich diese Summe (die sich nach oben beliebig steigern lässt) erst einmal enorm anhört, so sollten Sie diese dennoch investieren, um bekannt zu werden. Gerade was die Investition Ihrer Homepage und Internetpräsenz betrifft. Durch das Internet ist ein ganz neuer Kommunikationsweg zwischen Heilpraktiker und Patient entstanden. Laut einer Analyse aus dem Jahre 2003 benutzen bereits 55,7% der deutschen Bevölkerung zwischen 14 und 64 Jahren das Internet, Tendenz steigend.

Sie können im Zeitalter des Computers Kosten einsparen, indem Sie Faltblätter, Handzettel, Briefköpfe u. Ä. selbst gestalten und ausdrucken, anstatt diese Drucksachen in eine teure Druckerei zu geben.

Achten Sie jedoch beim Kauf des Papiers auf hochwertige Qualität und denken Sie an den Eindruck, den dies auf Ihre Patienten macht (für unseren Berufsstand: vielleicht sogar auf recyceltem Papier? Auch Umweltschutzpapier muss heutzutage nicht mehr grau sein).

12 Werbemittel und ihr Einsatz

Unter „Werbemittel" versteht man die Form der Werbung. Sie setzt sich aus einer Kombination erprobter, werbewirksamer Elemente (Bild, Ton, Bewegung, Farbgestaltung usw.) zusammen. In diesem Kapitel werden Sie eine Fülle von neuen Informationen über die Elemente finden, mit deren Hilfe Sie Ihre Praxis (noch) bekannter machen und Ihren Bekanntheitsgrad festigen können. Zum Teil sind es ganz einfache, kostengünstige Mittel, die Sie direkt „am Ort des Geschehens", d.h. direkt in Ihrer Praxis, umsetzen können. Zum anderen erhalten Sie Informationen über werbewirksame Elemente außerhalb Ihrer Praxis, die, richtig eingesetzt, Ihren Bekanntheitsgrad steigern werden.

12.1 Grundlagen

Uni- und multisensorische Werbemittel. Die häufigste Unterscheidung, die heutzutage gemacht wird, ist die Unterscheidung zwischen uni- und multisensorischen Werbemitteln. Die unisensorischen Werbemittel regen nur einen Reiz an, beispielsweise akustisch in Form eines Rundfunkbeitrags oder optisch in Form eines Zeitungsartikels. Im Gegensatz dazu wirken multisensorische Werbemittel auf mehrere Reize gleichzeitig, d.h. akustische und optische Reize werden mittels Werbekampagnen im Fernsehen oder Internetauftritten (in Form Ihrer Homepage, S. 42) parallel angesprochen.

Inhaltsbildende und formgebende Elemente. Weiterhin wird unterschieden zwischen den sog.

- inhaltsbildenden Elementen und den
- formgebenden Elementen.

Die inhaltsbildenden Elemente sprechen entweder den rationalen oder den emotionalen Bereich beim Menschen an, d.h. sie orientieren sich eher an der suggestiven Form der Werbung, da sie die Wünsche, Gefühle u.Ä. Ihrer Patienten betreffen. Die formgebenden Elemente geben Ihrer Werbung quasi „den letzten Schliff". Die Werbung soll originell, informativ, aber auch abwechslungsreich sein, um Ihre Patienten nicht zu langweilen.

! Diese Elemente sorgen dafür, dass wir die Werbung bewusst wahrnehmen, und zwar mittels Ton, Farbe, Schriften, Formen. Hinterfragen Sie sich jedoch auch hier, ob diese Elemente Professionalität vermitteln, vor allem im Auge Ihres Patienten.

Lassen Sie beispielsweise Ihren Broschüren stets ein einheitliches Aussehen zukommen, ändern Sie die Farbe Ihrer Faltblätter nicht und bleiben Sie bei Ihrem ausgewählten Symbol (sei es Ihr Verbandssignet oder ein Yin-Yang-Zeichen). Der Sinn besteht darin, dass diese Dinge gleich erkannt und mit Ihnen in Verbindung gebracht werden (vgl. Corporate Identity, S. 15).

12.2 Werbung am „Ort des Geschehens"

Hier „laufen alle Fäden zusammen" – dies ist Ihr Arbeitsplatz, hier therapieren und behandeln Sie.

12.2.1 Ihre Praxis

Im Verlaufe des Buches haben wir bereits einiges über die „ideale Praxiseinrichtung" gelesen, wie z.B. die passende Farbgestaltung der Räumlichkeiten oder die harmonisierende musikalische Untermalung.

Wenn Sie werbungsorientiert denken, versuchen Sie, Ihre Praxis nach Möglichkeit mit den Augen Ihrer Patienten zu sehen. Ihre Praxis ist Ihr persönliches Aushängeschild, sie repräsentiert und spiegelt Ihre Persönlichkeit wider.

Das betrifft:

- das Umfeld Ihrer Praxis, d. h. den Stadtteil (ist es zum Beispiel ein nobler Vorort Münchens oder eine Seitengasse der „Reeperbahn" in Hamburg?), die Verkehrsanbindungen, Einkaufsmöglichkeiten, Nähe zu Apotheken usw.,
- Ihren Praxiseingang (Weg in die Praxis, Vorhof, Treppenhaus, Wartezimmer),
- die komplette Praxiseinrichtung inkl. ihrer Dekoration, ihrer Ausstattung, der Behandlungsliege, Ihrem Schreibtisch, Ihren Drucksachen usw.

Lassen Sie Ihren Patienten mit allen Sinnen spüren, riechen (z. B. Aromatherapie), sehen und hören, dass er bei Ihnen richtig ist.

Darstellung der Praxis im Internet. Sie können zugleich Ihre Praxis fotografieren und auf Ihrer Homepage im Internet darstellen – so weiß Ihr Patient bereits während der Informationssammlung über das Internet, was ihn „erwartet". Ein gelungenes Beispiel findet der Internet-User z. B. auf **Abb. 12.1**.

Über den Button „Praxis" erscheint eine sehr gelungene Praxisführung, die den Patienten nicht überlädt, sondern im positiven Sinne neugierig auf mehr macht. Das erste Foto zeigt die Heilpraktikerin in der geöffneten Eingangstür, symbolbezogen: „Kommen Sie herein, ich führe Sie herum, fühlen Sie sich wohl."

Atmosphäre. Zu einem nicht unerheblichen Teil ist dem Patienten neben einem guten Therapeuten eine „Positivität ausstrahlende" Praxis wichtig. „Positiv", d. h. achten Sie stets darauf,

- dass alles aufgeräumt und sauber ist (v. a. Sanitäranlagen),
- dass die Fenster nicht „blind" vor Dreck sind,
- für den Fall, dass Sie Vorhänge haben, diese stets sauber sind,
- dass Sie, falls Sie rauchen, dies nicht unbedingt in den Praxisräumen tun, da (zumindest) jeder Nichtraucher Ihren Tabakkonsum gleich an der Eingangstür bemerkt; wenn Sie dann auch noch eine Raucherentwöhnungskur anbieten, wirken Sie nicht mehr glaubhaft,
- dass Sie stets nach Behandlungsende Ihre Hände waschen und desinfizieren (manche Patienten achten darauf) und
- dass Sie sich selbst disziplinieren.

Praxisorganisation. Selbstdisziplin brauchen Sie an den Tagen, an denen Sie laut Ihrem Praxisschild geöffnet haben. Auch bei Sonnenschein, 25 °C und einem noch leeren Terminkalender sollten Sie anwesend sein. Denn gerade dann kommt jemand zu Ihnen in die Praxis und trifft Sie nicht an. Schlussfolgernd wird er Sie schnell für unzuverlässig halten, und das sollten Sie nach Möglichkeit vermeiden.

Alternativ besprechen Sie Ihren Anrufbeantworter oder schalten die Rufweiterleitung ein und hängen ein aussagefähiges Schild an Ihre Praxistür.

Vergessen Sie nicht, dass der Patient, bewusst oder unbewusst, alles um sich herum wahrnimmt. Dazu gehört Ihre Arbeitseinstellung ebenso wie die Tatsache, ob Sie hinter Ihrer Praxis stehen und sich mit ihr identifizieren oder ob Sie Ihre Praxis lediglich zwei Stunden wöchentlich „nach Feierabend" lieblos als Geldquelle nutzen wollen.

All diese „Kleinigkeiten" prägen im Endeffekt den Umgang zwischen Ihnen als Behandler und Therapeuten sowie Ihrem Patienten.

12.2.2 Wegweiser

Verschiedene Wegweiser geben dem Patienten Auskunft, wie er auf direktem Wege zur Praxis gelangen kann.

Unterschätzen Sie den Stress einer Person nicht, die vielleicht gerade 20 Minuten einen Parkplatz gesucht hat, vor 10 Minuten ihren ersten Termin bei Ihnen hätte haben sollen und sich nun noch in verschiedenen Geschäften nach dem exakten Standort Ihrer Praxis erkundigen muss! Mit mehr als nur einem negativen Eindruck tritt sie Ihnen entgegen – was Sie leicht mit einem Wegweiser hätten vermeiden können. Ganz abgesehen von der Tatsache, dass solch ein Wegweiser nicht nur informiert, sondern gleichzeitig einen werbenden Charakter hat.

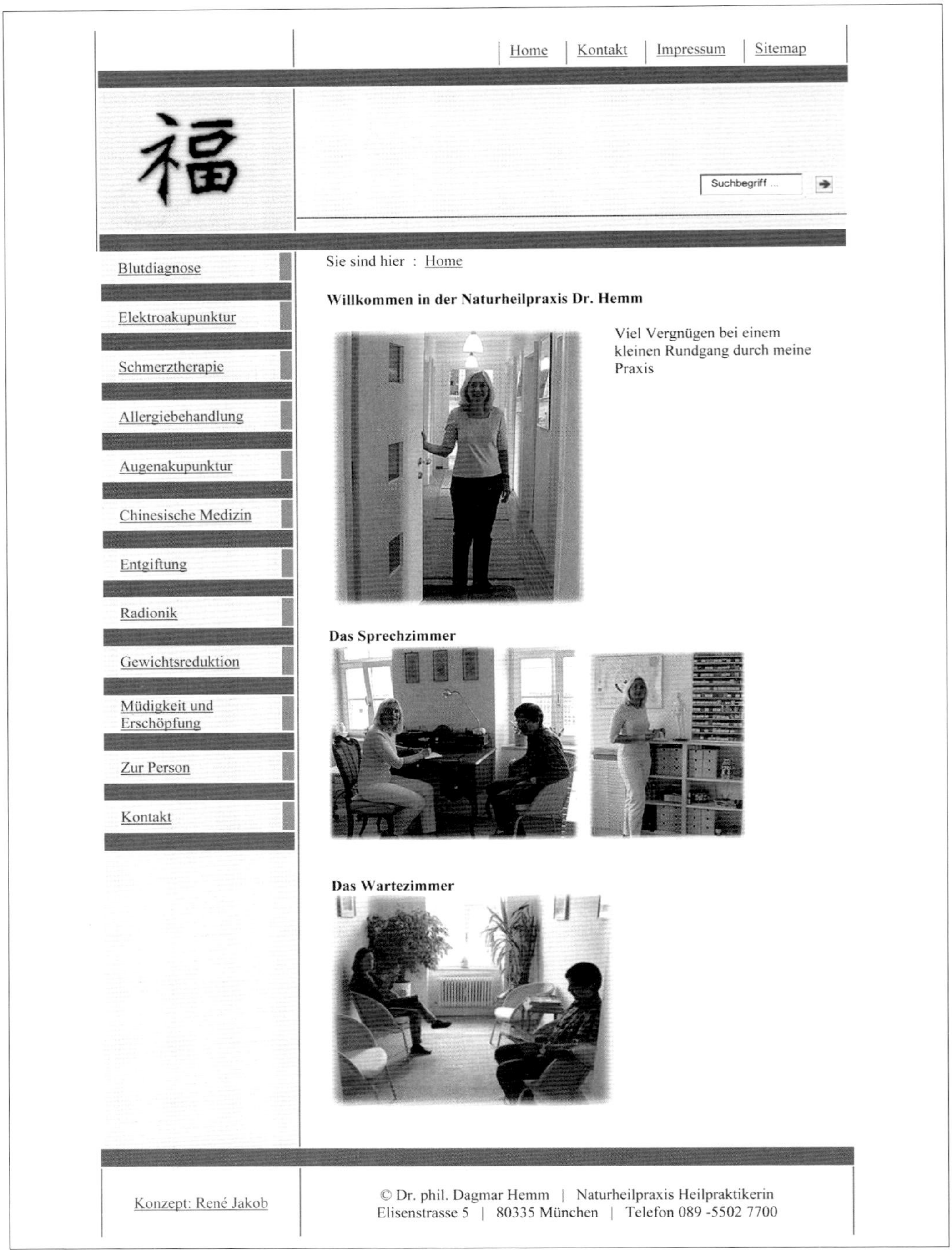

Abb. 12.1 Internetauftritt von Heilpraktikerin Dr. phil. Dagmar Hemm: www.praxis-hemm.de/praxisrundgang.shtml.

Sollten Sie dieses Schild an einer fremden Hausmauer befestigen wollen, müssen Sie sich im Vorfeld das Einverständnis des Eigentümers einholen, am besten schriftlich.

Wie Ihr Wegweiser / Schild aussehen soll, sowohl die äußere Form betreffend als auch das Schriftbild, bleibt weitgehend Ihnen überlassen. Einzige Voraussetzung auch hier wieder: **keine Gesetzesübertretung**, d.h. keine aufdringliche Art und Weise, kein Verstoß gegen die „guten Sitten“ und keine Abbildungen, auch nicht in Form von Strichmännchen o.Ä. Ihr Wegweiser sollte „ins Auge fallen“ und keine Fragen offen lassen.

Verschiedene Varianten für Wegweiser

Stellen Sie sich hierzu folgende Situation vor: Von einer Fußgängerzone aus mündet an der Ecke der Apotheke „Bahnhofsapotheke“ rechts eine kleine Seitengasse, in der Sie nach ca. 200 Meter auf der rechten Seite Ihre Praxis haben. Ihr Schild möchten Sie gern an der Hauswand neben der Apotheke platzieren und haben hierfür auch das Einverständnis des Hauseigentümers. Für welches Schild entscheiden Sie sich, wenn Sie versuchen, es vom Blickwinkel Ihrer Patienten zu sehen?

- **Variante A:** „Praxis“ – Was für eine Praxis? Tierarzt? Allgemeinmediziner? – Kein Passant wird sich die Mühe machen und nachsehen, um welche Art Praxis es sich hier handelt, da es bereits genügend namhafte Praxen gibt (**Abb. 12.2a**).
- **Variante B:** Schon besser, jedoch ebenfalls nicht aussagekräftig genug (**Abb. 12.2b**).
- **Variante C:** Mögliche Alternative – Ihr Patient ist nun informiert, dass es sich um eine Naturheilpraxis handelt, kennt Ihren Namen (und weiß somit, ob Sie männlich oder weiblich sind – für einige Patienten sehr wichtig!) und kann sich v.a. ein Bild davon machen, wie weit es noch ungefähr zu Ihrer Praxis ist (**Abb. 12.2c**).
- **Variante D:** Gute Variante, da die Information zu Ihren Therapieschwerpunkten enthalten ist (**Abb. 12.2d**).
- **Variante E:** Sehr ausführlich, ebenfalls eine gute Variante (**Abb. 12.2e**).

Die Beispiele sollen Sie nur inhaltlich animieren, Ihren eigenen Weg zu finden und Ihr Augenmerk auf die wesentlichen Dinge zu richten. Das Layout ist natürlich variabel.

Holen Sie sich rechtzeitig mehrere Angebote verschiedener Firmen ein, vergleichen Sie das

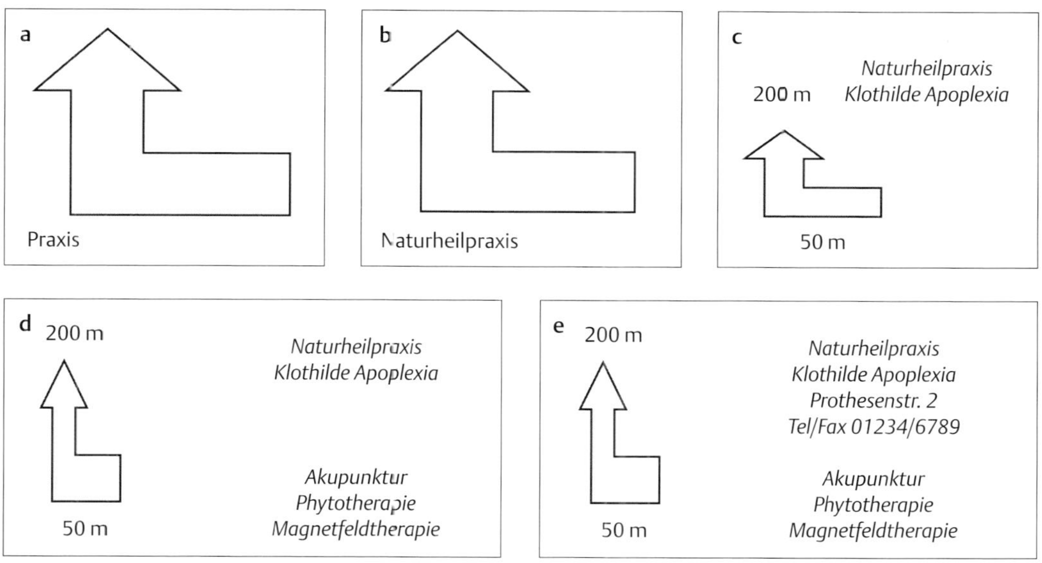

Abb. 12.2 Wegweiser. **a** Wegweiser Variante A. **b** Wegweiser Variante B. **c** Wegweiser Variante C. **d** Wegweiser Variante D. **e** Wegweiser Variante E.

Preis-Leistungs-Verhältnis (Schild nach Größe, Aufschrift, Gravur, Material usw.) und bedenken Sie, dass auch kleinere Aufträge je nach Auftragslage mehrere Wochen dauern können – kalkulieren Sie diese Vorlaufzeit mit ein.

12.2.3 Praxisschild

Natürlich wollen Sie Ihre Praxis für jedermann sichtbar darstellen, was Sie u.a. mittels eines speziell für Sie angefertigten Praxisschildes in Ihrem unmittelbaren Praxisumfeld erreichen (**Abb. 12.3**).

Den besten Standort zur Befestigung solch eines Schildes müssen Sie anhand der Lage sowie den baulichen Voraussetzungen Ihrer Praxis ermitteln:

- Bei einer Praxis im Erdgeschoss ist die erste Wahl für ein Schild direkt neben dem Eingangsbereich.
- Für eine Praxis, abgelegen in einem unauffälligen Seitenarm einer Fußgängerzone, platzieren Sie Ihr Schild nach Möglichkeit an der Kreuzung zur Fußgängerzone mit einem Pfeil in Richtung Ihrer Praxis (gekoppelt mit einem Wegweiser).
- Wenn sich Ihre Praxis in einem Therapeutenhaus, 5. Etage, befindet und sich im Erdgeschoss zahlreiche Praxisschilder häufen, heben Sie Ihr Schild nach Möglichkeit ein wenig von den anderen ab.

> Vorschriften über Größe und Anbringung Ihres Praxisschildes gibt es nicht (es sei denn die Ihres Vermieters oder baupolizeiliche Vorschriften).

Klothilde Apoplexia

Tel/Fax: 01234 / 6789
k.apoplexia@info.de
www.kapoplexia.de

Akupunktur – Phytotherapie – Magnetfeldtherapie

Sprechzeiten: Mo – Mi – Fr 9.00 – 19.00
und nach telefonischer Vereinbarung

Abb. 12.3 Beispiel Praxisschild.

Größe. Bis vor einiger Zeit war es Usus, sich an den Richtlinien der Ärzteschaft zu orientieren, was im Zusammenhang mit dem Praxisschild bedeutete, dass eine Größe mit dem Maximalmaßen 35 × 50 cm vorgeschrieben war, nicht in „aufdringlicher Form" gestaltet sein durfte und bis zu drei Therapieschwerpunkten benannt werden konnten.

Inzwischen wurde vom Gesetzgeber jegliche Beschränkung bei der Größe der Praxisschilder gestrichen. In Ihrem eigenen Interesse sollten Sie einen professionellen Eindruck bieten und den erreicht man meist über die Norm. Bei Bedarf können Sie auch zwei Schilder anbringen.

Tätigkeitsschwerpunkte. Auch die Angabe der Therapieformen ist nicht mehr grundsätzlich auf drei begrenzt, nur sollten Sie sich vorab überlegen, wie ein Schild auf Ihre Patienten wirkt. Stellen Sie sich ein Schild mit etwa acht abgedruckten Therapieformen vor – Ihr Patient kann auf den ersten Blick nicht erkennen, worauf er achten soll (**Abb. 12.4**). Des Weiteren wird es unglaubwürdig, wenn ein Schwerpunkt der Tätigkeit bei einer Vielzahl von Therapieformen behauptet wird.

Manchmal ist weniger mehr, sodass Sie mit ca. drei Therapieformen auf Ihrem Schild genügend Einblicke geben. Denn was machen Sie, wenn ein Patient zu Ihnen in die Praxis kommt und sagt „Sie haben da draußen auf dem Schild Chiropraktik stehen, das will ich haben!" – und Sie möchten sich für eine völlig andere Therapieform entscheiden?

Gesetzesvorgaben. Hinweise auf Spezialisierungen waren früher absolutes Tabu. Doch heutzutage dürfen sowohl Ärzte als auch Heilpraktiker gewisse Zusatzausbildungen bewerben. Das Bundesverfassungsgericht entschied einstimmig: „Die Bezeichnung eines bestimmten Arztes als Wirbelsäulen- oder Kniespezialist stellt grundsätzlich eine interessengerechte und sachangemessene Information dar ... ein Arzt, der besondere Erfahrung auf einem Teilgebiet hat, hat ein berechtigtes Interesse, das Publikum darüber zu informieren."

Laut unserer juristisch unverbindlichen Berufsordnung verzichtet der „Heilpraktiker auf die Bezeichnung ‚Spezialist' sowie auf andere Zu-

a

Heilpraktikerin
Klothilde Apoplexia
Prothesenstr. 2, 23333 Musterhausen
Tel./Fax: 01234 / 6789
k.apoplexia@info.de
www.kapoplexia.de

Akupunktur – Phytotherapie – Magnetfeldtherapie – Eigenblutbehandlung – Aormatherapie – Colon-Hydro-Therapie – Aderlass – Chiropraktik

Sprechzeiten: Mo – Mi – Fr 9.00 – 19.00
und nach telefonischer Vereinbarung

b

Heilpraktikerin
Klothilde Apoplexia
Prothesenstr. 2, 23333 Musterhausen
Tel./Fax: 01234 / 6789
k.apoplexia@info.de
www.kapoplexia.de

Akupunktur – Phytotherapie – Magnetfeldtherapie

Sprechzeiten: Mo – Mi – Fr 9.00 – 19.00
und nach telefonischer Vereinbarung

Abb. 12.4 Praxisschild.
a Beispiel mit acht Therapieformen.
b Beispiel mit drei Therapieformen.

satzbezeichnungen, die ihn gegenüber seinen Standeskollegen hervorheben“. Entscheiden Sie selbst, ob Sie auf Ihrem Praxisschild den Verweis „Spezialist“ lesen möchten. Verbieten kann man es Ihnen nicht.

! Ein Tipp aus der Praxis: Auch wenn Sie sich spezialisiert haben und dies auf Ihrem Praxisschild zum Ausdruck bringen möchten, müssen Sie auf jeden Fall **zusätzlich** die Bezeichnung **Heilpraktiker** mit anbringen.

Schriftform. Die Schriftform, die Sie für Ihr Praxisschild benutzen möchten, ist ebenfalls nicht genormt, Sie können also frei wählen.

Kosten. Bedenken Sie, wie endgültig dieses Schild in Bezug auf Ihre Sprechzeiten sein soll. Ein einteiliges Aluminiumschild kostet ca. € 300,– und ist unwirtschaftlich, wenn Sie nach einem halben Jahr aufgrund geänderter Öffnungszeiten diesen Betrag erneut ausgeben müssen. Alternativ wäre ein zweiteiliges Schild. Am besten beraten Sie sich mit der Firma, bei der Sie das Schild in Auftrag geben, da diese den größten Erfahrungsschatz vorweisen kann.

Hier sei noch einmal auf Ihre Sprechzeiten hingewiesen: Wenn Sie Ihre Praxis z. B. von 17.00 – 19.00 an zwei Tagen / Woche geöffnet haben, kommt bei Ihren Patienten leicht der Gedanke auf, dass Sie diese Praxis „mal eben so – nach Feierabend“ mitlaufen lassen, ohne das Ganze ernst zu nehmen.

Inhaltlich gesehen sollte das Praxisschild folgende Informationen für Ihren Patienten bereithalten:
- Ihre Berufsbezeichnung,
- Ihren Namen,
- Ihre Telefonnummer,
- Internetadresse sowie E-Mail-Adresse,
- Ihre Tätigkeitsschwerpunkte,
- Öffnungszeiten.

12.2.4 Praxisfenster / Schaukasten

Praxisfenster. Abhängig vom Standort Ihrer Praxis können Sie ohne Weiteres Ihre Fenster zu Werbezwecken nutzen, solange Sie die wettbewerbsbeschränkenden Gesetzesvorgaben (HWG, UWG) einhalten. Dies kann für eine Praxis in der 3. Etage eines Gewerbegebäudes mit drei großen Fenstern nebeneinander zur Seite der Fußgängerzone hin z. B. eine Darstellung wie in **Abb. 12.5** bedeuten.

Für eine Praxis im Erdgeschoss eignet sich vielleicht ein Fenster für eine dezentere informative Werbung. Versuchen Sie nach Möglichkeit, ein Fenster zu beschriften, das nicht direkt neben Ihrer Eingangstür liegt, da Sie dort bereits ein Praxisschild angebracht haben. Vielmehr sollten Sie versuchen, ein Fenster zu einer anderen Straßenseite für diese Informationen zu benutzen. Informationen sollten denen Ihres Schildes ähneln, also ohne „Strichmännchen“ und ähnlichen Emblemen.

Naturheilpraxis	Akupunktur	Sprechzeiten: Mo.–Fr.
K. Apoplexia	Phytotherapie	9.00–18.00 und nach tel.
	Magnetfeldtherapie	Vereinbarung

Abb. 12.5 Praxisfenster

Die Frage, ob es zulässig ist, eine Lichtreklame im Fenster zu installieren (z. B. für Sprechzeiten während der frühen Morgenstunden im Winter oder gegen Abend), betrifft nicht so sehr Ihren Verband oder die wettbewerbsbeschränkenden Gesetze – vielmehr liegt die Zustimmung bei Ihrem Vermieter und der regionalen Gesetzgebung die örtliche Baubehörde sowie das Straßenverkehrsrecht betreffend.

Schaukasten. Einen Schaukasten können Sie nur dort anbringen, wo es Ihnen von der Architektur her möglich und dem Vermieter angenehm ist. Einzige Ausnahme wäre die Variante, dass es sich dabei um Ihr Eigentum handelt.

Praktizieren Sie im Erdgeschoss und haben die Möglichkeit, an der Außenfront einen kleinen Kasten mit einer Glasscheibe anzubringen, wäre dies eine durchaus legitime Möglichkeit der Informationsweitergabe (und damit ein gleichzeitig verbundener Werbeeffekt). Dekorieren Sie ihn je nach Jahreszeit (vgl. Kap. 13, S. 97), z. B. weihnachtlich, zusätzlich mit einem kleinen Memo, z. B. über Kälte – Temperaturen allgemein, Zeichen drohender Unterkühlung, passende Kleidung, richtige Getränke usw. –, und wünschen Sie ein frohes Weihnachtsfest.

! Auch hier können Sie Ihrer Kreativität wieder freien Lauf lassen, die Form muss sich nur im Rahmen der Gesetzesvorgaben (HWG und UWG) befinden und nicht gegen die „guten Sitten“ verstoßen. Gestalten Sie das Ganze ansprechend und persönlich, jedoch nicht zu aufdringlich.

12.2.5 Firmenwagen – Autowerbung

Niemand kann und wird Ihnen verbieten, Ihre Naturheilpraxis in Bannerwerbung an Ihrem Auto „spazieren zu fahren“. Erfahrungsgemäß fahren Sie im Straßenverkehr nicht im „Schneckentempo“, sodass ein Hinweis auf Ihre Naturheilpraxis mit Telefonnummer bzw. Homepage kurz gefasst sein sollte (**Abb. 12.6**).

Somit kann selbst ein Fußgänger, ein Radfahrer oder der vorbeifahrende PKW-Fahrer sich diese Information merken.

Holen Sie sich bei mehreren Firmen Kostenvoranschläge für Ihren gewünschten Werbetext ein, den Sie auf Ihr Auto kleben möchten. Geeigneter Ort ist die Heckscheibe.

! Wie bereits erwähnt: **Weniger ist mehr** und **weniger ist einprägsamer**.

Bei allen Dingen, die Sie kaufen müssen, sollten Sie bedenken, dass Sie nach Möglichkeit Anbieter aus Ihrem näheren Umfeld berücksichtigen. Wenn der Preis akzeptabel und vielleicht nur geringfügig höher als bei einem Händler im Großeinkauf liegt, empfehle ich Ihnen, dort zu

Abb. 12.6 Beschriftung eines Firmenwagens.

kaufen, da Sie bereits über diesen Weg „Betriebsmarketing" betreiben können.

Sie müssen sich regional bekannt machen und Kontakte knüpfen und pflegen, wo immer die Möglichkeit dazu besteht. Wenn Sie Ihre Werbemaßnahmen ausschließlich anonym, isoliert und vom Schreibtisch aus anstoßen, werden Sie, zumindest in kleinen Städten, keinen großen Erfolg haben.

12.3 Werbung „außer Haus"

Darunter sind alle Werbemaßnahmen zusammengefasst, die nicht in direktem Zusammenhang mit Ihren Praxisräumen oder Ihrem Firmenwagen stehen: Werbung in Branchenbüchern, Prospektwerbung, Mailingaktionen usw.

12.3.1 Werbung in Branchenbüchern / Telefonbüchern

Wer kennt sie nicht, die „Gelben Seiten", die einmal jährlich aktualisiert werden? Kurz nach Ihrer Praxiseröffnung wird Sie mit Sicherheit ein Vertreter besuchen und Sie davon zu überzeugen versuchen, wie sinnvoll, notwendig und effektiv eine Anzeige in den Gelben Seiten ist. Es wird pro Spalte abgerechnet, Hervorgehobenes durch Fettschrift nicht mit einbezogen, sodass Preise von € 400,– bis 500,– zu veranschlagen sind – wobei die Grenzen nach oben offen sind. Fettschrift ist übrigens eindeutig erlaubt!

Juristische Aspekte. Nachdem ein Verband einen Prozess gegen einen Telefonbuchverlag angestrengt hatte, in dem u.a. die oben besagten Fettdruckzeilen für unseren Berufsstand untersagt werden sollten, entschied der Bundesgerichtshof mit Urteil von 1989 zu unseren Gunsten Folgendes:

- „Ein allgemeines Werbeverbot für Heilpraktiker kann – wegen seines die freie Berufsausübung im Sinne des Artikel 12 GG einschränkenden Charakters – nicht allein durch eine einheitliche Standesauffassung der Heilpraktiker sowie deren Niederlegung in – als ‚Berufsordnung' bezeichneten – Vereinssatzungen von Heilpraktikerverbänden begründet werden; es setzt vielmehr ein Eingreifen des Gesetzgebers voraus." (vgl. BVerfG 76, 171 ff. zum anwaltlichen Standesrecht)
- „Soweit eine einheitliche Standesauffassung der Heilpraktiker als Indiz dafür herangezogen werden soll, dass ein bestimmtes Verhalten eines Heilpraktikers auch dem allgemeinen sittlichen Empfinden widerspricht und deshalb gegen § 1 UWG verstößt, genügt es nicht, diese Standesauffassung den – als Vereinssatzungen nur mehrheitlich beschlossenen – Berufsordnungen von Heilpraktikerverbänden zu entnehmen." (Bundesgerichtshof; Urteil vom 29.06. 1989 – 1 ZR 1661877)

Ein langes Zitat eines Gerichtsurteils. Die Essenz des Ganzen besteht in der Tatsache, dass es nicht genügt, wenn ein Verband oder Kollegen auf einem generellen Werbeverbot bestehen; maßgebende Instanz ist einzig der Gesetzgeber.

Genau diese Instanz hat bzgl. Eintragungen im Branchenverzeichnis in ihrer Begründung folgende Inhalte legitimiert (soweit sich die Angaben an den geltenden Gesetzesvorschriften orientieren):
- Hinweis auf Heilverfahren, Diagnosemethoden,
- Hinweise auf Öffnungszeiten,
- Hervorhebung von Anschriften,
- Hervorhebung von Telefonnummern,
- Verweise auf niedergelassene Heilpraktiker außerhalb des Geltungsbereiches des jeweiligen Branchenbuches.

Ein Vertreter, der mich besuchte, wusste angeblich nichts von wettbewerbsbeschränkenden Vorgaben oder anderen Regeln, die sich aus der Berufsordnung ergeben (z.B. maximal drei Therapieschwerpunkte zu benennen o.Ä., obwohl dieser Vertreter ausschließlich Anzeigen von Heilpraktikern aufgenommen hatte). Sein Ziel war ganz klar: einen möglichst hoch abgeschlossenen Vertrag zu bekommen.

Inhaltliche Aspekte. Wenn man sich nicht mit den Vorgaben auseinandersetzt, kann man schnell Dinge annoncieren, die nicht erlaubt sind (z.B. Heilungsversprechen, Diagnosemethoden statt Therapiemethoden usw.), sodass Sie sich folgende Punkte merken sollten:

- Überlegen Sie sich genau, was Sie Ihren Patienten und Interessenten über die „Gelben Seiten" mitteilen wollen.
- Reicht Ihnen Ihr Name mit Telefonnummer (da Sie z.B. der einzige Heilpraktiker im gesamten Landkreis sind) oder soll Ihr Name fettgedruckt erscheinen (was natürlich gleich wieder einen finanziellen Aufschlag bedeutet), damit er sich von Ihren Kollegen abhebt?
- Haben Sie einen Internetzugang, dessen Adresse Sie ebenfalls veröffentlich haben wollen?
- Wollen Sie auf Ihre Therapieschwerpunkte hinweisen oder dies erst in einem persönlichen Telefonat ansprechen?
- Haben Sie eine Praxisgemeinschaft oder eine Gemeinschaftspraxis, die Sie als solche kennzeichnen wollen?
- Bieten Sie außergewöhnliche Sprechzeiten an (z.B. Abendsprechstunden), die Sie erwähnen möchten?

! Überlegen Sie sich diese Dinge vorab oder lassen sich, wenn ein Vertreter vor Ort ist, ein Angebot machen und schlafen Sie eine Nacht darüber. Der Eintrag in den „Gelben Seiten" bietet mit Sicherheit Vorteile, doch ist er nicht gerade kostengünstig.

Grundsätzliche Überlegungen. Der Eintrag in einem Branchenbuch soll Ihnen hier keineswegs negativ dargestellt werden, sondern Sie zum Überlegen anregen. Die Werbung in den „Gelben Seiten" ist eine Investition, die man genau bedenken sollte, da die heutige Generation und die folgenden wohl eher das Medium „Internet" benutzen, um an ihre Informationen zu gelangen, als das fast schon „antiquierte" Branchenbuch.

Zu bedenken ist natürlich Ihr Klientel. Ältere Patienten haben in der Regel (noch?) keinen Internetanschluss zu Hause und verlassen sich neben der Weiterempfehlung durch gute Bekannte auch auf die „Gelben Seiten".

Mein Tipp ist eine Kompromisslösung: sich im regulären örtlichen Telefonbuch kostenfrei unter „Heilpraktiker" vermerken zu lassen und in das Zukunftsmedium „Internet" zu investieren.

Abbildung 12.7 zeigt einen Ausschnitt der „Gelben Seiten". Sie sehen, wie viele Heilpraktiker in unterschiedlichen Darstellungen ihrer Praxis dort vertreten sind. Bei einer Neueröffnung sollten Sie also Ihr Budget überdenken und auch die Tatsache, dass Ihr Eintrag erst bei der nächsten Ausgabe einzusehen ist (wenn Sie Pech haben, ist die aktuelle Ausgabe erst vor kurzem gedruckt worden und Sie müssen ein Jahr bis zur nächsten Ausgabe warten). Vielleicht haben Sie bis dahin bereits einen gewissen Kundenstamm.

Des Weiteren können Sie sich in Gemeindebroschüren registrieren lassen, die automatisch jeder Mitbürger bekommt, der sich bei dieser Gemeinde anmeldet.

12.3.2 Prospektwerbung

Prospektwerbung sei hier nur kurz erwähnt, weil diese Form der Werbung in der Regel keinen Einzug in die Naturheilpraxis erhalten wird. Sie ist nicht zu verwechseln mit der Werbung in Zeitungen oder mit Flyern, die Patienten über das Leistungsangebot Ihrer Praxis informieren sollen (vgl. Kap. 6.2.9, S. 24).

Unter dem Begriff „Prospekt" versteht der Verbraucher einen Katalog, der bestimmte Unternehmensformen mittels anpreisender Werbung offen darlegt. Das grafische Layout eines Prospekts in Form von Bildern bestimmt den ganzen Katalog mit dem Ziel der Absatzförderung durch suggestive Werbung.

Gemäß der wettbewerbsbeschränkenden Gesetzesvorgaben dürfen wir jedoch keine Abbildungen von uns oder unseren Mitarbeitern bei der Ausführung unserer Arbeit, sei es fotografisch oder abstrakt dargestellt, inserieren, ebenso wenig wie Fotos in Arbeitskleidung.

Auch dürfen wir bekanntermaßen nicht mit Behandlungen außerhalb von Fachkreisen werben (s.u.).

230 **Heilpraktiker** www.gelbeseiten.de

Heilpraktiker Fortsetzung

■ Hammelburg (0 97 32)
Pfeiffer Rita Rappert-23 .... 7 83 05 74

■ Haßfurt (0 95 21)
Gutzeit Ute Haupt-51 .... 95 10 80

Haas Günter
Spenglergasse 6 .... 95 48 74

Zeiß Martin
Hauptstr. 63 .... 951 952

■ Heigenbrücken (0 60 20)
Grod Ursula Am Adamsberg 25 .... 97 80 21
Schneeberger Stefan Jakobsthal Kirch-15 .... 29 91

■ Höchheim (0 97 64)
Joppich Norbert Gollmuthhäuser-28 .... 95 85 86
Salow Anne, Hanslmeier Josef u. Julia (Irm)
Schmiedshügel 2 .... 7 61

■ Hösbach (0 60 21)
Paschold Georgia Hösbach Bahnhof
Am Fondell 12 .... 62 44 80
Völker Tanja Tal-68 .... 45 57 28
Winkelmaier Carolin Praxis für
Naturheilverfahren Am Wingert 2 .. 58 53 82

■ Hohenroth (0 97 71)
Dietz Monika Haupt-50 .... 53 50

■ Johannesberg Unterfr (0 60 21)
Mix Detlef (Oab) Sattelhecke 32 .... 9 31 00
Staab-Zehnter Sonja Frieden-10A 42 17 64
Staab-Zehnter Sonja Frieden-10A 92 07 81
.... Fax 92 07 91

■ Kahl a Main (0 61 88)
Becker Monika Frieden-14 .... 91 42 00
Hartmann Michael Bruchgraben 12A 90 16 85

Schmitt Angelika
63796 Hörsteiner Weg 2 .... 44 68 47

Weinlich Kahlwiesen-1 .... 44 98 92

■ Karlstadt (0 93 53)
Kralik Michael u. Heike Am Steinlein 12 .... 9 92 64
Müller-Fecher Ursula Gambach
Baumgarten-34 .... 81 17
Pappler Josef Landskronen-4A 47 96

■ Karlstein a Main (0 61 88)

Winicker Beatrice
63791 Trierer Str. 19 .... 44 86 80

■ Kitzingen (0 93 21)
Böhm Susanne-Repperndorf Kreuzlein-30 ... 2 27 27
Braun Monika Am Gessert 20 .... 92 75 49

Garthe Michael
97318 Am Königsplatz 3 .... 92 26 69

Günzler Andrea Dipl.-Psych. Eselsberg 1 .. 92 12 69
Habelberger Gertrud Kaiser-30 .... 2 29 72

Praxis für Traditionelle
Chinesische Medizin
Inh. Karin Müller
97318 Ritterstr. 22 .... 92 57 71
www.tcm-mueller.de

■ Kleinheubach (0 93 71)
Baumann Uta Haupt-3 .... 9 98 71

■ Kleinostheim (0 60 27)
Stock Theresia JosefHepp-24 .... 40 87 00
Uschek Wolfgang Rupprecht-6 .... 46 52 24
Uschek Wolfgang Rupprecht-6 .... 46 52 44

■ Kleinwallstadt (0 60 22)
Bezold Daniela Main-5 .... 2 56 03

■ Klingenberg a Main (0 93 72)
Brunner Lisa Trennfurt Kolping-20 .... 13 46 55
Weber Dagmar 23 27
Röllfeld Goethe-10 .... Fax 13 96 61

■ Königsberg i Bay (0 95 25)
Hey Margot (Un) Zur Himmelswiese 1 .... 98 13 33
Rohrsetzer Uschi Kirchgasse 6 .... 98 12 22
.... Fax 98 12 24

■ Kolitzheim (0 93 85)
Höfer Thomas (Usp)
Wirtsweg 1 .... (0 97 23) 93 61 75

■ Krombach Unterfr (0 60 24)
Denninger Maria Tannen-1A 93 56
Naturheilpraxis-Volk-Seitz
Haupt-164 .... 6 36 99 98

■ Laudenbach Unterfr (0 93 72)
Naturheilpraxis Arnold
Am Bocksberg 11 .... 13 40 26

■ Laufach (0 60 93)
Naturheilpraxis Brigitte Weber (Frh) Geisenberg-1
.... 71 27, Fax 93 22 08

Naturheilpraxis Sibylle Paulus
ThomasMorus-1 .... 99 59 56

■ Leidersbach (0 60 28)
Bachmann Christa u. Bachmann-Gunewardane Brian
.... 54 59
Kempf Erhard Roßbach
Roßbacher-4 .... (0 60 92) 3 41

■ Lohr a Main (0 93 52)
Arnold Andreas Wombach
Wombacher-26B 60 38 20
Beier Ursula IgnatiusTaschner-9 .... 8 01 80
Leynar Detlef Obere Brücken-3 .... § 75 76
Pfeufer Petra Frühling-4 .... 64 33
Pfitzner Theresia-Maria Ludwig-16 .... 92 34
Wiesmann Ulrich Sackenbach
Pfingstgrund-72A 80 87 05

■ Margetshöchheim (09 31)
Glaser Diethild Steinemer Weg 12A 46 41 40

■ Markt Einersheim (0 93 26)
Pohl Heidi Alte Post-18 .... 9 01 87

■ Marktbreit (0 93 32)
Ziermann Boris Kapellenberg 21 .... 5 92 48 51

■ Marktheidenfeld (0 93 91)
Schwab Gerhard Marienbrunn 33 86

■ Maßbach (0 97 35)
Metz Hans G. Haardmühle .... (0 97 33) 94 55
Wallishauser (Pop) Ransbach-3 .. (0 97 33) 37 46

■ Mellrichstadt (0 97 76)
Heilpraktikerin Grosser Helga
Im Steingarten 21 .... 70 65 50

■ Michelau i Steigerwald (0 93 82)
Burzynski Dieter Haupt-6 .... 90 36 04

■ Miltenberg (0 93 71)

Baierl Aurelia
Klassische Homöopathie
63897 Apothekengasse 3
.... **41 12**
Termin nach telef. Vereinbarung

Fischer Karin
ObereWalldürner-33 .... 0175 5 45 64 89

Hess Wilhelm
Hess Wilhelm
Hess Christine
Heilpraktiker
Naturheilpraxis
Augendiagnose + Homöopathie
Wirbelsäulenbehandlung
63897 Mil., Luitpoldstr. 11
(0 93 71) 73 80
www.naturheilpraxis-hess.de

Reichel-Dittes Andreas Ring-30 .... 27 48
Reinelt Margarete Monbrunn 2 .... 65 08 69
Schell Alexander Bürgstädter-20 .... 6 50 60 89

■ Mömbris (0 60 29)
Adler Inge Johannesberger-25 .... 99 57 05
Reichenbecher Karl (Dax) Schönborn-5 .... 76 30
.... Fax 9 59 92 32

Schmitt Anita
63776 Am Bauersberg 1
.... **99 53 22**
Thoma Stefan Haupt-4 .... 9 99 89 30
Vongries Günter Rote Hohle 16 .... 99 55 98
.... Fax 99 55 97
Wunder Irmgard Schimborner-12 .... 99 43 03

■ Mönchberg (0 93 74)
Bauer Denise Untere Dorf-18 .... 9 79 74 64

■ Münnerstadt (0 97 33)
Mößner Rainer Gymnasium-17 .... 97 17
Seger Ilse-Maria Salzgasse 3 .... 78 24 62
Wolf Traudel Schaumburg-15 .... 78 17 41

■ Neustadt a Main (0 93 93)
Pfitzner Theresia-Maria (Erl) Rosen-2 .... 99 78 61

■ Niederlauer (0 97 71)

Heilpraktiker Hemmert Otmar
(Oeb) Saalestr. 11 .... (0 97 08) 65 99

■ Niedernberg (0 60 28)
Bauer Dana Dr.rer.nat. Haupt-37 .... 2 12 64
Dellis Elisabeth Bayern-6 .... 40 66 62
Dörig Kerstin Am Wingert 6 .... 99 34 62
Herzlieb Margarete Breslauer-10A 99 21 01
Scholl-Hartlaub Elvira Königsberger-10A ... 35 14
Staudinger Barbara PfarrerSeubert-18 .... 2 14 27

■ Oberrbreit (0 93 32)
Lorenz Annette Lärchen-8 .... 59 28 21

■ Obernburg a Main (0 60 22)

Drechsler Michael
63785 Lindenstr. 20 .... 61 42 42
www.heilpraktiker-drechsler.de

Grimm Andrea Eisenbach Bach-5A 68 18 45
Heilpraktiker Die Naturheilpraxis Marianne
Scheffel JuliusEchter-1 .... 50 01 19
Hock Astrid Brücken-10 .... 3 07 11
Kirchgäßner Margaretha Römer-85 .... 70 90 58

Muth Ulrike
Ulrike Muth
Heilpraktikerin
Klassische Akupunktur
Trad. chinesische Medizin (TCM)
Klassische Homöopathie
63785 Wilhelm-Hefner-Str. 23
(0 60 22) 48 24

Raups Irmgard Sudeten-5 .... 50 01 16
WEBER HEIDI Römer-70 .... 91 75

■ Oberthulba (0 97 36)
Naturheilpraxis Ulrike Kirchner
Hurschelwiese 14 .... 47 27

■ Ochsenfurt (0 93 31)
Klute Eberhard u. Pfeufer Rita Langgasse 1 .... 45 20
Trolldenier Monique Erlach
Schwarzenberg-34 .... 80 30 15
Zenkel Beate Tückelhäuser-9 .... 80 31 11

■ Ostheim v d Rhön (0 97 77)
Hey Heidrun Oberwaldbehrungen
Schweiz 1/3 .... (0 97 74) 85 86 16

■ Prichsenstadt (0 93 83)
Leisten Michael 9 91 93
Leisten Michael Laub 12 .... 9 09 98 35

■ Ramsthal (0 97 04)
Keßler Andreas Urbanusweg 14 .... 60 07 86

■ Reichenberg Unterfr (09 31)

Hartmann Birgit Homöopathie
97234 Reichenberg (Lind)
Brunnenstube 23 ... (0 93 66) 98 13 40

■ Rödelsee (0 93 23)
Koch Luise Am Weinberg 19 .... 69 47

■ Röllbach (0 93 72)
Eilbacher Stephanie Limesweg 1 .... 92 25 28

■ Schneeberg Unterfr (0 93 73)
Etzel Franz-Otto Weinberg-8 .... 9 95 50

■ Schöllkrippen (0 60 24)
Giron Hans Jürgen u. Emilia Hofstädten
Ruhborn-17 .... 63 33 63
Hoffmann Ursula Bergweg 6 .... 63 31 85
Römer Ingeborgh Schneppenbach
Kirch-12 .... 63 56 44
Romberg-Deimann Barbara 63 65 25

■ Schönau a d Brend (0 97 75)
Runge Hanns-Wolfgang
Berg-19 .... 0175 1 12 56 84

■ Schonungen (0 97 21)
Erbar Juliane u. Pouw Gerard (Mbg)
FriedrichWeck-4 .... 5 86 88
Krämer Kerstin Forst Obere-4 . (0 97 27) 90 96 88
Löhner Kirsten (Mbg) Grund-23 .... 75 02 33
Philipp Siegfried Steinweg 14A .... § 4 76 07 90

■ Schwarzach a Main (0 93 24)
Bohr Klaus (Hö) Goethe-31 .... 46 66

■ Schweinfurt (0 97 21)
Albrecht Udo Am Deutschhof 23 .... 9 46 96 61
Haas Gabriele Dr. Spitalseeplatz 6 .... 71 37 24
.... Fax 71 37 18
Lauerbach Johanna Keßlergasse 4 .... 73 04 70
Lauerbach Martin Keßlergasse 4 .. Tel/Fax 1 64 11
Müller Gerhard Frieden-7 .... 2 23 62

SCHEYTT FRANK
97421 Schweinfurt, Markt 10
.... **2 37 26**
www.hp-scheytt.de
Mo-Do 9.00-12.00 Uhr
Mo+Do 15.00-18.00 Uhr
und nach Vereinbarung

Schober Thomas, Privatpraxis
Frühling-2 .... 6 46 48 50
Spath Hans-Georg
Lange Zehnt-20 .... 0171 7 21 64 51
Tropsch Jürgen ElsaBrändström-76 .... 38 69 07
Wallishauser Olaf Gymnasium-7 .... 2 3 51
Wedler Matthias Rhön-27 .... 0151 53 90 52 45

■ Stockstadt a Main (0 60 27)
Hartlaub Margit Großostheim Sonneck 3 .. 40 76 78
.... Fax 40 76 77

Weiher Gabriele von
PRAXIS FÜR NATURHEILKUNDE
GABRIELE VON WEIHER
HEILPRAKTIKERIN
klassische Homöopathie
Irisdiagnose, Fußreflexzonentherapie
63811 Stockstadt, Bayernstr. 11
(0 60 27) 21 18

■ Sulzbach a Main (0 60 28)
Fürch Brigitte Blumen-12A .... § 2 15 14
Hartig Georg Soden Ring-21 .... 99 60 86

■ Sulzdorf a d Lederhecke (0 97 63)
Hawemann Ilka (Zi) Turm-41 .... 9 39 00 - 10
.... 9 39 00 - 0

■ Theilheim Kr Würzburg (0 93 03)
Graf Petra August Reissgarten 1 .... 10 21

■ Thüngen (0 93 60)
Pfeiffer Thurid Heckenweg 7 .... 53 20

■ Thüngersheim (0 93 64)
Hart Claudia Veitshöchheimer-29 .... 8 94 55

■ Volkach (0 93 81)
Braun Dorothee Schweinfurter-13 .... 80 20 31
Konrad Jutta Sandweg 12 .... 71 68 40
Kuhmann Oskar Spital-23 .... 84 73 73
Sitzmann Thomas Obervolkach
Dr.Gengler-1 .... 84 79 35

■ Waldaschaff (0 60 95)
Heßler Dieter Lohrer-23 .... 99 50 91

■ Waldbrunn Kr Würzburg (0 93 06)

OST CARMEN
Akupunktur, Chiropraktik
97295 Gäßlein 1 .... 98 56 55
Termine nach tel. Vereinbarung
@ Naturheilpraxis-Ost@t-online.de

Ost Henry Forst-13 .... § 25 46

■ Waldbüttelbrunn (09 31)
Johannessen Gerda Dr. (Roß)
An der Leite 5 .... (0 93 69) 98 09 30

■ Wasserlosen (0 97 26)
Brand Angelika (Shw)
Goldgasse 3 .... § (0 97 28) 90 83 36

■ Wiesentheid (0 93 83)
Steigerwald Marta (Feu)
Schirnbach-11 .... (0 93 25) 97 92 84

■ Winterhausen (0 93 33)
Strauß Christina Fährweg 3 .... 90 30 28

■ Würzburg (09 31)

Assländer Regina, Klass.
Homöopathie, Craniosacral
97078 (Ve) Am Sonnenberg 5
.... **2 30 73 20**

Brückl Bettina (Hö) EduardBuchner-1 .. 40 48 05 28
Dünninger Klaus Rottendorfer-4 .... 57 18 81

Eckstein Alexandra
Klassische Homöopathie
97070 Domstr. 7 .... 4 65 37 77

Erchinger Dorothea Steinbachtal 75D 1 77 30
Gehring Sonja Augustiner-12 .... 1 25 25
Gölz Martina Pleichertor-2 .... 1 31 53
Gölz Martina Sander-14-16 .... 0170 7 83 39 11
Greß Dagmar Rotkäppchenweg 16A 6 56 60
Grunz Otto Eichhorn-13 1/2 .... 5 61 28
Guttenberg Ines von MaxReger-11 .... 8 15 24

Haller M. Klass. Homöopathie
97204 (Hö) Hans-Sachs-Str. 122
.... 4 07 00 69

Heilpraktiker Helmut Lorenz
Randersackerer-2 .... 7 84 34 10
Heilpraktikerin Johnson Diana
Moskauer Ring 15 .... 9 91 76 54
Herion Peter Dom-7 .... 3 53 59 88

Hoffmann Ilse Heil- u.
Chiropraxis
97204 Höchberg, Hauptstr. 44
.... 5 56 69

Hofmann Andrea (Ger) Am Happach 27 .. 78 19 49
Hofmann Claudia Brückner-4 .... 2 87 91 28
Josefs Marion (Vei) 4 04 48 40
Koukol-Rieger Heidrun Thüringer-16 ... 28 32 73
Kuder Rolf Rottendorfer-3 1/2 .... 4 17 96 55
Kutzner Christian Hutten-24 ... 0800 1 28 00 12
Laborde Bettina (Vei) 95 08 08
Laumer Otto G. u. Wolf-Laumer Heidemarie
Augustiner-16 .... 1 26 26

Fortsetzung nächste Seite

Abb. 12.7 Auszug aus den „Gelben Seiten“.

Direktwerbung in Kurorten. Eine Ausnahmesituation besteht, wenn Sie Ihre Praxis beispielsweise in Kurorten wie Bad Reichenhall, Bad Pyrmont oder Bad Füssing haben. Hierbei handelt es sich um Luftkurorte. Für diese Orte gibt es lt. §12 HWG folgende Ausnahmesituation: „Die Werbung für andere Mittel, Verfahren, Behandlungen oder Gegenstände außerhalb der Fachkreise darf sich nicht auf die Erkennung, Beseitigung oder Linderung dieser Krankheiten oder Leiden beziehen. Dies gilt nicht für die Werbung für Verfahren oder Behandlungen in Heilbädern, Kurorten und Kuranstalten."

Das bedeutet, dass Sie in Kurorten die Möglichkeit haben, sich direkt an Reha-Einrichtungen, Bäder usw. zu wenden. Sie können dort Ihre Flyer auslegen, bei Genehmigung einen Infostand errichten, Kurse halten, wenn gewünscht, usw. Ihrer Phantasie sind deutlich weniger Grenzen gesetzt.

Wenn Sie also in der Nähe von Heilbädern, Kurorten und Kuranstalten als niedergelassener Heilpraktiker eine Praxis betreiben, versuchen Sie über den direkten Weg, d.h. Kontaktaufnahme, Ihren Bekanntheitsgrad zu erweitern. Bieten Sie auch hier Vorträge, Schulungen usw. an.

12.3.3 Briefkastenwerbung

Gesetzlich gesehen ist diese Form der Werbung zumindest für Ärzte immer noch umstritten. So hält die Bundesärztekammer das Verbreiten von Flugblättern, Postwurfsendungen und Mailingaktionen für berufswidrig. Auch für Heilpraktiker ist sie umstritten.

Auch darum sollten Sie sich fragen, ob Sie das Risiko eingehen wollen, und auch, ob sich solch groß angelegte Werbekampagnen für Sie lohnen. Gerade zu Beginn Ihrer beruflichen Laufbahn (vgl. Kap.11.4, S.74ff.) haben Sie nur ein begrenztes Budget für Ihre Werbung und sollten sie so zielorientiert wie möglich einsetzen.

Briefkastenwerbung bedeutet einen hohen Kostenaufwand, da Sie große Streuverluste befürchten müssen. Zu überlegen wäre diese Variante allerdings in einem Luft- oder Badekurort mit Rehabilitationskliniken, Sanatorien, Wellnessoasen usw., d.h. Orten mit einem überdurchschnittlich hohen Anteil an möglichen Zielgruppen.

Gesetzesvorgaben. Wenn Sie sich für diese Form der Werbung entscheiden sollten, gelten auch hier wieder die wettbewerbsbeschränkenden Gesetzesvorgaben, d.h. §§11, 12 HWG:

- keine Abbildungen von Ihnen und Ihren Mitarbeitern während der Ausübung Ihres Berufes, auch nicht als Zeichnung, wenn diese Werbung geeignet ist, das Laienpublikum unsachlich zu beeinflussen und dadurch eine jedenfalls mittelbare Gesundheitsgefährdung zu bewirken,
- keine Vorher-Nachher-Abbildungen usw.,

sondern sachliche Informationen mit:

- Ihrem Leistungsangebot,
- Ihrem kompletten Briefkopf,
- einer Wegbeschreibung.

! Auf keinen Fall dürfen Sie mit Arzneimitteln, Verfahren, Behandlungen, Gegenständen oder anderen Mitteln werben, soweit die Werbung außerhalb der Fachkreise verboten ist, da Sie sich nicht sicher sein können, dass Ihre Post ausschließlich Fachkollegen erreicht (denn auch hier gilt wieder: „außerhalb von Fachkreisen … verboten …"). Ihre Werbung sollte so gestaltet sein, dass man ihren Werbecharakter bereits vor dem Öffnen erkennen kann.

Respektieren Sie (falls Sie oder Ihre Bekannten die Werbung selbst verteilen) den Wunsch vieler Mitbürger, die keine Werbung wünschen. Deutlich gekennzeichnet finden Sie auf zahlreichen Briefkästen den Aufkleber „Keine Werbung". Sollten Sie sich nicht an diesen Wunsch halten, handelt es sich um sog. **belästigende Werbung** und gleichzeitig um eine Verletzung des Persönlichkeitsrechts.

! Sie riskieren im Zweifelsfall ein Unterlassungsurteil.

Eine Überlegung wert (und dadurch vielleicht eine Kostenersparnis) wäre der Kompromiss, „Gesundheitseinrichtungen", die einige Zeilen vorher angesprochen wurden, persönlich zu besuchen, sich und Ihr Leistungsangebot vorzustellen und einige Visitenkarten vor Ort zu lassen, mit dem Hinweis, dass Sie auch gern bereit sind, den einen oder anderen Vortrag im Rahmen der Prävention o. Ä. zu halten.

Denken Sie daran, Sie müssen immer wieder das direkte Gespräch suchen, sich bekannt machen.

12.3.4 Mailingaktionen

Im Gegensatz zur oben beschriebenen Briefkastenwerbung gibt es sog. „Mailingaktionen“. Da es viele Wörter gibt, die heutzutage „eingedeutscht“ sind, sei hier vorsorglich darauf hingewiesen, dass es sich nicht um E-Mail-Aktionen handelt, sondern um Versendungen auf dem Postweg. Diese sind direkt an Ihre Patienten gerichtet, aus bestimmten Anlässen wie z. B.:

- Tag der offenen Tür,
- Ausstellungseröffnung innerhalb Ihrer Praxis von einheimischen Künstlern,
- Geburtstagsgrüße,
- Weihnachtsgrüße,
- Grüße zur Geburt, Taufe oder Hochzeit,
- jahreszeitbedingten Informationsschreiben, z. B. Allergien aus naturheilkundlicher Sicht im Frühjahr.

Gewöhnen Sie sich eine gewisse Regelmäßigkeit an, Informationen und Grüße an Ihre Patienten zu versenden – und zwar handschriftlich unterschrieben. Das signalisiert ihm persönliches Interesse und Anteilnahme und stärkt die Patientenbindung an Ihre Praxis.

Auch hier gibt es, genau wie bei Briefsendungen, für Massensendungen spezielle Tarife bei der Deutschen Post – besorgen Sie sich eine aktuelle Preisliste.

12.3.5 Zeitungsartikel

Ein weiteres, sehr werbewirksames Medium, ist die Zeitung. Für den Laien ist eher die lokale Tagespresse von Bedeutung, für unsere Kollegen sind es eher Fachzeitschriften. Doch auch hier die Frage: Was ist legal? Wie darf und kann ich meine Praxis der Öffentlichkeit präsentieren, ohne Gesetze zu übertreten?

Abb. 12.8 Verbotenes Symbol.

Gesetzesvorgaben. Gesetzlich gesehen gibt es hier (natürlich auch wieder der Hinweis auf die uns mittlerweile geläufigen Gesetze: §§ 1, 3 UWG, § 3 ff. HWG) keine Einschränkungen, abgesehen von der Tatsache, dass Sie weder sich noch Ihre Mitarbeiter in Berufskleidung sowie während der Ausübung Ihrer Arbeit ablichten lassen, wenn diese Werbung geeignet ist, das Laienpublikum unsachlich zu beeinflussen und dadurch eine jedenfalls mittelbare Gesundheitsgefährdung zu bewirken. Dies gilt übrigens auch für die abstrakte Form in Bezug auf die symbolbezogene Darstellung oder „Strichmännchen“ (**Abb. 12.8**).

Berufsordnung. Maßgebend war hier bisher lediglich unsere juristisch unverbindliche Berufsordnung (BO; s. Kap. 14.6, S. 106 – 108), welche

- den Sinn einer Anzeige definierte („Inserate dienen der Information des Patienten und dürfen keinen darüber hinausgehenden unsachgemäßen, mit den guten Sitten des Heilberufs nicht zu vereinbarenden werbenden Charakter aufweisen“),
- die äußere Form definierte („sollte die Anzeige in Form und Größe dem Informationszweck entsprechen und die Maße einspaltig 60 mm hoch oder zweispaltig 30 mm hoch nicht überschreiten“),
- die Zahl der Veröffentlichungen (z. B. bei Neueröffnung) regelte,
- die Inhalte definierte
- Sachmitteilungen in Form von
  - Name,
  - Praxisanschrift,
  - Telefonnummer,

  - Sprechzeiten,
  - Leistungsangebot,
  - Hinweis auf öffentliche Verkehrsmittel (bei Praxiseröffnung),
- sowie Sachmitteilungen in Form von aktuellen Änderungen, z. B.
  - Änderung der Sprechzeiten,
  - Änderung der Anschrift,
  - Änderung des Namens, z. B. Eheschließung,
  - Urlaubszeiten (jeweils zu Beginn und Ende – lt. BO „eine Hinweisanzeige vor und nach einer längeren Abwesenheit von mindestens einer Woche") regelte.

Aufgrund unseres Berufs und einem fairen Verhalten unseren Kollegen gegenüber sollten Sie sich möglichst an diese Berufsordnung halten. Im Härtefall stellt sie jedoch keine Gesetzesgrundlage dar, sodass „Übertretungen" gesetzlich gesehen nicht strafbar sind und die „Maßregelungen" bei dem jeweiligen Berufsverband (wenn Sie Mitglied sind!) liegen.

HWG und UWG. Dinge, die Sie laut HWG und UWG u. a. nicht zu Werbezwecken in Ihre Zeitungsanzeigen integrieren dürfen, sind folgende:

- Dank- und Empfehlungsschreiben (oder Hinweise auf solche),
- fach- und fremdsprachliche Bezeichnungen, soweit sie nicht in den allgemeinen deutschen Sprachgebrauch eingegangen sind und so möglicherweise durch falsche Interpretation Angstgefühle beim Patienten erzeugt werden könnten,
- Veränderungen des menschlichen Körpers durch Erkrankungen und pathologisch veränderte Körperteile,
- Veränderungen durch die Wirkung eines Heilverfahrens oder eines bestimmten Arzneimittels,
- Vorher-Nachher-Bilder,
- Aussagen, die Angstgefühle erzeugen oder ausnutzen,
- Wiedergabe von Krankheitsgeschichten,
- Fachveröffentlichungen und Gutachten,
- Krankheiten nach § 12 HWG.

Betrachtungsweise der Berufsverbände. Doch auch bei den Verbänden findet mittlerweile ein Umdenken und eine Neustrukturierung statt. Ein Artikel aus der Fachzeitschrift „Der Heilpraktiker – Volksheilkunde" vom September 2002 hat ein Fazit aus den neuesten Gerichtsurteilen gezogen mit dem Schluss, dass „[...] öffentliche Bekanntgaben von sachlichen Informationen ... in Anzeigen erlaubt sind, eine Beschränkung auf besondere Anlässe wie Praxiseröffnung ist unzulässig, auch wenn dies in einer Berufsordnung so festgelegt wurde."

> Damit stehen Ihnen, jetzt auch ganz offiziell von den Berufsverbänden aus, die Möglichkeiten offen, mit Inseraten legitim auf Ihre Praxis aufmerksam zu machen.

Spezialisierung. Sie dürfen sich natürlich auch, bei entsprechender Voraussetzung, „Spezialist" für eine Therapieform nennen (S. 21 und 84), sofern diese Ihr tatsächlicher Therapieschwerpunkt ist und Sie besondere Kenntnisse vorweisen können. (Auch wenn Ihr Berufsverband vielleicht nicht ganz glücklich wäre mit dieser Bezeichnung, fragen Sie nach, ob Ihre Kenntnisse für den Begriff „Spezialist" reichen, falls Sie sich nicht sicher sind.)

Beziehen wir uns auf das o. g. Zitat, welches sich fortsetzt: „Der Hinweis auf eine Spezialisierung ist nicht grundsätzlich verboten oder kann durch Berufsordnungen unterbunden werden ... müssen wahrheitsgemäß sein."

In einem Urteil wurde gerichtlich die Meinung vertreten, „solange Hinweise (auf Spezialisierungen) wahrheitsgemäß sind, kann weder ein Irrtum noch ein verzerrtes Bild des von einem ... angebotenem Spezialwissen entstehen. Gemeinwohlbelange, die ein Informationsverbot, das auch dem Maßstab des Artikels 5 Abs.1 GG standhalten müsste, rechtfertigen könne, ist nicht ersichtlich."

Weitere Einsatzmöglichkeiten. Doch es gibt noch weitere Einsatzmöglichkeiten eines Zeitungsartikels. Lassen Sie andere Personen über Sie berichten (natürlich gesetzeskonform und nicht über die Inanspruchnahme einer PR-Agentur). Abgesehen von Ihrem „Tag der offenen Tür" können Sie Reporter auch zu anderen Anlässen einladen, um über Ihre Arbeiten zu informieren, selbstverständlich informativ und seriös und nicht in Form einer „redaktionell gestalteten Anzeige“ (vgl. Kap. 15.2, S. 111 f.), welches verboten wäre.

Beispiel

Heilpraktikerin Frau G. therapiert seit drei Jahren schwerpunktmäßig Kinder mit Allergieproblemen, und zwar ausschließlich klassisch homöopathisch. Sie hat sehr gute Erfolge und engagiert sich in zahlreichen Arbeitskreisen, berichtet in Selbsthilfegruppen und hat selbst einen wöchentlich stattfindenden Informationsabend ins Leben gerufen, der in ihrer Praxis stattfindet und an dem jeder teilnehmen kann, der sich über dieses Thema informieren möchte.

Frau G. berichtet regelmäßig in einer Fachzeitschrift über ihre neuesten Erkenntnisse und bietet auch dort für ihre Kollegen Kurse verschiedenster Thematiken an.

In einer örtlichen Regionalzeitung hat sie einen engen Kontakt zu Herrn P., alteingesessener Journalist der „Musterhausener Rundschau“, aufgebaut. Ihm unterliegt das Ressort „Gesundheit“. Er und ein anderer Kollege werden von ihr turnusmäßig alle sechs Monate eingeladen, damit sie über ihre Arbeit informieren kann.

Meist möchte eines „ihrer“ behandelten Kinder zusammen mit seiner Mutter diesen Reportern unbedingt etwas erzählen, mal ist es der Juckreiz, der nach drei Jahren endlich verschwunden ist, und das „nur mittels einiger kleiner, süß schmeckender Kügelchen“, andere dürfen wieder Katzen streicheln usw.

Frau G. setzt das Ganze nicht im Sinne einer „irreführenden Werbung“ ein, sie verbindet es lediglich mit einem Informationstag in ihrer Praxis, wenn sie davon Kenntnis erhält, dass diese Kinder mit ihren Eltern einen Leserbrief geschrieben haben.

Die Möglichkeiten, einen Zeitungsartikel werbestrategisch einzusetzen, sind vielfältig. Doch sei noch einmal darauf hingewiesen, dass Sie sich auf jeden Fall gesetzeskonform verhalten müssen.

In vielen Zeitschriften gibt es Rubriken wie „Gesund + Fit + Schön“ – oft in lokalen Zeitungen. Erkundigen Sie sich, ob es bei Ihnen auch solche oder ähnliche Zeitungsaktionen gibt, in denen Sie sich mit Ihren Berichten dann wiederfinden könnten.

12.3.6 Großwerbemaßnahmen (Kino, Verkehrsmittel)

Um die Möglichkeiten der legalen Werbung zu komplettieren, weisen wir hier auch auf die sog. „Großwerbemaßnahmen“ hin. Allein der Begriff hört sich bereits sehr „allumfassend“ an. Gemeint sind damit jene Werbemittel, an die eine einzelne, kleine Naturheilpraxis nicht unbedingt sofort denken würde.

Es zählen dazu:

- die Kinowerbung,
- Werbung auf Bussen, Taxen und Straßenbahnen,

und zwar mittels Bild und Ton, unabhängig, ob es sich um bewegte oder stehende Bilder handelt.

Gesetzesvorgaben. Erlaubt ist auch hier wieder eine Werbung bezüglich:

- Ihrer Öffnungszeiten,
- dem Sitz Ihrer Praxis,
- Ihres Namens mit Berufsbezeichnung,
- Ihrer Erreichbarkeit mit den öffentlichen Verkehrsmitteln.

Verboten sind Werbeaufnahmen, die Sie oder Ihre Mitarbeiter bei der Ausübung Ihres Berufes oder in Ihrer Berufskleidung zeigen, wenn diese Werbung geeignet ist, das Laienpublikum unsachlich zu beeinflussen und dadurch eine jedenfalls mittelbare Gesundheitsgefährdung zu bewirken. Ansonsten sind die wettbewerbsbeschränkenden Gesetzesvorgaben zu beachten, deren Sie mittlerweile kundig sind. Natürlich sollte Ihre Werbung auch nicht gegen die „guten Sitten“ verstoßen.

Vorteil einer solchen Werbekampagne ist der massive Streueffekt, so wird die Vorschau in Kinos von zahlreichen Personen gesehen, ebenso die Werbung eines vorbeifahrenden Busses.

Zielorientierung. Bleibt die Frage, ob diese Art der „Vermarktung“ notwendig ist oder nicht vielleicht überdimensioniert, überteuert und „am Ziel vorbei“. Aus gesetzlicher Perspektive steht dieser Art der Vermarktung allerdings nichts entgegen, es könnte einzig möglich sein,

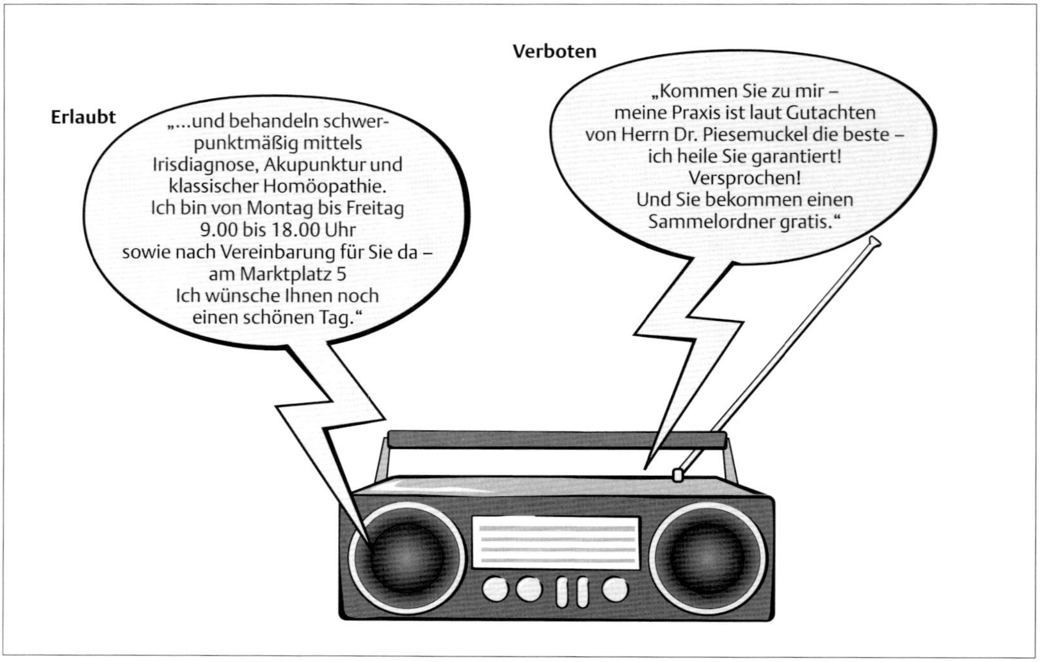

Abb. 12.9 Radiowerbung

dass der Berufsverband Sie darauf hinweist, dass es sich nicht um eine dezente Form der Werbung handelt.

Investieren Sie, falls Sie dieses Geld unbedingt einsetzen möchten, besser in andere Formen der Werbung, z.B. in die Ausstattung Ihrer Homepage, in die Bestellung von Visitenkarten, in den Besuch von Fortbildungen (und damit wieder in Zusatzqualifikationen). Das wird sich auf lange Sicht eher bewähren.

12.3.7 Rundfunk / Radiowerbung

Das Medium „Radio" ist bisher als Einsatz zur Vorstellung der eigenen Person / Praxis usw. kaum in Betracht gezogen worden. Einerseits ist es sehr anonym, andererseits ist teilweise noch die Meinung verbreitet, dass sich bei den Zuhörern schnell ein negativer Eindruck einstellt, wenn ein Praxisinhaber „es nötig hat", auf diesem Wege Werbung zu betreiben. Doch dies ist seit langem nicht mehr der Fall.

Per Rundfunk / Radio dürfen Sie auf jeden Fall folgende Informationen ganz legal weitergeben (**Abb. 12.9**):

- Ihren Namen mit Adresse und Ihrer Berufsbezeichnung,
- Hinweise auf Ihre Öffnungszeiten,
- Ihre Therapieschwerpunkte (soweit das HWG beachtet wird).

Wie bereits mehrmals erwähnt, sind Sie auch hier an die wettbewerbsbeschränkenden Gesetzesvorgaben gebunden, sodass Sie beispielsweise nicht auf die Selbsterkennung von Krankheiten mit Ihren Behandlungsmöglichkeiten, Erfolgsversprechen gewisser Krankheitsbilder u. Ä. eingehen dürfen (vgl. Kap. 14, S. 101 f.).

Auch unsere Berufsordnung hat hierzu eine klare Begrenzung aufgestellt, die besagt, dass „die Mitwirkung des Heilpraktikers an aufklärenden Veröffentlichungen medizinischen Inhaltes in Presse, Funk und Fernsehen sowie anlässlich von Vorträgen so erfolgen sollte, dass sich seine Mitwirkung auf sachliche Informationen beschränkt".

12.3.8 Mitgliedschaften in Vereinen

In der Marketingfachsprache spricht man von der „Corporate social Responsibility", gleichbedeutend mit der sogenannten sozialen oder gesellschaftlichen Unternehmenspolitik, z. B. wenn jemand freiwillig gesellschaftliche Verantwortung in unterschiedlichen Bereichen übernimmt mit dem Ziel, dadurch einen Wettbewerbsvorteil zu erzielen. Dazu ein Beispiel: Ein bekannter Hersteller einer Biersorte wirbt nicht in erster Linie für sein Bier, sondern mit der Tatsache, dass € 2,– pro Kiste an hungernde Kinder in Afrika gehen. Er zeigt soziale Verantwortung und erzielt dadurch, so hofft er zumindest, einen Wettbewerbsvorteil, da er sich von den anderen Mitstreitern abhebt.

Selbst wenn Sie nicht der „große Party- und Vereinsheld" sind, werden Sie nach Möglichkeit Mitglied in ortsansässigen Vereinen Ihrer Wahl. Denn, wie Sie bereits mehrmals lesen konnten, es ist das Wichtigste, auf die Menschen zuzugehen, sich vorzustellen, Ihre Praxis und Ihr Leistungsangebot zu präsentieren. Wie sonst soll man von Ihnen Kenntnis nehmen? Am besten ist auch hier der direkte Kontakt zu Ihren Mitmenschen, z. B. in der Freizeit, bei der man sich für die gleichen Hobbys begeistert, dem gleichen Verein „die Daumen drückt", gemeinsam Hilfsprojekte durchführt oder sich jährlich zur Müllsammmelaktion meldet, die auf freiwillige Helfer angewiesen ist.

Bezogen auf Ihre Schwerpunktthematik im therapeutischen Bereich kommen dafür zahlreiche Vereine und Selbsthilfegruppen in Frage.

Erzählen Sie nebenbei von sich, was Sie machen und was Sie daran begeistert und offerieren Sie ruhig dem einen oder anderen bei Bedarf einen freundschaftlichen Gesundheitstipp. (Das sollte natürlich nicht so aussehen, dass alle Interessenten dann bei Ihnen in der Praxis anrufen und Diagnosen inkl. Maßnahmen von Ihnen kostenlos haben wollen; zum einen dürfen Sie das rein gesetzlich nicht – „Ferndiagnose" ist untersagt –, zum anderen würde sich das wirtschaftlich nicht rechnen.)

! Diese Tipps sollten allgemeiner Natur sein, erzählen Sie aber ruhig, dass Sie ähnliche Symptombilder bereits behandelt haben. (Auch hier wieder der Hinweis: Keine Falldarstellungen außerhalb von Fachkreisen.)

Wenn Sie sich wirklich so gar nicht für einen Verein begeistern können, sollten Sie zumindest „passives" Mitglied werden. Passive Mitglieder zahlen meist einen geringeren Beitrag als aktive Mitglieder, helfen bei Aktivitäten usw.

Sie werden sehen, einige Ihrer Vereinskollegen werden den Weg zu Ihnen in die Praxis finden. Das Wichtigste haben Sie jedoch bereits erreicht: einen gewissen Bekanntheitsgrad. Ihre Vereinskollegen dienen u. a. als Multiplikatoren und Meinungsbildner, die ihrerseits wiederum ihre Erfahrungen mit Ihnen an Bekannte weitergeben.

Nutzen Sie Ihr Hobby: Spielen Sie vielleicht Tennis? Wie Sie den richtigen Verein für sich definieren, bleibt natürlich Ihnen überlassen, hier nur einige Beispiele:

- Bei einer Schwerpunktthematik „**Allergiebehandlung von Kindern**" eignen sich Vereine und Selbsthilfegruppen wie „Mutter-Kind-Gruppen", „Kinderschutzbund" usw. Recherchieren Sie die jeweiligen Verbände mittels Ihres Internetzugangs. Geben Sie dort www.yahoo.de ein (nur als Beispiel einer Suchmaschine), dann die Stichworte „Selbsthilfegruppe – Kind – Allergie". Sie werden eine Menge an Links zu verschiedenen Themen bekommen.
- Bei einer Schwerpunktthematik „Chiropraktik" suchen Sie sich vielleicht den Sportverein, Schwimmverein, den örtlichen Kinderturnverein u. Ä. aus, dazu Selbsthilfegruppen mit entsprechender Thematik. Wenn Sie fußballbegeistert sind, bieten Sie sich dem „Erste-Hilfe-Team" zur festen Unterstützung an.

Auch hier finden Sie in Ihrer Gemeindebroschüre einige Seiten mit allen ortsansässigen Vereinen von A–Z.

12.3.9 Spenden und Sponsoring

Kurz sei hier das Thema „Spenden" und „Sponsoring" erwähnt.

Je nach Zustand Ihres Geldbeutels nutzen Sie diesen Weg, um auf „positiv samaritische"

Weise bekannt zu werden, nutzen Sie die Presse in Form des PR-Effekts. Gerade Selbsthilfevereine, das örtliche Erntedankfest, Feiern von Sportvereinen, für die Präsente einer Tombola gesammelt werden, sind dankbar für Spenden jeglicher Höhe.

Sie werden mit Sicherheit, wie alle anderen Spender, öffentlich bekannt gegeben, sei es in der nächsten Regionalausgabe der Zeitung, in der noch einmal namentlich alle Spender aufgeführt werden, mittels Radio usw. Bieten Sie auch hier wieder Ihre Hilfe an, gerade bei großen Veranstaltungen ist man dankbar für jede helfende Hand. Ganz nebenbei wird in den meisten örtlichen Zeitungen und Kirchenblättern im Nachhinein mit Fotos, Namen usw. über die Veranstaltung berichtet.

Doch es gibt weitere Formen des Spendens. Bekommen Sie täglich eine lokale Tageszeitung? Viele Tageblätter bieten ihren Kunden die Möglichkeit, während ihrer Urlaubsabwesenheit die abonnierte Zeitung an den Urlaubsort oder an eine (meist soziale) Einrichtung ihrer Wahl zu senden.

13 Festlegung des Werbezeitraums

Dieses Kapitel wird Sie sensibilisieren, selbst die Jahreszeiten mit in Ihre Werbeüberlegungen einzubeziehen, da Sie anhand einiger Beispiele sehen werden, wie schnell es sonst zu einem Negativeffekt kommen kann.

13.1 Prosaisonale Werbung

Sind Sie in Ihren Vorbereitungen, die Praxiseröffnung betreffend, schon so weit, dass Sie den Termin festlegen können? Oder beschäftigen Sie sich gerade erst mit der Frage nach den geeigneten Praxisräumen usw.? Dann können Sie sich noch auf einen Eröffnungszeitpunkt festlegen, d. h. Frühlingsanfang, Sommer, Herbst oder Winter.

Beispiel

Warum wird dies hier angesprochen? Besprechen wir das Beispiel „Eröffnung Ihrer Praxis im Herbst": Kurz vor Praxiseröffnung geben Sie Ihren Freunden, Kollegen, Ihren zukünftigen Patienten oder einfach dem interessierten Fußgänger, der an Ihrer Praxis vorüberläuft, die Chance, Ihre Praxis während des „Tages der offenen Tür" unverbindlich zu besichtigen. Sie verhalten sich dabei natürlich entsprechend den Wettbewerbsregulatorien und offerieren keine übertriebene oder marktschreierische Werbung.

Der Herbst ist von der Jahreszeit her kalt und feucht – was wäre also angebrachter als etwas Warmes und Trockenes (phytotherapeutisch gedacht) in Form eines „Herbsttees"? Erklären Sie beim Ausschenken des Tees die Inhaltsstoffe mit ihrer wohltuenden Wirkung (z. B. Fumariae, der Erdrauch, ein Mittel gegen schwarzgallige Gemütsbewegungen, somit ein Mittel gegen nicht therapiebedürftige Herbstdepressionen im weitesten Sinne, und andere Ingredienzien).

Gesetzesvorgaben. Denken Sie jedoch daran, dass lt. HWG § 10 (1) für verschreibungspflichtige Arzneimittel nur „bei Ärzten, Zahnärzten, Tierärzten, Apothekern und Personen, die mit diesen Arzneimitteln erlaubterweise Handel treiben, geworben werden" darf, also nicht außerhalb der Fachkreise bei unseren Patienten, und (2) für Arzneimittel, die dazu bestimmt sind, bei Menschen die Schlaflosigkeit oder psychische Störungen zu beseitigen oder die Stimmungslage zu beeinflussen.

! Deshalb halten Sie sich an die Gesetzgebung und stellen Sie während Ihrer Eröffnungsfeier zweifelsfrei klar, dass dieser Tee **kein Therapeutikum** darstellt, sondern lediglich zum Aufwärmen gedacht ist (man muss sich nicht gleich zu Praxisbeginn Feinde in Form von eifersüchtigen Kollegen machen).

Informationsbroschüren und Gutscheine von Pharmaunternehmen. Sie müssen natürlich nicht immer selbst aktiv werden und Monologe über Tees usw. halten. Die Pharmaunternehmen haben mittlerweile ihren Markt erkannt und in Eigenregie Informationsbroschüren und Gutscheine erstellt, die Sie jederzeit anbieten können. Sie können daher im Wartezimmer Informationsbroschüren von Pharmaunternehmen auslegen (jedoch nur solche, hinter deren Wirkungsweise Sie auch stehen, falls Sie von Patienten auf solche Mittel angesprochen werden! **Abb. 13.1**).

Andere Wege, um geeignete Patienteninformationsbroschüren zu bekommen, sind Fachmessen, Verbände, medizinische Datenbanken.

Es gibt Firmen, die mittlerweile auch Gutscheine anbieten, Gutscheine für Vitalisierungskuren im Bereich der Prävention oder zur Stärkung des Immunsystems, bevor die kalten Wintertage anbrechen (**Abb. 13.2**). Sehr gern wählen z. B. Enkel diesen Weg, die ihren Großeltern mal etwas anderes zu Weihnachten schenken wollen als die obligatorische Flasche eines Stärkungsmittels. Bei dem hier ausgewählten Beispiel handelt es sich um einen Gutschein für eine Vitalisierungskur.

a

b

Abb. 13.1 Werbung
a Naturkosmetik.
b Biochemie.

Achten Sie darauf, dass beispielsweise § 12 HWG einige zu behandelnde Krankheiten ausschließt, auf die sich dieser Gutschein nicht beziehen dürfte (vgl. Kap. 14, S. 103 f.). Legen Sie sorgfältig ausgewählte Gutscheine aus, versehen mit Ihrem Praxisstempel.

Informationsblatt. Ein anderer Ansatzpunkt, das Thema „Herbst" betreffend, wäre ein eigenständig erstelltes Informationsblatt, angefangen mit der Anatomie der oberen Luftwege, der Schutzfunktion der Flimmerhärchen in der Nase, der dazugehörigen Physiologie sowie der (von einem Laien) nachzuvollziehenden Geschehen bei einer Erkältung.

Auch hier wieder darauf achten, gesetzeskonform zu bleiben, d. h. lt. § 11 Nr. 5 HWG: „Außerhalb der Fachkreise darf für Arzneimittel, Verfahren, Behandlungen ... nicht geworben

Abb. 13.2 Geschenkgutschein Vitalisierungskur.

werden mit der bildlichen Darstellung … von Veränderungen des menschlichen Körpers oder seiner Teile durch Krankheiten, Leiden oder Körperschäden, bei der Wirkung eines Arzneimittels, eines Verfahrens, einer Behandlung."

Anregungen für saisonale Werbung. Das Gleiche gilt für die anderen Jahreszeiten, nachfolgend einige Anregungen.

- **Frühling:** Vorbereitung auf den Sommer; den Körper nach der Winterkälte wieder „auftanken"; Einfluss des Sonnenlichts; Vitamin D, Umwandlung im Körper von Vitamin D; gelenkschonende Übungen, die man zur Kreislaufregulation im Freien absolvieren kann.
- **Sommer:** Wie entsteht ein Sonnenbrand; Anatomie der Haut; Wirkung von Karotin (z. B. in Möhren) und der damit verbundenen gesundheitsbewussten Ernährung; Schutz der Haut; Prävention; ausreichende Flüssigkeitszufuhr bei übermäßigem Schwitzen; was passiert mit dem Körper; welchen Weg nimmt das Wasser usw.
- **Winter:** Wie wirken die kalten Wintertage mit ihren langen dunklen Nächten auf den menschlichen Körper; Hinweise zur gesundheitsbewussten Ernährung mit Vitaminen, Mineralstoffen; gelenkschonende Übungen, z. B. zur Vorbereitung auf den Skiurlaub.

Die Liste wäre endlos fortzusetzen; auch hier ist wieder Ihre Kreativität gefragt. Sie möchten Ihren Patienten doch etwas vermitteln, machen Sie sie neugierig (aber erzeugen Sie keine Angstgefühle) und erklären Sie ihnen die Hintergründe. Passen Sie sich den Jahreszeiten an.

Solche Aktionen kosten in der Vorbereitung zwar Zeit, jedoch wenig Geld und beides haben Sie, gerade zu Praxisbeginn.

13.2 Antisaisonale Werbung

Im Umkehrschluss gibt es die sog. „antisaisonale Werbung". Stellen Sie sich vor, Sie sitzen kurz vor Weihnachten im Wartezimmers Ihres Heilpraktikers, sind gestresst, ausgelaugt und gefrustet, weil es gerade mal 17.00 Uhr ist und draußen bereits stockdunkel. Da lesen Sie eine ausgestellte Broschüre mit der Aufschrift „Haben Sie Hunger auf ein Eis? Das kühlt und erfrischt". Doch angesichts der äußeren Umstände bewirkt es genau das Gegenteil bei Ihnen. Kalt ist Ihnen bereits; die Vorstellung, ein Eis zu essen, wird dieses Gefühl noch verstärken und Ihren Widerwillen dem angepriesenen Eis gegenüber verstärken.

Nicht nur, dass sich der Werbende diese Mühe und Ausgaben zu dem Zeitpunkt hätte sparen können, er verstärkt auch noch den Widerwillen gegenüber dem Produkt, für welches er ursprünglich werben wollte.

! Daher überlegen Sie sich parallel zu Ihren „Kampagnen" den richtigen Zeitpunkt. Ausarbeiten können Sie die Details der Werbung bereits im Vorfeld, zu Praxisbeginn, wenn Sie vermutlich noch mehr Zeit haben werden.

14 Wettbewerbseinschränkende Gesetzesvorgaben

Der Berufsstand der Heilpraktiker muss sich gewissen Gesetzesvorgaben, nicht nur im Wettbewerbsrecht, unterwerfen, die nachfolgend ausführlich behandelt werden. Sie erhalten Informationen über die aktuelle, maßgebliche Rechtslage mit konkreten Gesetzestexten sowie Fallbeispielen und Tipps aus der Praxis.

14.1 Maßgebliche Gesetzestexte

Es handelt sich um (**Abb. 14.1**):

- das Heilmittelwerbegesetz (HWG),
- das Gesetz gegen den unlauteren Wettbewerb (UWG),
- das Telemediengesetz (aus aktuellen Gründen im Kap. 8.7, S. 41 f. angesiedelt),
- das Grundgesetz,
- unsere Berufsordnung.

14.2 Rückblick

Bis zur Grundsatzentscheidung des Bundesgerichtshofes aus dem Jahre 1989 (BGH, WRP 90, 246) waren Heilpraktiker als Ausübende eines Heilberufes den Auflagen der Ärzteschaft und deren persönlichen Werbeverboten gleichgestellt. Das bedeutete, dass sie bei Verstößen sowohl gegen das UWG (Gesetz gegen den unlauteren Wettbewerb) als auch das HWG (Gesetz auf dem Gebiete des Heilwesens) abgemahnt und Ansprüche sowohl auf Unterlassung als auch auf Schadenersatz geltend gemacht werden konnten. So galt für unseren Berufsstand in Anlehnung an die Ärzteschaft nach Rechtsprechung des Bundesgerichtshofes der Maßstab, ob das konkrete Werbeverhalten seiner Art nach mit den guten Sitten im Wettbewerb vereinbar ist.

Die verbandeseigene „Berufsordnung für Heilpraktiker" war und ist dabei **keine** Grundlage; vielmehr kommt es auf die „übereinstimmende Auffassung innerhalb der beteiligten Verkehrkreise – also dem einheitlichen Empfinden aller Heilpraktiker" an. (Hierzu Urteil des BGH vom 29.6.1989, AZ I ZR 166/87 = MedR 1990,82.)

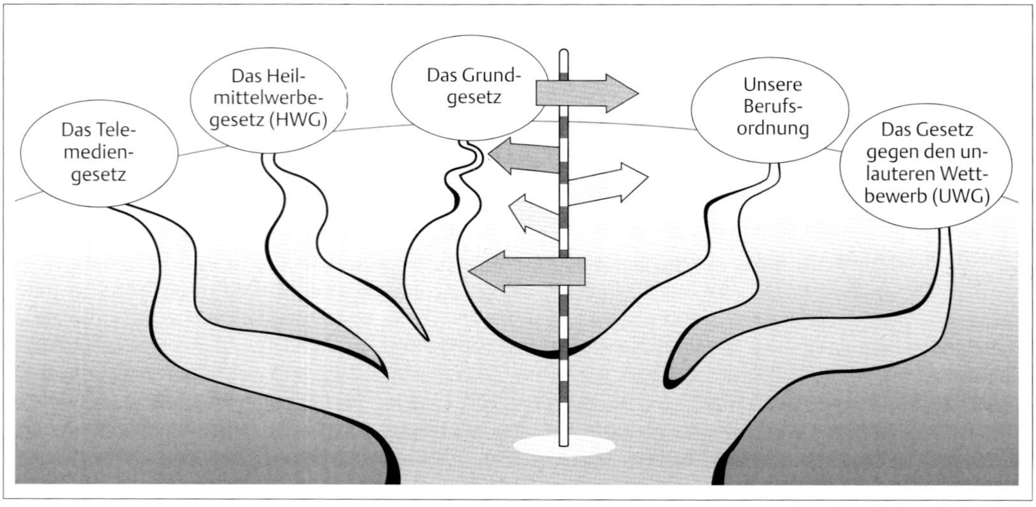

Abb. 14.1 Wettbewerbseinschränkende Gesetzesvorgaben.

14.3 Gegenwärtige Rechtslage

Gerade in der letzten Zeit haben die Gesetzgeber eingesehen, dass die Gesetzesvorgaben einer Novellierung bedurften und haben einige Vorgaben gelockert, damit sich „Patienten künftig leichter über die Qualifikation und Tätigkeitsschwerpunkte eines Arztes informieren können" (und damit auch über die eines Heilpraktikers).

Laut Urteil des Bundesverfassungsgerichts (BVerfG vom 8.2.2002; 1 BvR 1147/01; Rechtsbereich/Normen) wurde beispielsweise jede Beschränkung bei der Größe der Praxisschilder gestrichen.

Erklärtes Ziel dieser Auflockerungen ist die Herstellung einer Transparenz über das ärztliche Leistungsangebot, wobei jede anpreisende, irreführende oder vergleichende Werbung nach wie vor zum Schutze unserer Patienten verboten bleibt.

Wie bereits oben angeführt, wird unser Berufsstand in vielen Punkten mit der Ärzteschaft verglichen, sodass diese Lockerungen auch bei uns umzusetzen sind.

Die Änderungen lt. Pressemitteilung der Deutschen Bundesärztekammer vom Mai 2002 in Rostock im Einzelnen:

- Jede Beschränkung bei der Größe der Praxisschilder wurde gestrichen. Zuvor war ausdrücklich vorgeschrieben, dass das Schild nicht „in aufdringlicher Form gestaltet und das übliche Maß (etwa 35 × 50 cm) nicht übersteigen" sollte.
- Diese Neuregelungen in der (Muster-)Berufsordnung für das Praxisschild gelten genauso für Briefbogen, Rezeptvordrucke, Anzeigen oder Internetpräsentationen.
- Auch in Zeitungsanzeigen darf der Arzt in regelmäßigen Abständen auf sich aufmerksam machen, unabhängig davon, ob dazu ein besonderer Anlass wie eine Praxisübernahme besteht. Diese Veröffentlichungen in Zeitungen waren vor der Novellierung höchstens dreimal zu besonderen Anlässen erlaubt!

14.4 Gesetz auf dem Gebiete des Heilwesens, das Heilmittelwerbegesetz

Das Gesetz entstand 1965, um „eine möglichst sachliche Information des Verbrauchers auf dem Gebiet des Heilwesens zu erzwingen". Es wurde mehrmals „überarbeitet", die derzeit gültige Fassung wurde am 19. Oktober 1994 durch Art. 3 des Gesetzes zur Reform des Markenrechts und zur Umsetzung der Ersten Richtlinie 89/104/EWG des Rates vom 21. Dezember 1988 zur Angleichung der Rechtsvorschriften der Mitgliedsstaaten über die Marken (Markenrechtsreformgesetz) vom 25. Oktober 1994 (BGBl. I S. 3082) beschlossen; zuletzt geändert durch Art. 2 G vom 26. April 2006.

14.4.1 Einschränkungen durch das Heilmittelwerbegesetz

Die Werbung mit Heilmitteln oder mit Aussagen zur Gesundheit regelt das spezielle Heilmittelwerbegesetz.

Artikel 1

§ 1

(1) Dieses Gesetz findet Anwendung auf die Werbung für

1. Arzneimittel im Sinne des § 2 des Arzneimittelgesetzes,

1a. Medizinprodukte im Sinne des § 3 des Medizinproduktegesetztes,

2. andere Mittel, Verfahren, Behandlungen und Gegenstände, soweit sich die Werbeaussage auf die Erkennung, Beseitigung oder Linderung von Krankheiten, Leiden, Körperschäden oder krankhaften Beschwerden bei Mensch oder Tier bezieht, sowie operative plastisch-chirurgische Eingriffe, soweit sich die Werbeaussage auf die Veränderung des menschlichen Körpers ohne medizinische Notwendigkeit bezieht.

...

(3) Eine Werbung im Sinne dieses Gesetzes ist auch das Ankündigen oder Anbieten von Werbeaussagen, auf die dieses Gesetz Anwendung findet.

...

§3

Unzulässig ist eine irreführende Werbung. Eine Irreführung liegt insbesondere dann vor,

1. wenn Arzneimitteln, Verfahren, Behandlungen, Gegenständen oder anderen Mitteln eine therapeutische Wirksamkeit oder Wirkungen beigelegt werden, die sie nicht haben,
2. wenn fälschlich der Eindruck erweckt wird, dass
   a. ein Erfolg mit Sicherheit erwartet werden kann,
   b. bei bestimmungsgemäßem oder längerem Gebrauch keine schädlichen Wirkungen eintreten,
   c. die Werbung nicht zu Zwecken des Wettbewerbs veranstaltet wird,
3. wenn unwahre oder zur Täuschung geeignete Angaben
   a. über die Zusammensetzung oder Beschaffenheit von Arzneimitteln, Gegenständen oder anderen Mitteln oder über die Art und Weise der Verfahren oder Behandlungen oder
   b. über die Person, Vorbildung, Befähigung oder Erfolge des Herstellers, Erfinders oder der für sie tätigen oder tätig gewesenen Personen gemacht werden.

...

§5

Für homöopathische Arzneimittel, die nach dem Arzneimittelgesetz registriert oder von der Registrierung freigestellt sind, darf mit der Angabe von Anwendungsgebieten nicht geworben werden.

§6

Unzulässig ist eine Werbung, wenn

1. Gutachten oder Zeugnisse veröffentlicht oder erwähnt werden, die nicht von wissenschaftlich oder fachlich hierzu berufenen Personen erstattet worden sind und nicht die Angabe des Namens, Berufes und Wohnortes des Gutachters oder Ausstellers des Zeugnisses sowie den Zeitpunkt der Ausstellung des Gutachtens oder Zeugnisses enthalten,
2. auf wissenschaftliche, fachliche oder sonstige Veröffentlichungen Bezug genommen wird, ohne dass aus der Werbung hervorgeht, ob die Veröffentlichung das Arzneimittel, das Verfahren, die Behandlung, den Gegenstand oder ein anderes Mittel selbst betrifft, für die geworben wird, ohne dass der Name des Verfassers, der Zeitpunkt der Veröffentlichung und die Fundstelle genannt werden,
3. aus der Fachliteratur entnommene Zitate, Tabellen oder sonstige Darstellungen nicht wortgetreu übernommen werden.

...

§7

(1) Es ist unzulässig, Zuwendungen und sonstige Werbegaben (Waren oder Leistungen) anzubieten, anzukündigen oder zu gewähren oder als Angehöriger von Fachkreisen anzunehmen, es sei denn, dass

1. es sich bei den Zuwendungen oder Werbegaben um Gegenstände von geringem Wert, die durch eine dauerhafte und deutlich sichtbare Bezeichnung des Werbenden oder des beworbenen Produktes oder beider gekennzeichnet sind, oder um geringwertige Kleinigkeiten handelt;
2. die Zuwendungen oder Werbegaben in
   a) einem bestimmten oder auf bestimmte Art zu berechnenden Geldbetrag oder
   b) einer bestimmten oder auf bestimmte Art zu berechnenden Menge gleicher Ware gewährt werden;

   ...
4. die Zuwendungen oder Werbegaben in der Erteilung von Auskünften oder Ratschlägen bestehen oder
5. es sich um unentgeltlich an Verbraucherinnen und Verbraucher abzugebende Zeitschriften handelt, die nach ihrer Aufmachung und Ausgestaltung der Kundenwerbung und den Interessen der verteilten Personen dienen, durch einen entsprechenden Aufdruck auf der Titelseite diesen Zweck erkennbar machen und in ihren Herstellungskosten geringwertig sind (Kundenzeitschriften).

Werbegaben für Angehörige der Heilberufe sind unbeschadet des Satzes 1 nur dann zulässig, wenn sie zur Verwendung in der ärztlichen, tierärztlichen oder pharmazeutischen Praxis bestimmt sind. §47 Abs. 3 des Arzneimittelgesetzes bleibt unberührt.

(2) Absatz 1 gilt nicht für Zuwendungen im Rahmen ausschließlich berufsbezogener wissenschaftlicher Veranstaltungen, sofern diese einen vertretbaren Rahmen nicht überschreiten, insbesondere in Bezug auf den wissenschaftlichen Zweck der Veranstaltung von untergeordneter Bedeutung sind und sich nicht auf andere als im Gesundheitswesen tätige Personen erstrecken.

...

§8

Unzulässig ist die Werbung, Arzneimittel im Wege des Teleshopping oder bestimmte Arzneimittel im Wege der Einzeleinfuhr nach §73 Abs. 2 Nr. 6a oder §73 Abs. 3 des Arzneimittelgesetzes zu beziehen.

§9

Unzulässig ist eine Werbung für die Erkennung oder Behandlung von Krankheiten, Leiden, Körperschäden oder krankhaften Beschwerden, die nicht auf eigener Wahrnehmung an dem zu behandelnden Menschen oder Tier beruht (Fernbehandlung).

§10

(1) Für verschreibungspflichtige Arzneimittel darf nur bei Ärzten, Zahnärzten, Tierärzten, Apothekern und Personen, die mit diesen Arzneimitteln erlaubterweise Handel treiben, geworben werden.
(2) Für Arzneimittel, die dazu bestimmt sind, bei Menschen die Schlaflosigkeit oder psychische Störungen zu beseitigen oder die Stimmungslage zu beeinflussen, darf außerhalb der Fachkreise nicht geworben werden.

§11

Außerhalb der Fachkreise darf für Arzneimittel, Verfahren, Behandlungen, Gegenstände oder andere Mittel nicht geworben werden

1. mit Gutachten, Zeugnissen, wissenschaftlichen oder fachlichen Veröffentlichungen sowie mit Hinweisen darauf,
2. mit Angaben, dass das Arzneimittel, das Verfahren, die Behandlung, der Gegenstand oder das andere Mittel ärztlich, zahnärztlich, tierärztlich oder anderweitig fachlich empfohlen oder geprüft ist oder anderweitig angewendet wird,
3. mit der Wiedergabe von Krankengeschichten sowie mit Hinweisen darauf,
4. mit der bildlichen Darstellung von Personen in der Berufskleidung oder bei der Ausübung der Tätigkeit von Angehörigen der Heilberufe, des Heilgewerbes oder des Arzneimittelhandels,
5. mit der bildlichen Darstellung
   a. von Veränderungen des menschlichen Körpers oder seiner Teile durch Krankheiten, Leiden oder Körperschäden,
   b. der Wirkung eines Arzneimittels, eines Verfahrens, einer Behandlung, eines Gegenstandes oder eines anderen Mittels durch vergleichende Darstellung des Körperzustandes oder des Aussehens vor und nach der Anwendung,
   c. des Wirkungsvorganges eines Arzneimittels, eines Verfahrens, einer Behandlung, eines Gegenstandes oder eines anderen Mittels am menschlichen Körper oder an seinen Teilen,
6. mit fremd- oder fachsprachlichen Bezeichnungen, soweit sie nicht in den allgemeinen deutschen Sprachgebrauch eingegangen sind,
7. mit einer Werbeaussage, die geeignet ist, Angstgefühle hervorzurufen oder auszunutzen,
8. durch Werbevorträge, mit denen ein Feilbieten oder eine Entgegennahme von Anschriften verbunden ist,
9. mit Veröffentlichungen, deren Werbezweck missverständlich oder nicht deutlich erkennbar ist,
10. mit Veröffentlichungen, die dazu anleiten, bestimmte Krankheiten, Leiden, Körperschäden oder krankhafte Beschwerden beim Menschen selbst zu erkennen und mit den in der Werbung bezeichneten Arzneimitteln, Gegenständen, Verfahren, Behandlungen oder anderen Mitteln zu behandeln, sowie mit entsprechenden Anleitungen in audiovisuellen Medien,
11. mit Äußerungen Dritter, insbesondere mit Dank-, Anerkennungs- oder Empfehlungsschreiben, oder mit Hinweisen auf solche Äußerungen,
12. mit Werbemaßnahmen, die sich ausschließlich oder überwiegend an Kinder unter 14 Jahren richten,
13. mit Preisausschreiben, Verlosungen oder anderen Verfahren, deren Ergebnis vom Zufall abhängig ist,
14. durch die Abgabe von Mustern oder Proben von Arzneimitteln oder durch Gutscheine dafür,
15. durch die nicht verlangte Abgabe von Mustern oder Proben von anderen Mitteln oder Gegenständen oder durch Gutscheine dafür.

...

§12

(1) Außerhalb der Fachkreise darf sich die Werbung für Arzneimittel und Medizinprodukte nicht auf die Erkennung, Verhütung, Beseitigung oder Linderung der in Abschnitt A der Anlage zu diesem Gesetz aufgeführten Krankheiten oder Leiden beim Menschen beziehen, die Werbung für Arzneimittel außerdem nicht auf die Erkennung,

Verhütung, Beseitigung oder Linderung der in Abschnitt B dieser Anlage aufgeführten Krankheiten oder Leiden beim Tier. Abschnitt A Nummer 2 der Anlage findet keine Anwendung auf die Werbung für Medizinprodukte.
(2) Die Werbung für andere Mittel, Verfahren, Behandlungen oder Gegenstände außerhalb der Fachkreise darf sich nicht auf die Erkennung, Beseitigung oder Linderung dieser Krankheiten oder Leiden beziehen. Dies gilt nicht für die Werbung für Verfahren oder Behandlungen in Heilbädern, Kurorten und Kuranstalten.
...

§14

Wer dem Verbot der irreführenden Werbung (§3) zuwiderhandelt, wird mit Freiheitsstrafe bis zu einem Jahr oder mit Geldstrafe bestraft.

§15

(1) Ordnungswidrig handelt, wer vorsätzlich oder fahrlässig

1. entgegen §3a eine Werbung für ein Arzneimittel betreibt, das der Pflicht zur Zulassung unterliegt und das nicht nach den arzneimittelrechtlichen Vorschriften zugelassen ist oder als zugelassen gilt,
2. eine Werbung betreibt, die die nach §4 vorgeschriebenen Angaben nicht enthält oder entgegen §5 mit der Angabe von Anwendungsgebieten wirbt,
3. in einer nach §6 unzulässigen Weise mit Gutachten, Zeugnissen oder Bezugnahmen auf Veröffentlichungen wirbt,
4. entgegen §7 Abs. l eine mit Zuwendungen oder sonstigen Werbegaben verbundene Werbung betreibt,

4a. entgegen §7 Abs. 1 als Angehöriger der Fachkreise eine Zuwendung oder sonstige Werbegabe annimmt,

5. entgegen §8 eine dort genante Werbung betreibt,
6. entgegen §9 für eine Fernbehandlung wirbt,
7. entgegen §10 für die dort bezeichneten Arzneimittel wirbt,
8. auf eine durch §11 verbotene Weise außerhalb der Fachkreise wirbt,
9. entgegen §12 eine Werbung betreibt, die sich auf die in der Anlage zu §12 aufgeführte Krankheiten oder Leiden bezieht,
10. eine nach §13 unzulässige Werbung betreibt.

(2) Ordnungswidrig handelt ferner, wer fahrlässig dem Verbot der irreführenden Werbung (§3) zuwiderhandelt.
(3) Die Ordnungswidrigkeit nach Absatz 1 kann mit einer Geldbuße bis zu fünfzigtausend Euro, die Ordnungswidrigkeit nach Absatz 2 mit einer Geldbuße bis zu zwanzigtausend Euro geahndet werden.

§16

Werbematerial und sonstige Gegenstände, auf die sich eine Straftat nach §14 oder eine Ordnungswidrigkeit nach §15 bezieht, können eingezogen werden. §74a des Strafgesetzbuches und §23 des Gesetzes über Ordnungswidrigkeiten sind anzuwenden.

§17

Das Gesetz gegen den unlauteren Wettbewerb bleibt unberührt.

§18

[zeitlich überholt]

Anlage (zu §12)

Krankheiten und Leiden, auf die sich die Werbung gemäß §12 nicht beziehen darf

A. Krankheiten und Leiden beim Menschen

1. Nach dem Infektionsschutzgesetz vom 20. Juli 2000 (BGBl. I S. 1045) meldepflichtiger Krankheiten oder durch meldepflichtige Krankheitserreger verursachte Infektionen,
2. bösartige Neubildungen
3. Suchtkrankheiten, ausgenommen Nikotinabhängigkeit,
4. krankhafte Komplikationen der Schwangerschaft, der Entbindung und des Wochenbetts.

B. Krankheiten und Leiden beim Tier

1. Nach der Verordnung über anzeigepflichtige Tierseuchen und der Verordnung über meldepflichtige Tierkrankheiten ihrer jeweils geltenden Fassung anzeige – oder meldepflichtiger Seuchen oder Krankheiten,
2. bösartige Neubildungen,
3. bakterielle Eutererkrankungen bei Kühen, Ziegen und Schafen,
4. Kolik bei Pferden und Rindern.

14.4.2 Praxisorientierte Fallbeispiele zum Heilmittelwerbegesetz

Sie haben gesehen, dass allein dieses Gesetz mit allen hier relevanten Paragraphen fast 4 Seiten umfasst. Man hat schneller gegen einen Paragraphen verstoßen, als man glaubt, sodass wir nun die häufigsten „Fehlinterpretationen" bzw. „Verstöße" ansprechen werden.

§ 3 beschreibt die Unzulässigkeit einer „irreführenden Werbung". Eine **Irreführung** liegt insbesondere dann vor, wenn fälschlich der Eindruck erweckt wird, dass ein Erfolg mit Sicherheit erwartet werden kann, oder die Werbung von einer therapeutischen Wirksamkeit berichtet.

Weiterhin dürfen Sie **keine Heilungsversprechen** abgeben, beispielsweise: „Diese Therapie bringt sie innerhalb von 14 Tagen wieder auf die Beine", oder „Sie werden geheilt mit ...". Formulieren Sie stattdessen „kann behandelt werden mit ...".

Das Oberlandesgericht Hamburg entschied in einem Urteil vom 7.11.1996 (Az 3 U 81/96), dass die Verwendung der Bezeichnungen „Tagesklinik für Biologische Immuntherapie", „Biologische Krebsnachsorge", „Immuntherapie" oder „Schmerztherapie" auf Praxisschildern, Briefbogen, Briefumschlägen, Rezeptvordrucken und Stempeln gegen die ärztliche und somit auch unsere Berufsordnung verstößt.

§§ 6, 7 untersagen Ihnen, mit zweifelhaften Gutachten / Zeugnissen zu werben oder Zuwendungen in Form von Werbegaben für Ihre Werbung zu benutzen. Ausnahme: Der § 7 Abs. 1 Satz 1 Nr. 1 erlaubt ausnahmsweise die Weitergabe von Zuwendungen oder Werbegaben von geringem Wert, die durch eine dauerhafte und deutlich sichtbare Bezeichnung des Werbenden oder des beworbenen Produkts oder beider gekennzeichnet sind, oder wenn es sich um geringwertige Kleinigkeiten handelt. Als erlaubt wurde angesehen die Weitergabe von Reklamegegenständen von geringem Wert wie z. B. Taschenkalender, Kundenzeitschriften, Bleistifte, Gummibälle, einfache Kalender, einfache Feuerzeuge und auch einfache Kugelschreiber.

Das war bis vor Kurzem für unseren Berufsstand absolutes Tabu und eröffnet nun ganz neue Marketingaspekte. Bedrucken Sie (billige) Kugelschreiber mit Ihrem Praxislogo und verschenken Sie sie an Ihre Patienten. Vielleicht für die Kinder ein (billiger) Buntstift? Vor der Weihnachtszeit eine kleine einfache Kerze mit einem (billigen) Feuerzeug mit Ihrem Aufdruck?

§ 9 verbietet Ihnen die Behandlung per Ferndiagnose – d. h. Sie müssen sich per Anamnese erst einmal einen persönlichen Überblick über Ihren Patienten verschaffen und dürfen keine Diagnosen am Telefon stellen. Dies ist zwar selbstverständlich, doch müssen Sie in einer Notfallsituation handeln. Ruft Sie z. B. eine Mutter an, weil ihr Sohn nach einem Wespenstich im Mund keine Luft mehr bekommt, raten Sie ihr zur Kühlung, Beruhigung u. Ä. und verständigen sofort einen Notarzt.

§ 11 erinnert Sie noch einmal daran, dass Sie sich für Werbezwecke o. Ä. nicht in Ihrer Berufskleidung sowie bei Ihrer Tätigkeit als Heilpraktiker ablichten lassen dürfen, ebenso der Hinweis darauf, dass Sie nicht mit „Vorher-Nachher-Bildern" werben dürfen (z. B. im Rahmen einer Ernährungsberatung). Seien Sie auch vorsichtig, wenn Sie Fallbeispiele zitieren. Laut dem o. g. Paragraphen dürfen Sie außerhalb von Fachkreisen keine Werbung mit „der Wiedergabe von Krankengeschichten sowie mit Hinweisen darauf" machen, daher sind Fallbeispiele unzulässig. Nennen Sie auch keine Patientendaten.

Beispiel

In einem konkreten Gerichtsurteil warb ein Heilpraktiker in Tageszeitungen mit der Behandlung von Krankheiten und Leiden, die in der Anlage A zu § 12 Heilmittelwerbegesetz (HWG) enthalten sind, und verstieß somit gegen das Werbeverbot des § 12 Abs. 2 HWG (und damit auch gegen § 1 UWG).

Verstöße werden sowohl mit Freiheitsstrafen als auch Geldbußen bestraft, daher sollten Sie im Zweifelsfall immer Rücksprache mit Ihrem Berufsverband halten.

14.5 Gesetz gegen den unlauteren Wettbewerb

Das Gesetz stammt in seiner ursprünglichen Version vom 7. Juni 1909. Seitdem hat es zahlreiche Novellierungen gegeben, um sich dem aktuellen Zeitgeschehen anzupassen. Letztmalig geändert lt. BGBl. Teil I / 2004, Nr. 32 vom 7. Juli 2004, S. 1414 ff, trat es am 8. Juli 2004 in Kraft. Einige Zusätze, z. B. Artikel 4 Abs. 22, wurden im

Jahre 2006 abgeändert und sind ganz aktuell seit dem 01.01.2007 in Kraft.

Sehen Sie hier nun die für uns in Frage kommenden Paragraphen.

§ 1 Zweck des Gesetzes

Dieses Gesetz dient dem Schutz der Mitbewerber, der Verbraucherinnen und der Verbraucher sowie der sonstigen Marktteilnehmer vor unlauterem Wettbewerb. Es schützt sogleich das Interesse der Allgemeinheit an einem unverfälschten Wettbewerb.

§ 2 Definitionen

(1) Im Sinne dieses Gesetzes bedeutet

1. „*Wettbewerbshandlung*" jede Handlung einer Person mit dem Ziel, zugunsten des eigenen oder eines fremden Unternehmens den Absatz oder den Bezug von Waren oder die Erbringung oder den Bezug von Dienstleistungen, einschließlich unbeweglicher Sachen, Rechte und Verpflichtungen zu fördern;
2. „*Markteilnehmer*" neben Mitbewerbern und Verbrauchern alle Personen, die als Anbieter oder Nachfrager von Waren oder Dienstleistungen tätig sind;
3. „*Mitbewerber*" jeder Unternehmer, der mit einem oder mehreren Unternehmen als Anbieter oder Nachfrager von Waren oder Dienstleistungen in einem konkreten Wettbewerbsverhältnis steht;
4. „*Nachricht*" jede Information, die zwischen einer endlichen Zahl von Beteiligten über einen öffentlich zugänglichen elektronischen Kommunikationsdienst ausgetauscht oder weitergeleitet wird; dies schließt nicht Informationen ein, die als Teil eines Rundfunkdienstes über ein elektronisches Kommunikationsnetz an die Öffentlichkeit weitergeleitet werden, soweit die Informationen nicht mit dem identifizierbaren Teilnehmer oder Nutzer, der sie erhält, in Verbindung gebraucht werden können.

...

§ 3 Verbot unlauteren Wettbewerbs

Unlautere Wettbewerbshandlungen, die geeignet sind, den Wettbewerb zum Nachteil der Mitbewerber, der Verbraucher oder der sonstigen Marktteilnehmner nicht nur unerheblich zu beeinträchtigen, sind unzulässig.

§ 4 Beispiele unlauteren Wettbewerbs

Unlauter im Sinne von § 4 handelt insbesondere, wer
(1) Wettbewerbshandlungen vornimmt, die geeignet sind, die Entscheidungsfreiheit der Verbraucher oder sonstiger Marktteilnehmer durch Ausübung von Druck, in menschenverachtender Weise oder durch sonstigen unangemessenen unsachlichen Einfluss zu beeinträchtigen;
(2) Wettbewerbshandlungen vornimmt, die geeignet sind, die geschäftliche Unerfahrenheit insbesondere von Kindern oder Jugendlichen, die Leichtgläubigkeit, die Angst oder die Zwangslage von Verbrauchern auszunutzen;
(3) den Werbecharakter von Wettbewerbshandlungen verschleihert;
...

14.6 Berufsordnung

Artikel 1 – Berufsgrundsätze

1. Der Heilpraktiker dient der Gesundheit des einzelnen Menschen und des ganzen Volkes. Er erfüllt seine Aufgabe nach bestem Gewissen sowie nach den Erfahrungen der heilkundlichen Überlieferungen und dem jeweiligen Erkenntnisstand der Heilkunde. Der Heilpraktiker hat den hohen ethischen Anforderungen seines freien Heilberufs zu dienen und alles zu vermeiden, was dem Ansehen seines Berufsstandes schadet.
2. Der Heilpraktiker übt einen freien Beruf aus. Er behandelt seine Patienten eigenverantwortlich. Er muss in seiner Eigenverantwortlichkeit stets für den Patienten erkennbar sein.

Artikel 2 – Berufspflichten

1. Der Heilpraktiker verpflichtet sich, seinen Beruf gewissenhaft auszuüben. Bei seinen Patienten wendet er stets diejenigen Heilmethoden an, die nach seiner Überzeugung einfach und kostengünstig zum Heilerfolg oder zur Linderung der Krankheit führen können.
2. Der Heilpraktiker hat sich der Grenzen seines Wissens und Könnens bewusst zu sein. Er ist verpflichtet, sich eine ausreichende Sachkunde über die von ihm angewandten Diagnose- und Behandlungsverfahren einschließlich ihrer Risiken, v. a. die richtigen Techniken für deren gefahrlose Anwendung anzueignen.
3. Der Heilpraktiker ist verpflichtet, sich über die für die Berufsausübung geltenden Vorschriften

zu unterrichten und sie zu beachten. Soweit ihm gesetzlich die Untersuchung oder Behandlung einzelner Leiden und Krankheiten sowie andere Tätigkeiten untersagt sind, sind die Beschränkungen zu beachten.
4. Der Heilpraktiker ist bei der Ausübung seines Berufes frei. Er kann die Behandlung ablehnen. Seine Verpflichtung, in Notfällen zu helfen, bleibt davon unberührt.
5. Der Heilpraktiker darf kostenlose oder briefliche Behandlungen (Fernbehandlung) nicht anbieten. Fernbehandlung liegt u. a. vor, wenn der Heilpraktiker den Kranken nicht gesehen und untersucht hat. Es ist ferner nicht zulässig, Diagnosen zu stellen und Arzneimittel oder Heilverfahren zu empfehlen, wenn ausschließlich eingesandtes Untersuchungsmaterial oder andere Unterlagen zu Verfügung stehen.
6. In allen die Öffentlichkeit berührenden Standesfragen gilt der Grundsatz der Wahrung von Takt und Zurückhaltung.

...

Artikel 8 – Werbung

Der Heilpraktiker unterliegt keinem generellen gesetzlich normierten Werbeverbot. Jedoch hat er bei jeder unmittelbaren oder mittelbaren Werbung, sei es für seine Person, seine Praxis oder seine Tätigkeit, die gesetzlichen Bestimmungen, insbesondere diejenigen des „Gesetzes über den unlauteren Wettbewerb (UWG)“, des Gesetzes über die „Werbung auf dem Gebiete des Heilwesens (HWG)“, die wesentliche werbliche Einschränkungen enthalten, zu beachten. Die einschlägige laufende Rechtsprechung ist zu berücksichtigen. Bezüglich UWG und HWG wird ausdrücklich auf den Anhang verwiesen.
1. Unzulässig ist jede irreführende Werbung, die mit den guten Sitten der Heilberufe nicht zu vereinbaren ist (UWG, § 1).
2. Die Mitwirkung des Heilpraktikers an aufklärenden Veröffentlichungen medizinischen Inhaltes in Presse, Funk und Fernsehen sowie anlässlich von Vorträgen sollte so erfolgen, dass sich seine Mitwirkung auf sachliche Informationen beschränkt.
3. Er verpflichtet sich, darauf hinzuwirken, dass jede unzulässige Werbung, die ohne seine Kenntnisse oder Mitwirkung erfolgt ist, richtiggestellt wird und künftig unterbleibt.

Artikel 9 – Praxisschilder

1. Der Heilpraktiker hat auf seinem Praxisschild seinen Namen und die Berufsbezeichnung Heilpraktiker anzugeben. Eventuelle weitere Angaben sollten sich auf Sprechzeiten, Fernsprechnummer, Stockwerk, Privatadresse, eine Bezeichnung wie „Naturheilpraxis“ und bis zu höchstens drei Verfahren, für die der Heilpraktiker über die besonderen Qualifikationen verfügt, beschränken. Die Angaben der Verfahren sollte bei allen Verwendungsmöglichkeiten identisch sein.
2. Das Praxisschild ist in unaufdringlicher Form zu gestalten. Die Größe sollte sich den örtlichen Gepflogenheiten (etwa 35 cm × 50 cm) anpassen. Je nach örtlicher Gegebenheit können zwei Praxisschilder erforderlich werden. Beim Wechsel der Praxisstätte ist vorübergehend das Belassen eines Hinweisschildes an der früheren Praxis möglich.

Artikel 10 – Drucksachen und Stempel

Die Angaben für Drucksachen und Stempel sollten über die in Artikel 9 gemachten Angaben nicht hinausgehen.

Artikel 11 – Eintragung in Verzeichnisse und Sonderverzeichnisse

Die Eintragung sollte nur im Einzugsbereich des Niederlassungsortes erfolgen. Über den kostenlosen Eintrag hinausgehende Informationen sollten sich auf höchstens fünf Zeilen und die in Artikel 9 erwähnten Angaben beschränken.

Artikel 12 – Inserate

Inserate dienen der Information des Patienten und dürfen keinen darüber hinausgehenden unsachgemäßen, mit den guten Sitten des Heilberufs nicht zu vereinbarenden werbenden Charakter aufweisen. Ihnen sollte in der Regel ein besonderer Anlass zugrunde liegen, insbesondere Neuniederlassung, Umzug, längere Abwesenheit oder Änderung der Telefonnummer.
Für Inserate sollten folgende Hinweise beachtet werden:
1. Eine Anzeige nach der Niederlassung, nach einem Umzug oder Änderung der Telefonnummer sollte – außer den Angaben der Praxisstätte – nicht mehr als die in Artikel 9 angeführten Angaben enthalten und nur in den im Einzugsbereich des Niederlassungsortes erscheinenden Tages-, Orts- und Stadtteilzeitungen (Werbezeitungen mit redaktionellem Teil) innerhalb der ersten drei Monate nach der Niederlassung oder dem Umzug veröffentlicht werden.
2. Eine Hinweisanzeige vor und nach einer längeren Abwesenheit (mindestens eine Woche) in

einer der unter Absatz 1 genannten Zeitungen sollte – außer den Daten, welche den Zeitpunkt der Praxisunterbrechung angeben – keine weiteren als die in Artikel 9 erwähnten Angaben enthalten.
3. Die Anzeige sollte in Form und Größe dem Informationszweck entsprechen und die Maße einspaltig 60 mm hoch oder zweispaltig 30 mm hoch nicht überschreiten.

Artikel 13 – Besondere Bezeichnungen

1. Der Heilpraktiker verzichtet auf die Bezeichnung „Spezialist" sowie auf andere Zusatzbezeichnungen, die ihn gegenüber seinen Standeskollegen hervorheben. Er darf neben der Berufsbezeichnung „Heilpraktiker" keine Bezeichnungen wie z. B. „Akupunkteur", „Chiropraktiker", „Homöopath", „Psychologe", „Psychotherapeut" u. a. führen, die durch diese Koppelung den Eindruck einer ebenfalls gesetzlich und/oder behördlich genehmigten Berufsausübung bzw. Berufsbezeichnung wie der des Heilpraktikers erwecken.
2. Akademische Grade dürfen nur in Verbindung mit der Fakultätsbezeichnung verwendet werden. Ausländische akademische Grade, Titel und Bezeichnungen wie Professor, dürfen nur geführt werden, wenn das zuständige Ministerium eine entsprechende Genehmigung erteilt hat. Sie sind so zu führen, dass ihre ausländische Herkunft erkennbar ist.

Artikel 14 – Krankenbesuche

1. Bei Krankenbesuchen muss jeder Patient in dessen Wohnung oder dem vorübergehenden Aufenthaltsort behandelt werden.
2. Patienten in Kliniken, Kurheimen usw. können nur mit vorherigem Einverständnis des leitenden Arztes oder Heilpraktikers beraten, untersucht und behandelt werden.

Artikel 15 – Heilpraktiker und Arzneimittel

Die Herstellung sowie der Verkauf von Arzneimitteln unterliegt den gesetzlichen Bestimmungen.

Artikel 16 – Verordnung von Arzneimitteln, Provisionen, Rabatte

1. Verbandszugehörigkeiten sollten auf Rezepten, Rechnungen u. a. durch Abdruck des Mitgliedsstempels kenntlich gemacht werden.
2. Der Heilpraktiker lässt sich für die Verordnung oder Empfehlung von Arzneimitteln, medizinischen Geräten usw. keine Vergütung oder sonstige Vergünstigungen gewähren.
3. Patienten dürfen ohne hinreichenden Grund nicht an bestimmte Apotheken verwiesen werden.

...

Artikel 28 – Verstöße gegen die Berufsordnung

1. Verstöße gegen die Berufsordnung können im Wege eines satzungsgemäßen Verfahrens geahndet werden. Vorher sollte jedoch immer der Versuch einer kollegialen Bereinigung durch die satzungsgemäß zuständigen Berufsvertreter unternommen werden.
2. In einem solchen Verfahren kann auch darüber entschieden werden, ob ein Heilpraktiker im Interesse des Standes aus dem Verband auszuschließen ist.

...

14.6.1 Praxisorientierte Fallbeispiele

Die aufgelisteten Beispiel greifen fünf Kernpunkte der Berufsordnung auf.

Werbeverhalten mit guten Sitten vereinbar?

Für Heilpraktiker gilt in Anlehnung an die Ärzteschaft nach Rechtsprechung des Bundesgerichtshofes der Maßstab, ob das konkrete Werbeverhalten seiner Art nach mit den guten Sitten im Wettbewerb vereinbar ist. Dies ist nicht von unserer Berufsordnung abhängig, sondern vielmehr von der „übereinstimmenden Auffassung innerhalb der beteiligten Verkehrkreise – also dem einheitlichen Empfinden aller Heilpraktiker" (hierzu Urteil des BGH vom 29.6.1989, AZ I ZR 166/87 = MedR 1990,82).

! Dies bedeutet im Umkehrschluss, dass unsere Berufsordnung zwar ein Leitfaden, jedoch keine gesetzliche Bindung darstellt.

Schweigepflicht

Begehen Sie bitte auf keinen Fall den Fehler und geben Adressen oder Krankheitsbilder Ihrer Patienten weiter. Zum einen sind wir aufgrund unserer Berufsordnung an die Schweigepflicht (Artikel 3 „Der Heilpraktiker verpflichtet sich, über alles Schweigen zu bewahren, was ihm bei der Ausübung seines Berufes anvertraut oder zugänglich gemacht wird.") gebunden. Zum anderen könnten wir unsere Praxis gleich schließen, wenn unsere Patienten Angst haben müssten, dass ihre Einzelschicksale in der Öffentlichkeit bekannt würden (und das mit Recht!).

Praxisschild

In den Kapiteln 8 und 18 werden bereits die formalen Richtlinien angesprochen. Gesetzlich gesehen sind die in der Berufsordnung angegeben Richtlinien zur Erstellung eines Praxisschildes ebenso wenig bindend wie die Voraussetzungen für die Anzeigenaufgabe in einer Tageszeitung. Laut der Berufsordnung darf ein Praxisschild gemäß den „örtlichen Gepflogenheiten" eine Rahmenmaße von ca. 35×50 cm haben und bis zu drei Therapieschwerpunkte enthalten. Sie können nach der Rechtsprechung jedoch über dieses Maß hinausgehen oder bzgl. Ihrer Therapieformen ein anderes Layout wählen.

Gleiches gilt für Ihre Anzeige in einer Tageszeitung – es muss nicht länger ein Grund wie z.B. Urlaub, Änderung des Wohnsitzes usw. vorausgegangen sein, Sie dürfen auch außerhalb dieser Bedingungen auf Ihre Praxis hinweisen.

Spezialisierung

Der Hinweis auf eine Spezialisierung, soweit sie denn vorhanden ist, ist rechtlich gesehen ebenfalls nicht mehr verboten (vgl. Berufsordnung, Artikel 13). Achten Sie nur darauf, dass es sich nicht um marktschreierische Werbung handelt und Sie auch sonst nicht gegen die wettbewerbsbeschränkenden Gesetzesvorgaben verstoßen.

14.7 Hinweise auf konkrete Gerichtsurteile – Argumentationshilfen für den Grenzfall

In diesem Kapitel finden Sie einige Hinweise auf konkrete Gerichtsurteile, deren Kenntnis für Sie im Alltag von großer Bedeutung sein kann. Sollten Sie rechtliche Fragen haben, die Ihnen weder das Buch noch Hinweise aus der Fachliteratur/Internet beantworten können, wenden Sie sich an Ihren Fachverband, der Ihnen sicherlich behilflich sein wird.

14.7.1 Fortbildungen

Besuchen Sie nach Möglichkeit regelmäßig Fortbildungen, um auf dem aktuellen Wissensstand zu bleiben. So wird es ebenfalls von Ihren Berufsverbänden gewünscht. Wählen Sie Ihre Fortbildungen anhand Ihrer Interessen- und Behandlungsschwerpunkte aus.

Sie sollten sich jedoch bei Fortbildungen, die sich in erster Linie an Ärzte und „artverwandte Berufe" wenden, genau erkundigen, ob Heilpraktiker diese Kurse absolvieren können und nach erfolgreichem Abschluss die gewünschte Zertifikation bekommen.

Beispiel

Im vorliegenden Fall besuchte ein Heilpraktiker eine Fortbildung eines Privatvereins, um die Zertifikation des „Asthmatrainers" zu erhalten, leider vergeblich. Die Schulung durfte er zwar absolvieren (und bezahlen), jedoch entschied das Oberlandesgericht Oldenburg mit seinem Urteil vom 31.01.2002 (Az 8 U 189/01), dass Heilpraktiker keinen Anspruch auf eine Zulassung als „Asthmatrainer" haben.

In der Begründung hieß es: „Es stellt keine unzulässige Diskriminierung eines Heilpraktikers dar, wenn ein Verein, der Zertifikate für sog. „Asthmatrainer" erteilt, aus grundsätzlichen Erwägungen Heilpraktikern das Zertifikat nicht erteilt, sondern dieses Heilberufen mit einem staatlichen Abschluss im Sinne der Schulmedizin vorbehält."

14.7.2 Krankheitsunterlagen

Sollte ein Patient seine eigenen Krankheitsunterlagen von Ihnen anfordern, müssen Sie ihm diese in Kopie aushändigen. Dies bestätigte das Landesgericht Köln (16.6.1993, Az 25 O 270/92).

Es ist schade, dass heutzutage selbst um solche selbstverständlichen Dinge gestritten wird, zumal sich zwischen dem Behandler und seinem Patienten ein Vertrauensverhältnis aufgebaut hat und es um die eigene Krankheitsgeschichte des Patienten geht. Im Umkehrschluss bedeutet dies jedoch ebenfalls, dass Patienten, die von einem Kollegen zu Ihnen wechseln möchten, Anspruch auf ihre komplette Krankenakte haben.

! Ein Tipp aus der Praxis: Wenn Sie überlegen, eine Praxis zu übernehmen, können Sie, rechtlich gesehen, nicht einfach alle Krankenakten übernehmen. Sie benötigen dazu das schriftliche (!) Einverständnis der Patienten. Für den Fall, dass der eine oder andere Patient dies ablehnt und sich seine Patientenkartei abholt (wozu er das Recht hat), verringert sich die Patientenkartei und somit der ideelle Wert, der von Ihnen bezahlt werden muss!

15 Grenzfälle der Werbung mit Fallbeispielen

Es ist nicht immer leicht, den richtigen und vor allem legalen und kollegialen Weg der Bekanntmachung seiner eigenen Praxis zu finden. Da bekommt man von manch einem „superschlauen" Kollegen unter dem Deckmäntelchen der Verschwiegenheit den Tipp, einen Reporter zu honorieren, um einen entsprechenden Artikel in der nächsten Wochenendausgabe der Bezirkszeitung zu lesen. Aber, so fragen wir uns, ist das legal oder gebe ich die Kosten für diese Art der Werbung aus, um evtl. eine Abmahnung „einzukassieren"? Daher finden Sie hier konkrete Darstellungen über Mögliches und Unmögliches.

15.1 Grundlagen

Für Ihre Naturheilpraxis bedeutet eine Anzeige, dass Sie als Inhaber und Therapeut Ihrer Naturheilpraxis ein gesundes Interesse daran haben, der breiten Öffentlichkeit Ihr Leistungsangebot sowie Informationen bzgl. Ihrer Praxis mitzuteilen – bleibt die Frage nach dem effektiven „Wie".

Sollten Sie bereits praktizierender Heilpraktiker sein, so werden Sie wissen, dass es Anzeigen und Berichterstattungen gibt, bei denen nicht sofort klar ist, um welche Art der Berichterstattung es sich hier handelt. Der Gesetzgeber unterscheidet und trennt im Sinne des Wettbewerbsrechts ganz eindeutig die Werbung von der Berichterstattung (**Abb. 15.1**). Haben Sie geplant, in Kürze eine eigene Praxis zu eröffnen, so werden Ihnen diese Beispiele sicher von Nutzen sein.

Die Fallbeispiele sollen verhindern, dass Sie wettbewerbsbeschränkende Gesetzesvorgaben im Rahmen Ihrer Anzeigenkampagne für Ihre Praxiseröffnung unwissentlich übertreten und somit Ziel missgünstiger Kollegen werden.

> Rufen wir uns noch einmal §1 und §3 UWG ins Gedächtnis:
> §1 warnt vor Handlungen, die gegen die guten Sitten verstoßen, sodass auf Unterlassung und Schadenersatz in Anspruch genommen werden kann.
> §3 warnt vor der irreführenden Werbung durch unwahre oder zur Täuschung geeignete Angaben ... über die Person, Vorbildung, Befähigung oder Erfolge des Herstellers, Erfinders oder der für sie tätigen oder tätig gewesenen Personen.

Anhand der gesetzlichen Beschränkungen werden für den Heilpraktiker drei Möglichkeiten der Anzeigengestaltung definiert, auf die wir im Folgenden näher eingehen werden.

15.2 Redaktionell gestaltete Anzeige

Schwerpunktmäßig in der Wirtschaft eingesetzt, begegnet sie uns in Form von Zeitungsanzeigen, in der Fernsehwerbung, auf Kinoleinwänden usw.

> Nicht selten überwiegt Suggestion die Information.

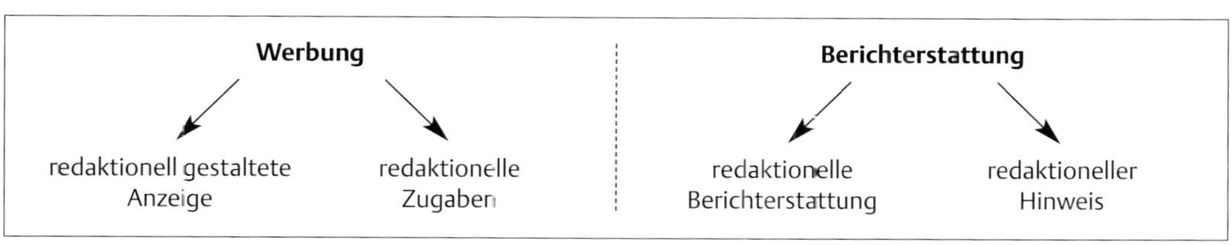

Abb. 15.1 Trennung von Werbung und Berichterstattung im Sinne des Wettbewerbsrechts.

Abb. 15.2 Beispiel einer redaktionell gestalteten Anzeige.

Ein bekanntes Beispiel: Welcher Kinogänger kennt ihn nicht, den einsamen Cowboy, der seine Herde durch den Westen der USA treibt und das Ende eines erfolgreichen Tages mit einer Zigarette krönt – eingeblendet dann das Logo der Zigarettenmarke. Wer fühlt sich da, selbst als Nichtraucher, nicht in die romantische Wildnis versetzt?

Abstrakt gesehen bedeutet dies für die „redaktionell gestaltete Anzeige" Folgendes:

- Sie kostet Geld und den Ausgaben stehen (möglicherweise) keine adäquaten Einnahmen gegenüber.
- Sie hat vorrangig werbenden Charakter.
- Sie weist meistens sowohl Textanteile als auch Bilddarstellungen auf.
- Sie kann uns auch im Werbefilm begegnen.

Gesetzlich gesehen muss sie deutlich durch das Wort „Anzeige" als solche erkennbar sein – anderenfalls kann man gegen §§ 1, 3 UWG verstoßen.

Abbildung 15.2 zeigt Ihnen eine typische Werbekampagne, die unserem Berufsstand vorenthalten ist.

15.3 Redaktionelle Berichterstattung

Die nächste Variante zeigt das Beispiel einer „redaktionelle Berichterstattung" – eindeutig abzugrenzen von der redaktionell gestalteten Anzeige sowie der redaktionellen Zugabe. Sie gehört nicht in den Bereich der Werbung, auch wenn sie durchaus einen indirekten Werbeeffekt aufweist.

Sie orientiert sich an folgenden Gesichtspunkten:

- ihrer Unentgeltlichkeit,
- der objektiven Berichterstattung des Reporters,
- der Angabe von sachlichen Informationen,
- keine Hervorhebung (z. B. durch mehrmalige Wiederholungen der Praxisdaten mit Adresse, Telefonnummer, Name des Inhabers).

DHZ | spektrum

Pro und Contra: Tumordiagnostik in der Iris – Interview mit Heilpraktiker Siegfried Kämper

Regelmäßig wird davon berichtet, dass gute Irisdiagnostiker Tumorzeichen in der Iris entdecken und den Patienten durch die rechtzeitige Krebsdiagnose das Leben retten. Doch selbst namhafte Irisdiagnostiker stehen diesen Behauptungen sehr kritisch gegenüber. DHZ-Redakteur Christian Zehenter sprach mit Heilpraktiker Siegfried Kämper über das Für und Wider der Irisdiagnostik in der Onkologie.

Herr Kämper, die Diagnose von Krebs oder Krebsvorstufen in der Iris findet immer noch großen Zuspruch und häufige Anwendung, wird jedoch öffentlich stark kritisiert, zum Teil auch tabuisiert. Kann man über die Iris Tumoren diagnostizieren?

Nein – und diese Behauptung schadet dem Ansehen der Irisdiagnostiker. Dass ich in meiner Praxis grundsätzlich bei jedem Patienten die Iriden digital fotografiere und ein Basisrezept aus den Zeichen und der Anamnese generiere, ist sicherlich vielen Lesern bekannt. Ich kann auf dieser Grundlage jedoch keine Diagnose im medizinischen Sinne ableiten. Sehr verärgert bin ich gleichzeitig, wenn ich in *Ökotest* über die Nutzlosigkeit der Irisdiagnose lesen muss, weil ein Kollege sich dazu hat hinreißen lassen, 110 Unbekannten in die Augen zu schauen: Er will bei drei von ihnen einen Krebs erkannt haben, obschon 68 Krebspatienten dabei waren (Ökotest 12/2005).

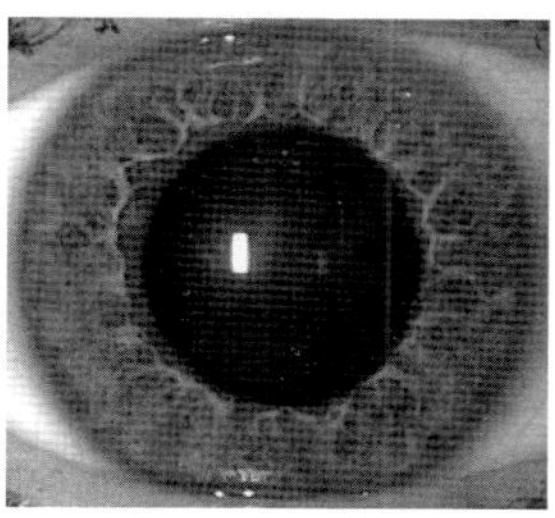

Abb. 2 Iris einer Mamma-Ca-Patientin. Sie zeigt iridologisch eine allgemeine Gewebeschwäche, eine auffallend weite Pupille (Sympatikotonus) ansonsten aber kein CA-Zeichen

Auch in anderen Tests konnten Therapeuten ihre diagnostischen Versprechen nicht halten.

Und nicht erst seit gestern. Selbst Pastor Felke hatte sich im berühmten Felke-Prozess 1909 überreden lassen, an 20 vermummten Personen klinische Diagnosen aus dem Auge lesen zu wollen – was nicht gelang. In Vorträgen sagte er später „... *aus diesem Grunde* (um klinische Diagnosen zu erkennen) habe ich noch *nie* in die Augen gesehen"

Von ihm stammt ja auch die Prämisse „Das Rezept aus dem Auge" – im Gegensatz zu „Die Diagnose aus dem Auge".

Was hat es aber dann mit den Karzinom-Zeichen der Iris auf sich?

Diese Zeichen *können* tatsächlich auftreten. Ich selbst habe jedoch eine stattliche Sammlung von Iriden krebskranker Patienten, die nicht ein einziges Ca-Zeichen nach Kriege, Schnabel usw. hatten. Ich nutze hingegen die Konstitution, die Disposition und die Diathesen, um eine gute personotrope Verordnung vornehmen zu können. Dabei ist mir die Erfahrung von Pastor Felke und seinem Meisterschüler Zähres sehr hilfreich. Dr. Harald Kämper hat schon vor Jahren die Vermutung geäußert, dass die Zeichen in der Iris doch auch als Reaktion verstanden werden könnten.

! Gerade die Reaktionsstarre, also das Fehlen von Zeichen und Pigmenten, müsste dem erfahrenen Iridologen auffallen.

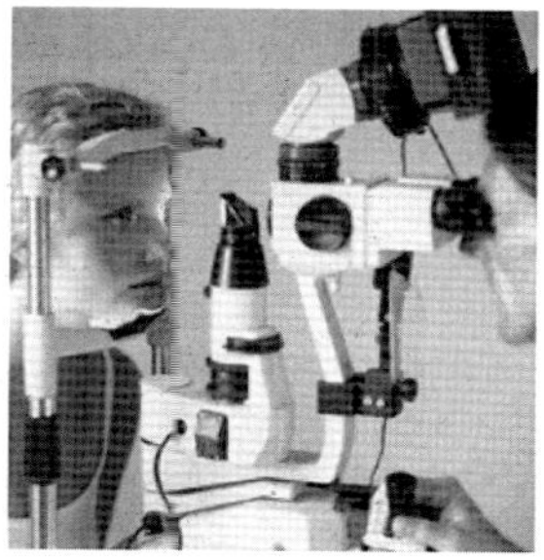

Abb. 1 Kann man anhand von Iriszeichen Krebs diagnostizieren? Foto: © Mauritius

Auch der bekannte Kollege und Iridologe Willy Hauser machte die gleiche Erfahrung, hat schon sehr früh den Begriff Iris*diagnose* verlassen und lehrt die ophtalmotrophe Phänomenologie.

Gibt die „Irisdiagnose" also eher Hinweise auf die Therapie als auf die Krankheitsursache?

So können Sie es ausdrücken. Iriszeichen sind sehr hilfreich, wenn es darum geht, Reaktionsweisen des Patienten verstehen zu wollen. Diese Zeichen können uns sehr schnell zu homöopathischen Komplexmitteln führen, die diesem Patienten wahrscheinlich sehr viel besser helfen werden als ein Komplexmittel, das wir nur aus einem Kompendium nach der Indikationsliste ausgesucht hätten. Übrigens habe ich auch sehr viele Aufnahmen von Iriden, bei denen alle Krebszeichen zu erkennen sind, die in der alten Literatur als Ca-Zeichen oder Ca-Latenz u.ä. beschrieben werden – und zwar von Patienten, die über 90 sind und sich bester Gesundheit erfreuen. Ich vermute, weil sie für ihre spezielle Konstitution angemessen lebten und leben.

22 Pro und Contra: Tumordiagnostik in der Iris – Interview mit Heilpraktiker Siegfried Kämper DHZ – Deutsche Heilpraktiker Zeitschrift. 2007; 2: 22 – 23

Abb. 15.3 Variante einer redaktionellen Berichterstattung in Form eines Interviews (Ausschnitt aus: Deutsche Heilpraktiker Zeitschrift. 2007; 2[2]: 22).

! Sie ist für den Heilpraktiker eine sehr gute Werbung, da er selbst nicht als Auftraggeber erscheint und seine Praxis im Rahmen der allgemeinen Pressefreiheit trotzdem erwähnt werden darf.

Hier ein Beispiel aus der Deutschen Heilpraktiker Zeitschrift (**Abb. 15.3**). Der interviewte Heilpraktiker, Herr Kämper, macht keinerlei Werbung für sich, es handelt sich um objektive Berichterstattung in Form eines Interviews.

15.4 Redaktionelle Hinweise

Eine Möglichkeit, eine Anzeige darzustellen, besteht in einem sog. „redaktionellen Hinweis", welcher abzugrenzen ist von der redaktionellen Berichterstattung. Redaktionelle Hinweise geben dem jeweiligen Leser einen kurzen Überblick zu ausgesuchten Themen. So wird z. B. über eine gewisse Praxis inkl. Inhaber ausführlich berichtet. Erlaubt ist diese Form der Darstellung im Rahmen einer Folgeberichterstattung, d. h. die zehn ansässigen Heilpraktiker Musterhausens werden einzeln in Folge „porträtiert", sodass am Ende kein Wettbewerbsvorteil entsteht. Diese Form ist für den Heilpraktiker unentgeltlich. Das bedeutet für Sie u. a., dass Sie die Lokalpresse „nicht vor den Kopf stoßen" sollten, denn solch ein ausführlicher Bericht um Ihre Person „ist Gold wert" (**Abb. 15.4**).

Ein Überblick

Tierphysiotherapie

Die Physiotherapie ist seit Jahrhunderten ein komplexer Bestandteil des humanmedizinischen Wissens. Die vielfältigen therapeutischen Möglichkeiten haben ihre Wirkung längst bewiesen.
Erst seit einigen Jahren ist die Physiotherapie auch ein Bestandteil der Veterinärmedizin. Im Gegensatz zu anderen Ländern, wie zum Beispiel in den USA, ist ihr Stellenwert in Deutschland jedoch mit dem in der Humanmedizin noch nicht zu vergleichen, da das Wissen um die Möglichkeiten der Physiotherapie im Tierbereich bei Tierhaltern und Tierärzten häufig noch sehr gering ist.
Eine Vielzahl von Erkrankungen lassen sich mit den verschiedenen Therapieformen erfolgreich behandeln, wobei als wichtigste zu nennen sind: Die manuelle Massage, die Stresspunkttherapie, die manuelle Lymphdrainage, die aktive und passive Bewegungstherapie, die Elektrotherapie und die physikalischen Therapien (Wärme, Kälte, Wasser, Licht). Eine individuell auf den Patienten abgestimmte Behandlung durch den Tierphysiotherapeuten wirkt bei nahezu allen Krankheiten des Bewegungsapparates heilend, heilungsbeschleunigend und massiv schmerzlindernd, so dass auch Patienten mit chronischen Erkrankungen des Bewegungsapparates effektiv geholfen werden kann.
Wie auch bei der Behandlung des Menschen ist die Physiotherapie kein Ersatz für die Untersuchung und Behandlung durch den Arzt. Sie ist eine sinnvolle und wirkungsvolle Ergänzung. Wie in der Humanmedizin sollten Tierärzte, Tierheilpraktiker und Tierphysiotherapeuten eng zusammenarbeiten.

Reitsport Futter & Buchhandel
ZIMMERMANN
Fachberater (FN) Reitsportausrüstung
Mitglied FN-Arbeitskreis
Ausrüstung für Reit-/Fahrsport
Winterware bis 30% reduziert
Öffnungszeiten:
Mo.-Fr. 9.30 - 12.30 Uhr + 15.00 - 19.00 Uhr
Samstag 9.30 - 14.00 Uhr
63571 Gelnhausen-Roth · Bergstraße 6 · Telefon (0 60 51) 44 31

Suchen Sie einen zuverlässigen
Hufschmied
mit fundierter Ausbildung?
Dann melden Sie sich bei
SVEN SCHNESE
staatlich anerkannter Hufbeschlagsschmied
Terminvereinbarungen unter Telefon (0 66 63) 82 04
(Anrufbeantworter geschaltet) oder (01 70) 5 31 57 57

Abb. 15.4 Variante eines redaktionellen Hinweises.

16 Kooperationspartner

Wie bereits im Kap. 10 beschrieben, gibt es eine Vielzahl verschiedener Berufsgruppen, mit denen Sie mehr oder weniger zu tun haben. Mit einigen können Sie eine Art „Zweckgemeinschaft" schließen, mit anderen Informationen austauschen, doch dazu kommen wir nun im Detail.

16.1 Zusammenarbeit mit Kollegen

Verschiedene Formen einer Zusammenarbeit mit Kollegen sind möglich, sei es eine dauerhafte Kooperation im Sinne einer Praxisgemeinschaft oder einer Gemeinschaftspraxis, sei es nur für die Zeit einer Krankheits- oder Urlaubsvertretung.

16.1.1 Praxisgemeinschaft

Eine Praxisgemeinschaft besteht aus zwei oder mehreren praktizierenden Heilpraktikern, die sich eine Räumlichkeit teilen, ohne jedoch zusammengehörig zu sein. Jeder haftet und wirtschaftet für sich selbst. Praktiziert wird entweder in unterschiedlichen Räumlichkeiten oder zu unterschiedlichen Zeiten.

Unabhängig von der Frage, ob Sie sich bereits im Vorfeld dazu entschieden haben, Ihre Räumlichkeiten aus Kostengründen mit einem Kollegen zu teilen oder sich erst zu einem späteren Zeitpunkt dazu entscheiden, spricht einiges für diese Form der Betriebsführung.

Vorteile der Praxisgemeinschaft

- Sie können sich einen Kollegen mit absolut unterschiedlichen Behandlungsschwerpunkten suchen. Zum einen erweitert dies Ihr Praxisangebot. Zum anderen findet ein „anders orientiertes" Patientenklientel den Weg in Ihre Praxis, wodurch Ihre Praxis noch bekannter wird und sich herumspricht (→ Mundpropaganda).
- Anhand differenzierter Ansatzpunkte zur Behandlung von Krankheiten können Sie sich mit Ihrem Kollegen austauschen, bekommen neue Anregungen, entwickeln sich weiter.
- Für einen Krankheitsfall Ihrerseits (aber natürlich auch umgekehrt) ist er mit der Praxis bereits vertraut und kann Sie ggf. vertreten. Dazu müssen die Patienten noch nicht einmal die Lokalität wechseln, wofür Ihnen gerade ältere Patienten, die nicht mehr so mobil sind, dankbar sein werden.
- Unterschiedliche Fortbildungen, von Ihnen beiden besucht, können untereinander weitergetragen werden, dadurch Kostenersparnis und Informationsfluss.

Auf jeden Fall wird Ihr Patientenstamm innerhalb der Praxis um einiges größer und Ihre Praxis marktwirtschaftlich gesehen effektiver. Außerdem kann jeder von Ihnen ein passendes Praxisschild mit seinen jeweiligen Sprechzeiten usw. standortgemäß anbringen, wodurch der Bekanntheitsgrad Ihrer Praxis erneut aufgewertet wird.

! Tipp: Auch wenn es mehrere Kollegen gibt, die gern mit Ihnen zusammenarbeiten würden – warten Sie, bis Sie jemanden treffen, bei dem Sie auf Anhieb das Gefühl haben, „die Chemie stimmt".

Denn auch wenn jeder „in die eigene Kasse" arbeitet und rechtlich gesehen weiterhin selbstständig ist, muss man mit dem anderen kooperieren. Dies wird vor allem dann nicht einfach, wenn einer von Ihnen beiden Erfolg hat und der andere nicht.

Achten Sie in Zeitungen auf Anzeigen wie in **Abb. 16.1** dargestellt.

Notwendige Regelungen

Deshalb regeln Sie vorher schriftlich:

- Ihre jeweiligen Sprechzeiten,
- die Aufteilung der laufenden Kosten (Miete, Nebenkosten, Telefon, Strom usw.),

Praxissharing Nähe Köln

Rechtsrheinisch, zentrale und ruhige Lage, verkehrsgünstig, monatliche Miete € 170,–/1 Tag in der Woche oder € 320,–/2 Tage in der Woche
Tel. 0179 / 111 111

Abb. 16.1 Beispiel Praxissharing.

- mögliche Kündigungsfristen,
- Abklärung, ob Ihr Kollege mit in den Mietvertrag aufgenommen und damit als gleichberechtigter Partner angesehen wird oder ob Sie „untervermieten".

Ein schriftliches Einverständnis Ihres Vermieters benötigen Sie ebenfalls.

Sehen wir uns nun folgende Beispiele an:

- Beim ersten Beispiel (**Abb. 16.2**) handelt es sich z.B. um eine 4-Zimmer-Praxis, in der beide Parteien ihr eigenes Behandlungszimmer haben. Wartezimmer und Aufenthaltsraum werden gemeinsam genutzt.
- Das zweite Beispiel (**Abb. 16.3**) ist nicht ganz so einfach in die Praxis umzusetzen, da Sie der Patient an drei Werktagen innerhalb der Woche nicht erreichen kann.

a

Heilpraktikerin
Klothilde Apoplexia
Prothesenstr. 2, 23333 Musterhausen
Tel./Fax: 01234 / 6789
k.apoplexia@info.de
www.kapoplexia.de

Akupunktur – Phytotherapie – Magnetfeldtherapie

Sprechzeiten: Mo–Fr 9.00–19.00
und nach telefonischer Vereinbarung

b

Heilpraktikerin
Anette Orthopädia
Prothesenstr. 2; 23333 Musterhausen
Tel./Fax: 01234 / 6787
a.orthopaedia@info.de
www.aorthopaedia.de

Eigenblutbehandlung – Aormatherapie – Colon-Hydro-Therapie

Sprechzeiten: Mo–Fr 9.00–19.00
und nach telefonischer Vereinbarung

Abb. 16.2 Sprechzeiten
a Frau Apoplexia.
b Frau Orthopädia.

a

Heilpraktikerin
Klothilde Apoplexia
Prothesenstr. 2, 23333 Musterhausen
Tel./Fax: 01234 / 6789
k.apoplexia@info.de
www.kapoplexia.de

Akupunktur – Phytotherapie – Magnetfeldtherapie

Sprechzeiten: Mo – Mi – Do 8.00–18.00
und nach telefonischer Vereinbarung

b

Heilpraktikerin
Anette Orthopädia
Prothesenstr. 2; 23333 Musterhausen
Tel./Fax: 01234 / 6787
a.orthopaedia@info.de
www.aorthopaedia.de

Eigenblutbehandlung – Aromatherapie – Colon-Hydro-Therapie

Sprechzeiten: Di und Fr 8.00–18.00
und nach telefonischer Vereinbarung

Abb. 16.3 Sprechzeiten.
a Frau Apoplexia.
b Frau Orthopädia.

16.1.2 Gemeinschaftspraxis

In einer Gemeinschaftspraxis praktizieren zwei oder mehr Heilpraktiker, die nicht nur ihre Räumlichkeiten teilen, sondern gemeinsam eine Praxis führen.

Dies hat sowohl Vor- als auch Nachteile und Details sollten vor Beginn sowohl mit einem Steuerberater als auch Rechtsanwalt besprochen und aktenkundig gemacht werden.

Dabei ist die Art des Betriebs (z. B. Gesellschaft mit beschränkter Haftung „GmbH" oder Gesellschaft bürgerlichen Rechts „GbR" mit Eigenkapital usw.) ebenso festzulegen wie Rechte und Pflichten des Einzelnen.

Vorteile

Vorteile entstehen auf jeden Fall in einer Kostensenkung, da die laufenden Kosten geteilt werden. Auch bei Fragen, seien sie medizinischer oder fallspezifischer Art, können hier leicht Informationen eingeholt werden (achten Sie nur darauf, dass die Schweigepflicht gewahrt bleibt).

Von Vorteil ist auch die Tatsache, dass man sich nicht um eine „fremde" Urlaubsvertretung oder Vertretung im Krankheitsfalle kümmern muss und der Patient in seiner „gewohnten Umgebung" behandelt werden kann.

Nachteile

Nachteile können sich unter Umständen daraus ergeben, dass infolge unvollständiger Absprachen nicht gemeinschaftlich gewirtschaftet wird oder man bei Entscheidungen auf die Zustimmung der Kollegen angewiesen ist, was leicht zu einer Handlungsunfähigkeit führen kann.

! Ein Tipp aus der Praxis: Sie beide können Kosten einsparen, indem sie sich im Vorfeld für die gleiche Corporate Identity entschieden haben, zumindest, was die Druckvorlagen (z. B. Briefpapier) betrifft. Sie können in größeren Mengen bestellen, das erspart Kosten, das Briefpapier wird auch bei Patienten wiedererkannt, die u. U. nicht bei Ihnen sind, sondern bei Ihrem Praxispartner.

16.1.3 Urlaubs- und Krankheitsvertretung

Unabhängig davon, ob Sie eine Naturheilpraxis allein führen, in einer Gemeinschaftspraxis arbeiten oder einer Praxisgemeinschaft angehören, Sie sollten für den Fall Ihres Urlaubs oder einer gesundheitlichen Unpässlichkeit Ihrerseits vorsorgen. Vorsorgen, damit Ihre Patienten weiterhin gut versorgt werden und wissen, an wen sie sich im Zweifelsfalle wenden können.

Vergessen Sie auch hier nicht, Ihren Anrufbeantworter rechtzeitig und aktuell zu besprechen. Auch auf Ihrer Internetpräsenz sollte erkennbar sein, dass Sie zurzeit nicht erreichbar sind, E-Mail versehen Sie mit einer Abwesenheitsnotiz usw.

Eine Vertretung sollte immer durch einen Kollegen, den Sie kennen und dem Sie vertrauen, erfolgen. Schwierig ist hier oft das Konkurrenzdenken, nach dem Motto „vielleicht behält er meine Patienten auch nach meinem Urlaub". Doch seien Sie beruhigt, Ihr Patient hat Sie ausgewählt, weil er mit Ihnen zufrieden ist und letztlich Ihre Persönlichkeit den Ausschlag gibt. Dennoch sollten Sie das Thema mit Ihrem Kollegen ansprechen, um Missverständnissen vorzubeugen.

Eine Urlaubsvertretung für Ihre Patienten zu finden, ist da schon schwieriger. Entweder setzen Sie sich mittels Internet mit einem Kollegen am Urlaubsort Ihres Patienten in Verbindung oder überlassen ihm eine Liste mit Heilpraktikern in der Nähe seines Urlaubsortes.

Oftmals finden Sie in Verbandszeitschriften Inserate wie in **Abb. 16.4** gezeigt.

Bereits mit diesem Service grenzen Sie sich von einem Großteil der Kollegen ab, denen dies ein zu hoher zeitlicher Aufwand wäre.

Heilpraktiker/in
Mit Erfahrung in Gästebetreuung in ländlicher Gegend nahe Waldkraiburg gesucht.
Fax: 08073 / 111 111

Abb. 16.4 Beispiel einer Vertretung am Urlaubsort.

Heilpraktikerin für NHP in Landesberg/Lech gesucht!

Praxisvertretung ab 3/2007 für ca. 1 Jahr (ggf. Übernahme möglich). Schwerpunkte: Akupunktur, manuelle Therapie u. a. Schöne Praxisräume (55 qm), zentral, gemeinsame Nutzung mit Kosmetikerin (zeitversetzt).

Zuschriften erbeten unter NH 62236/1 an NATURHEILPRAXIS MIT NATURMEDIZIN, Postfach 19 07 37, 80607 München

Abb. 16.5 Praxisvertretung gesucht.

Wenn Sie gerade Ihre Ausbildung absolviert und vielleicht das eine oder andere Praktikum gemeistert haben, sich aber noch nicht bereit fühlen für eine eigene Praxis, versuchen Sie, eine Vertretungsstelle zu bekommen.

Oft findet man Anzeigen wie aus **Abb. 16.5** ersichtlich.

16.2 Zusammenarbeit mit Ärzten

Sie werden sehr schnell merken, dass es Ärzte gibt, die sehr um Distanz bemüht sind und uns nur widerwillig wahrnehmen, wenn es um Anfragen oder Krankenunterlagen geht oder gar um den Einsatz von naturheilkundlichen Methoden wie z. B. der Akupunktur. (Anmerkung: Früher von Ärzten verspottet aufgrund ihrer nicht wissenschaftlich anerkannten Wirksamkeit – heute trendmäßig in vielen Arztpraxen anzutreffen und sogar, je nach Ausbildung, über die Krankenkassen abrechenbar.)

Andere Ärzte sind im Gegensatz dazu uns Naturheilkundlern gegenüber sehr offen. Sie wissen, dass der Patient den Weg zu „seinem" Behandler selbst findet und bei ihm bleibt, unabhängig ob er Arzt oder Heilpraktiker ist. Auch ist ihm bewusst, dass Heilpraktiker keine Scharlatane sind, sondern medizinisch und therapeutisch fundiert ausgebildet, um ihr Wissen patientenorientiert einzusetzen.

Bei diesen Ärzten können Sie von einer guten Zusammenarbeit ausgehen – damit ist nicht die direkte Zusammenarbeit gemeint (vgl. Kap. 10.2.4, S. 67), sondern die Bereitschaft, Notfälle abzuklären (mittels EKG – auch wenn er selbstredend zur ersten Hilfe verpflichtet ist), bei medizinischen Fragen als Ansprechpartner zur Verfügung zu stehen usw.

Natürlich muss auch diese „Zusammenarbeit" wachsen, hängt sie doch sehr von gegenseitigen Erfahrungen und Erwartungen ab.

16.3 Zusammenarbeit mit artverwandten Berufsgruppen

„Artverwandte Berufsgruppen" – damit sind die Berufsgruppen gemeint, die ebenfalls eine medizinisch orientierte Berufsausbildung genossen haben und therapeutisch tätig sind.

Dazu gehören Berufe wie:

- Masseure,
- Physiotherapeuten,
- Logopäden,
- Ergotherapeuten,
- Hebammen,
- Kosmetikerinnen.

Dies ist nur eine kleine Auswahl – machen Sie sich kundig, welche therapeutischen Praxen es in Ihrer näheren Umgebung gibt und welche geplant sind. Besuchen Sie die Praxen, es ist nicht schlecht, sich vorher kurz telefonisch anzumelden, um zu schildern, warum Sie kommen möchten. Stellen Sie sich und Ihr Leistungsangebot inklusive Ihrer Therapieschwerpunkte vor.

Verdeutlichen Sie, dass Ihnen an einer guten „Nachbarschaft" gelegen ist und dass Sie bei Fragen jeglicher Art gern zur Verfügung stehen. Nicht nur bei Fragen, sondern offerieren Sie das Angebot, bei Bedarf auch Informationsabende über speziell gewünschte Themen zu halten, so z. B. einen Abend über den Einsatz von Aromaölen und Ölen verschiedener Art bei Massagen.

! Auch hier wieder der Tipp aus der Praxis: Lassen Sie sich etwas Außergewöhnliches einfallen; das hebt Sie von der Masse ab und macht Sie bekannt!

Im Gegenzug werden Sie damit rechnen können, dass die Patienten der o. g. Berufsgruppen bei nächster Gelegenheit von Ihnen erfahren werden, und das nicht im Sinne einer „Schleichwerbung", sondern in Form von Mundpropaganda, weil Sie die Masseure, Krankengymnasten usw. von Ihren Fähigkeiten überzeugt haben.

Welche Werbung könnte besser sein?

16.4 Zusammenarbeit mit Reformhäusern / Naturkostläden

Gerade Naturkostläden und Reformhäuser können als Kooperationspartner von großem Interesse sein, da Sie beide das gleiche Ziel haben: Ihre Kunden / Patienten zu einer gesunden und bewussten Ernährungsweise hinzuführen.

Stellen Sie sich vor, Sie legen einen Ihrer Behandlungsschwerpunkte auf das Thema „Ernährungsberatung – Reduktionsdiäten", unterstützt beispielsweise durch „Dauerakupunkturnadeln im Ohr" mit ergänzender Entgiftung des Körpers.

Reformhäuser bzw. Naturkostläden erscheinen von allein als „natürliche Verbündete", denn oft sieht man in ihren Schaufenstern Werbung für Trink- und Saftkuren zur Entschlackung usw.

Suchen Sie in jedem Falle das Gespräch mit den Betreibern dieser Läden. Deren Kunden sind häufig auf der Suche nach alternativen Heilmethoden und schildern den Fachverkäufern ihre Beschwerden.

Vorausgesetzt man kennt Sie dort als seriösen und kompetenten Heilpraktiker, wird man Sie sicherlich gern erwähnen und weiterempfehlen, sodass Sie auch hier mit neuen Patienten rechnen können. Hinterlegen Sie einige Visitenkarten an der Kasse, falls dies von den Betreibern gewünscht wird.

Natürlich sollen Sie im Gegenzug Ihren Patienten im Anschluss an die Behandlung nicht sagen: „Suchen Sie doch bitte das Reformhaus XY an der Hauptstraße auf und kaufen Sie das Paket Nummer 7".

16.4.1 Verkauf von Waren in der eigenen Praxis

! Ein Tipp, den Verkauf von „Waren jeglicher Art" in Ihrer Praxis betreffend: Oft sucht man als Existenzgründer nach Möglichkeiten, das finanzielle Risiko so gering wie möglich zu halten. Die Frage nach einem zweiten Standbein ist geschaffen.

Einige von uns können in dem bisherigen Beruf auf Teilzeitbasis arbeiten, andere jedoch nicht. In Zeitungen wird immer wieder mit der Möglichkeit eines geregelten Zweiteinkommens geworben.

Anzeigen wie beispielsweise auf **Abb. 16.6** dargestellt werben für diese Möglichkeiten.

Einige unserer Kollegen bieten Produkte zum allgemeinen Wohlbefinden an, angefangen von Aloe-vera-Produkten bis hin zu Kristallketten (**Abb. 16.7**). Sie haben ein „Händchen für Ästhetik" und beschäftigen sich parallel zur inneren Gesundheit und dem inneren Gleichgewicht auch mit der äußeren Erscheinung.

Dinge wie Nahrungsergänzungsmittel, Tees, Cremes usw. dürfen rein theoretisch von Ihnen in der Praxis verkauft werden. Was viele Kollegen jedoch nicht wissen, ist die Tatsache, dass wir in dem Moment umsatzsteuer- und gewerbesteuerpflichtig werden, und zwar mit den gesamten Umsätzen aus unserer Praxis.

Man kann dies umgehen, indem man entweder keine Waren dieser Art verkauft und es dabei belässt, dass unsere Patienten die notwendigen Arzneimittel in den Apotheken bekommen, oder der Ehegatte einen Gewerbeschein bean-

Wir suchen bundesweit interessierte Menschen, die bei kostenloser, intensiver Ausbildung selbständig Seminare leiten. **Nebenberuflich oder hauptberuflich** möglich. **Sehr guter Verdienst.** Der Erfolg unserer Seminarleiter und Seminarteilnehmer ist unser Erfolg. Interessiert?

Institut für vitale Ernährung: 06432/xxxx, xxxxxxxxxxx@freenet.de

Abb. 16.6 Beispiel einer Anzeige zum Thema „Zweiteinkommen".

Abb. 16.7 Andere Länder, andere Sitten: Hier ein Naturheilkundler auf dem Bazar in Damaskus / Syrien. Er verkauft seine Pülverchen – getrocknete Schildkrötenpanzer.

tragt und die Waren verkauft. Dann allerdings in separaten Räumlichkeiten.

Für den Fall, dass man wirklich in größerem Rahmen Waren verkaufen will, muss man ein separates Gewerbe beantragen. Hierzu kann man eine sogenannte „Kleinunternehmerregelung" in Anspruch nehmen, bei der man einen Bruttowert von 25 000 € jährlich nicht überschreiten darf. Dann bezieht man sich auf §19 UStG und muss keine Umsatzsteuer zahlen, darf allerdings bei Rechnungsstellung auch keine hinzurechnen.

Holen Sie sich in jedem Fall vorher rechtliche Informationen ein, z.B. bei Ihrem Bundesverband.

16.5 Zusammenarbeit mit Apotheken

Hierbei geht es nicht darum, welche Medikamente „verschreibungspflichtig", „rezeptpflichtig" oder „frei verkäuflich" sind. Es geht vielmehr um den direkten Kontakt zu den Apotheken in Ihrer Nähe.

Suchen Sie auch hier das direkte Gespräch mit dem Apotheker, stellen Sie sich vor, erläutern Sie Ihre Therapieformen sowie Ihre Vorstellungen und was Sie von dieser „Beziehung" erwarten. Ich selbst habe anfangs eine Liste mit Medikamenten erstellt, die ich des Öfteren verordnet habe, und bin diese mit dem Apotheker „durchgegangen", sodass er genügend Zeit hatte, sich darauf einzustellen.

Natürlich ist es verboten, Ihren Patienten zu diktieren, in welcher Apotheke sie ihre Medikamente erwerben, doch der Großteil wird sich für eine Apotheke in Ihrer Nähe entscheiden. Der Apotheker wiederum hat sich dann bereits auf Ihr Klientel einstellen und Medikamente besorgen können, um seinem Kunden lange Wartezeiten bei Bestellungen zu ersparen und ihm schnellstmöglich helfen zu können. Sein Bestreben ist es natürlich auch, diesen „Service" anbieten zu können.

Auch Sie selbst kaufen Ampullen u.Ä. bei ihm, sodass er bereits nach kurzer Zeit ein sehr großes Interesse daran haben wird, Sie als Kunden zu behalten. Aufgrund Ihrer Kompetenz wird er Sie hilfesuchenden Kunden gern weiterempfehlen und diesen eine an der Theke ausliegende **Visitenkarte** mitgeben.

17 Heilpraktiker als Autor

Auch wenn dies eine weitere Werbemöglichkeit „außer Haus" darstellt, soll diesem Punkt aus gegebenem Anlass ein eigenes Kapitel gewidmet werden.

17.1 Schreiben Sie ein Buch

Haben Sie einen bestimmten Behandlungsschwerpunkt? Außergewöhnliche Therapieansätze? Ideen zu Themen, die Ihrer Meinung nach schriftlich noch nicht ausreichend behandelt wurden? Erstellen Sie ein präzises Konzept Ihrer Vorstellungen und treten Sie mit einem naturheilkundlich orientierten Verlag in Kontakt. Vielleicht findet Ihre Publikationsidee Interesse und Sie können beginnen, diese in die Tat umzusetzen (**Abb. 17.1**).

Zusätzlich sorgen Sie (oder Ihr Verlag) dafür, dass über dieses Buch informativ berichtet wird – am besten wieder mit einem Foto. Auf jeden Fall sollten Sie Ihre Werke auf Ihrer Homepage dokumentieren.

Heilpraktikerin Dr. phil. Dagmar Hemm

Studium der Sinologie, Völkerkunde und Volkswirtschaft an der Ludwig-Maximilians-Universität München, Taipeh (Taiwan) und Peking (VR China). Verleihung des Doktors der Philosophie der Ludwig-Maximilians-Universität München 1995.

Publikationen und Fachartikel zu medizinphilosophischen Themen:

- Der ältere Patient in der chinesischen Medizin. Gesund alt werden, Alterserkrankungen vorbeugen und behandeln, Elsevier 2006 (Mitautor)
- Stresskrankheiten. Vorbeugen und behandeln mit chinesischer Medizin, Elsevier 2006 (Mitautor)
- Kinderwunsch und TCM (Arbeitstitel), Hippokrates 2007 (Mitautor)
- Klimakterium und TCM (Arbeitstitel), Elsevier 2007 (Mitautor)
- Wege und Irrwege der Frauenbefreiung in China (Dissertation), Edition Global 1996
- Ein Volksstamm von ungemütlicher Selbständigkeit. Die Yi und ihre materielle Kultur, Quest 1991 (Mitautor)

Abb. 17.1 Heilpraktikerin Frau Dagmar Hemm als Autorin (www.praxis-hemm.de).

> **!** Erinnern Sie sich an die vorangegangen Kapitel:
> - Zusatzqualifikationen sind gefragt!
> - Heben Sie sich von der Masse ab!
> - Signalisieren Sie Ihren Patienten fundiertes Fachwissen!

Was kann man sich an kostenloser Werbung mehr wünschen?

17.2 Mitarbeit und Betreuung von Kolumnen

Natürlich müssen Sie nicht unbedingt ein Buch schreiben, um bekannt zu werden. Sie erreichen bereits einen großen Leserkreis mit Kolumnen (**Abb. 17.2**).

DHZ | praxis

Kollegen fragen Kollegen antworten

Fußreflexzonentherapie bei Migräne?

Frage: **Kann man Migräne und Kopfschmerzen im akuten Stadium mit Fußreflexzonentherapie behandeln? Welche Zonen kommen dabei infrage und welchen Griff (tonisierend oder sedierend) sollte ich anwenden?**

Christina Seliger, HP, Berlin

Antwort: Selbstverständlich können Sie Migräne und Kopfschmerzen im akuten Fall behandeln. Hierfür sollten Sie in den Symptomzonen mit dem Verweilgriff (sedierend) behandeln. Die Hintergrundzonen werden mit dem üblichen Daumengrundgriff (tonisierend) gearbeitet. Symptomzonen sind: Kopf am Großzeh, Schädelbasis, Proc. mastoideus, Ohren, Augen, Nasennebenhöhlen. Hintergrundzonen sind: HWS, Nackenmuskulatur, Darm.

Je nach Beschwerdebild und Ursache können aber auch folgende Hintergrundzonen infrage kommen: Genitalien besonders bei Frauen, Nieren, Zähne, Verdauungsorgane.

Es ist sinnvoll, die Patienten in den beschwerdefreien Zeiten zu behandeln. Dann können Sie auch in den Symptomzonen leicht tonisierend arbeiten.

Die Antwort gab:

Silvia Pawelzik
Hauptstraße 52 · 10827 Berlin

Heilpraktikerin, seit 1999 in eigener Praxis. Silvia Pawelzik hat Fußreflexzonentherapie bei Hanne Marquardt gelernt und übt sie seit 1995 aus. Sie leitet den BDH QS-Arbeitskreis Fußreflexzonentherapie seit 2001 und ist als Referentin im gesamten Bundesgebiet aktiv.

E-Mail: naturpawelzik@berlin.sireco.net

Einrenken: ja oder nein?

Frage: Patienten haben häufig Angst, dass mehrmaliges „Einrenken" zur Instabilität der Wirbelsäule führen könnte. Meist ist es aber nötig mehrfach zu behandeln, um einen stabilen Wirbelstand zu erreichen. Wie erkläre ich diesen Sachverhalt am besten dem Patienten?

Monika Spannagel, Iserlohn

Antwort: Früher war es tatsächlich so, dass als Folge einer häufigen Anwendung eine Instabilität z.B. innerhalb der HWS möglich war. Im Volksmund sprach man vom „Ausleiern". Ursache dafür waren die damaligen Grifftechniken. Die HWS wurde z.B. eingerenkt, indem der Behandler von hinten den Kopf des Patienten in seine Ellenbeuge legte und heftig zu einer Seite nach hinten/oben bewegte. Dabei knackten dann mehrere Facettengelenke gleichzeitig. Diese Methode wirkte ungezielt und brachte tatsächlich eine starke Überdehnung des Bandapparates mit sich.

In der modernen amerikanischen Chiropraktik ist das nicht möglich. Nach vorheriger Auflockerung der Muskulatur verwendet man gezielte Einzelwirbeltechniken, wobei der Griff unterteilt wird in Vorspannung und Impuls. Der Impuls ist eine Bewegung, die relativ schnell, aber nur mit einem Minimum an Kraft ausgeführt wird. Darüber hinaus ist der blockierte Wirbel in seiner Bewegungsfähigkeit eingeschränkt, was dazu führt, das der Impuls bei maximaler Vorspannung immer noch im physiologischen Bewegungsbereich des Wirbels ausgeübt wird. Die Veränderungen in der Statik und die erforderliche Anpassung der Muskulatur machen zumeist einige weitere Justierungen erforderlich, die dann zur Stabilisierung führen.

Die Antwort gab:

Carsten Brinkpeter
Kunibertisstr. 33
45657 Recklinghausen

Carsten Brinkpeter praktiziert seit 1991 in eigener Praxis in Recklinghausen. Sein Praxisschwerpunkt sind die Manuellen Therapien insbesondere die Chiropraktik. Seit 1994 ist Carsten Brinkpeter aktiv in der Aus- und Fortbildung von Heilpraktikern. Er leitet den QS-Arbeitskreis Manuelle Therapien des BDH. Diverse Veröffentlichungen in Fachzeitschriften.

E-Mail: hp@brinkpeter.de

Abb. 17.2 Kollegen fragen – Kollegen antworten. Kolumne der Deutschen Heilpraktiker Zeitschrift (Auszug aus: Deutsche Heilpraktiker Zeitschrift. 2006; 1[1–2]: 59).

DHZ | praxis

Vier Fachleute – Vier Behandlungsstrategien
Nebenwirkungen von „Chemo" und Bestrahlung reduzieren!

Mit richtigem Simile homöopathisch entgiften und lindern

Entgiftung

Mit Mitteln wie z.B. Okoubaka und Nux vomica kann bei so gut wie jeder Vergiftung die schnellere Ausscheidung der giftigen Substanz angeregt werden, womit für die Patienten gerade in den ersten Tagen große Erleichterungen erreichbar sind. Noch wirksamer ist es, anhand der Symptomatik ein Simile zu finden, da die gleiche Chemotherapie nicht unbedingt bei jedem Patienten identische Beschwerden hervorruft.

Achtung! Ist der Patient bereits sehr geschwächt, ist die Dosierung entsprechend zu verringern, sonst besteht das Risiko, Nieren und Leber durch zu sehr angeheizte Abbau- und Ausscheidungsprozesse zu überlasten und evtl. Krisen zu provozieren. „Weniger ist oft mehr".

Chemotherapie

Die Hauptmittel lassen sich anhand folgender Leitsymptome unterscheiden:

- **Nux vomica** hilft in vielen Fällen zur schnelleren Entgiftung und Linderung der „grippeartigen" Symptome, v.a. mit Übelkeit, Erbrechen und Kopfschmerzen.
- **Sulfur:** starke Hitzegefühle, Geruchsempfindlichkeit, Erbrechen, ungewöhnlich großer Appetit während der Chemotherapie.
- **Arsenicum album:** starker Durst, große Schwäche, ängstliche Unruhe (besonders nachts) sowie anhaltender wässriger Durchfall. Brennen im Magen, das durch Wärme gebessert wird.
- **Phosphorus:** Durst mit Verlangen nach kalten Getränken oder Eis. Diese werden erbrochen, sobald sie im Magen warm geworden sind.

Bestrahlungsfolgen, Strahlenkrankheit

- **X-Ray** (γ-Strahlung): Parästhesien, Anämie, Hautrisse
- **Radium bromatum** (α-, β-, γ-Strahlung): Krusten, Blutungen (DD: Phos.), Besserung durch Wärme
- **Phosphorus:** Hitzegefühle, dann Durst mit Verlangen nach kalten Getränken oder Eis, Nasenbluten
- **Causticum:** akute Verbrennungen

Dosierung

Als Richtlinie gilt jeweils C 30, 2 Glob. als Einmalgabe bzw. nicht häufiger als 3 × tgl. in Wasser aufgelöst, nur bis zum Abklingen der akuten Symptome, da das Tumorgeschehen dadurch ebenfalls beeinflusst werden kann; dann weitere begleitende Tumorbehandlung aufgrund der Gesamtsymptomatik überprüfen (s.a. S. 20–21).

HP Angelika Hein
Eifelstr. 33, 50677 Köln, E-Mail: anhein@freenet.de

Orthomolekulare Medizin und Enzyme als wirksamer Zellschutz

Viele Patienten stellen sich in der naturheilkundlichen Praxis während Radiatio (RT) oder Chemotherapie (CT) vor. In diesem Zusammenhang ist es vor allem unsere Aufgabe als Therapeuten, die Patienten durch diese schwierige Zeit zu begleiten.

Grundsätzliche Therapieoptionen:

- **Vitamin-C-Hochdosistherapie** mit 7,5 g Vitamin C in 100 ml physiologischer Kochsalzlösung, 2–3 ×/Woche führt zu besserer Verträglichkeit von CT und RT und Schmerzlinderung. Der zeitliche Abstand zur CT sollte mindestens 24 Std. betragen.
- **Selen** mit 200–500 µg tgl. (entsprechend Vollblutspiegel) Natriumselenit als **Selen forte® Syxyl** während Chemo und RT. Einnahme nüchtern, Abstand zur Vitamin-C-Gabe mindestens eine Stunde.
- **Basentherapie und Entgiftung** (S. 34–37)
- **Thymuspräparate**, vor allem bei erniedrigten T-Zell-Zahlen, Injektion 2–3 /Woche i.m.
- **Leber-Milz-Peptide** zur Reduktion von Übelkeit und Erbrechen sowie eine schnelle Restauration des Immunsystems. Anwendung: **Faktor AF2 loges®** 10 ml als Kurzinfusion in 100 ml NaCl, oder als Injektion i.m., i.v. oder s.c. mit 2–6 ml, 2–3 ×/Woche
- **Tannenmistel** (Helixor® A, S. 40) wirkt selektiv zytotoxisch und zytostatisch, DNA-Stabilisierung gesunder Zellen, Applikation 2–3 ×/Woche
- **UVB** (S. 37) im Wechsel Vitamin-C-Hochdosisinfusionen
- **Enzyme** (S. 37)

Symptombezogene Therapiemöglichkeiten

- **Leberschutz:** Mariendistel in hepa-loges® Kps. 3 × 1/d Amino Plus Kyberg® oder Gelum® oral Tr. 100,0 3 × 20 Tr. v.d.E.
- **Verzögerte Wundheilung:** Zinksupplementierung, z.B. Unizink® 50, 1 × 2/d, 1 Std. vor dem Abendessen über 4–8 Wochen, regacan® 1 × 3 Tbl./d
- **Leukopenie:** Baptisia D 12, Colibiogen® Amp. i.v. nach intrakutaner Vortestung, 2 × /Woche, Faktor AF2 oder Thymuspeptide
- **Roborierung:** Maricell®, tgl. 3 × 1 Ampulle, RN 13 Dyckerhoff® am Tag nach Chemotherapie
- **Gewichtsverlust:** Omega-3-Fettsäuren, z.B. Ameu® 500 mg Kps., 2 × 5/d
- **Tumoranämie:** Phosphorus C 30 1 × 5, Carbo vegetabilis C 30 1 × 5, Eleu-Kokk® M Lösung, 3 × 5–15 ml v.d.E.
- **Unruhe, Nervosität:** Vitamin-B-Komplex

HP Angelika Wagner-Bertram
Albert-Schweitzer-Straße 3, 38440 Wolfsburg
E-Mail: info@naturheilpraxis-angelika-wagner.de

42 Vier Fachleute – Vier Behandlungsstrategien DHZ – Deutsche Heilpraktiker Zeitschrift. 2007; 2: 42 – 43

Abb. 17.3 Zeitungsbeitrag für Fachpublikum. (Auszug aus: Deutsche Heilpraktiker Zeitschrift. 2007; 2[2]: 42).

17.2.1 Kolumnen für den Laien

Diese sind oft zu sehen in Unterhaltungsmagazinen, Tageszeitungen und örtlichen Zeitungen wie Kirchenblättern oder ortseigenen Informationsbroschüren. Man setzt sich mit naturheilkundlichen Themen auseinander, berichtet über physiologische Vorgänge im menschlichen (oder tierischen!) Körper und beantwortet Leserfragen.

Betreuen Sie eine Kolumne oder rufen Sie eine „ins Leben". Beispielsweise jahreszeiten- oder themenabhängig: Sobald Sie eine Zeitung finden, die Interesse an einer Zusammenarbeit mit Ihnen hat, können Sie beginnen.

Neben den wettbewerbsbeschränkenden Gesetzesvorgaben (vgl. Kap. 14, S. 100 ff.) sollten Sie folgende Dinge beachten:

- Schreiben Sie kurze und aussagekräftige Sätze.
- Schreiben Sie zielorientiert; ein Buch für ein Fachpublikum wird anders verfasst als das Antwortschreiben an einen Laien.
- Der Leser beachtet Anzeigen und Texte üblicherweise in der Reihenfolge:
  - Bilder (eher runde als eckige, eher Nahaufnahmen als Fernsichten),
  - Schlagzeilen,
  - Unterstreichungen im Fließtext,
  - Unter-Schlagzeilen,
  - Bildlegenden.
- Fügen Sie jedem Bericht ein Bild von Ihnen hinzu, ebenso Ihren Namen, Berufsbezeichnung und nach Möglichkeit Ihre Adresse.

Sie werden in kurzer Zeit einen hohen Patientenzuwachs bekommen und an Popularität gewinnen. Dies gilt nicht nur für den Laien. Je nach Artikel werden Ihre Artikel auch als Literatur für wissenschaftliche Arbeiten genutzt. Somit können Sie sich als zweites Standbein auch Ihre „Berufung" zum Schreiben, den **„Medizinjournalismus"**, zunutze machen.

17.2.2 Zeitungsbeiträge für Fachpublikum

Wie das in **Abb. 17.3** (S. 123) gezeigte Beispiel sehr gut verdeutlicht, können Sie Fachpublikationen zu bestimmten Themen (vielleicht Ihr „Steckenpferd") ausarbeiten und den jeweiligen Verlagen anbieten. Werbewirksam können bereits kurze Beiträge sein. Oder als Mitglied eines Arbeitskreises regelmäßig über die neuesten Themen berichten. Fragen Sie bei Ihrem Berufsverband nach, der Ihnen sicherlich weiterhelfen kann.

18 Mögliche Insolvenzursachen

Damit Ihre Praxis sich nach Möglichkeit schon nach kurzer Zeit selbst „trägt“ bzw. Sie in der Lage sind, Ihren Lebensunterhalt damit zu verdienen, sollten Sie sich die häufigsten Insolvenzursachen gut durchlesen, um eventuelle Fehler bereits im Vorfeld zu vermeiden. Erfolglosigkeit liegt oftmals nicht an der Branche oder gewissen „widrigen Umständen“, sondern ist größtenteils „hausgemacht“. Das gilt für unseren Berufsstand ebenso wie für marktorientierte mittelständische Unternehmen jeglicher Art. Vermeiden können Sie dies durch erfolgreiche Strategien, vorausschauende Planung sowie richtig eingesetzte Aktivitäten.

Finanzierungsmängel

Es existieren die verschiedensten Ursachen für eine drohende Insolvenz. Eine der Hauptursachen ist sicherlich in einer mangelhaften Finanzierung zu finden. Viele Kollegen verkennen die laufenden Fixkosten, Unterhaltskosten, Versicherungen usw. Der Kapitalbedarf wird sowohl kurz- als auch langfristig unterschätzt. Finanzierungsmängel sind die Folge. Hohe Investitionssummen werden für Equipment ausgegeben.

Investitionssummen

Es werden Geräte geleast, die, zumindest anfangs, nicht ausgelastet sind und sich „nicht rechnen“. Und man kann noch von Glück reden, wenn man diese Geräte „nur“ geleast hat und nicht gleich mehrere teure Geräte gekauft hat.

Personalkosten

Daneben gibt es noch den Posten der Personalkosten. Je nach Vertrag hat man keine Möglichkeit einer schnellen Kündigung.

Betriebswirtschaftliche Qualifikationsmängel

Dem gegenüber stehen möglicherweise zusätzlich noch Qualifikationsmängel, wie z.B. Defizite sowohl an unternehmerischem als auch kaufmännischem Wissen. Oft wurde auch einfach versäumt, einen Steuerberater zu Hilfe zu nehmen.

Informationsmängel, Marktforschung

Auch Informationsdefizite wie die Unterschätzung der Kollegen (Konkurrenz) sowie die Überschätzung der naturheilkundlichen Nachfrage.

Äußere Einflüsse

Nicht zu vergessen und oft umso massiver sind die unvorhersehbaren äußeren Einflüsse. Patienten versterben, können nicht mehr bezahlen und Sie haben Leistungen erbracht, die Sie nicht abrechnen können, ggf. noch unter dem Einsatz teurer, von Ihnen bezahlter Medikamente. Auch bedingt durch Arbeitslosigkeit können es sich nur noch wenige Patienten leisten, zu Ihnen zu kommen.

Familienprobleme

Möglich sind auch Konflikte innerhalb der eigenen Familie. Der Lebenspartner trägt die erhöhte nervliche Belastung nicht mit, die in der Anfangsphase herrscht, ebenso wenig den erhöhten zeitlichen Aufwand.

> Sie sehen, es gibt unzählige Faktoren, von denen der Erfolg oder auch Misserfolg einer Praxis abhängen kann.

19 Qualität als Wettbewerbsindikator

Auch ein Therapeut wird heutzutage anhand der von ihm gelieferten Qualität in Bezug auf seine eigene Persönlichkeit sowie seine Behandlungserfolge, Therapien usw. gemessen.

19.1 Einführung

Der Zwang, sich mit dieser Thematik zu befassen, ergibt sich bereits durch die Erwartungshaltung Ihrer potenziellen Kunden. Qualitätsmanagement ist kein isolierter, sondern ein ganzheitlicher Prozess, beginnend mit der Marktforschung, über die Ermittlung der Patientenanforderungen, Ihrem Fachwissen bis hin zu Ihrer Behandlung, dem Umgang mit Ihren Patienten und letztendlich Ihrem Therapieerfolg. Qualitätsmanagement berührt alle Bereiche Ihrer Praxis, inklusive Ihrer Mitarbeiter. Die Nichteinhaltung der gestellten Qualitätsanforderungen führt früher oder später zu einem Abwandern Ihrer Patienten und damit zu einem Ausscheiden aus dem allgemeinen Wettbewerb. Qualitätsmanagement wird daher zunehmend auch zu einer Existenzfrage. Damit entwickelt sich **Qualitätsmanagement als notwendige Unternehmensaufgabe.**

Ein Blick in diverse Fachbücher lässt die Schlussfolgerung zu, dass es keine einheitliche Definition des Begriffs „Qualität" gibt; im Gegenteil, es finden sich zahlreiche Varianten. Das nicht zuletzt aus dem Grund, dass Qualität oft subjektiv ist und z. B. zwei Personen unter den gleichen Voraussetzungen verschiedene Meinungen über eine Situation haben. Der eine fühlt sich gut therapiert, der andere übt Kritik.

Nach DIN 55350 wird Qualität als „Gesamtheit von Eigenschaften und Merkmalen eines Produktes oder einer Tätigkeit, die sich auf deren Eignung zur Erfüllung gegebener Erfordernisse beziehen", definiert.

Nach der Deutschen Gesellschaft für Qualität e. V. ist Qualität „die Gesamtheit von Merkmalen einer Einheit bezüglich ihrer Eignung, festgelegte und vorausgesetzte Erfordernisse zu erfüllen".

An großen Gesundheitsorganisationen wie z. B. Krankenhäusern und Krankenkassen gemessen, beruht das Qualitätsmanagement auf den Aussagen des Arztes Dr. Avedis Donabedian (Donabedian 1966). Er unterscheidet die Qualität in drei Dimensionen, die sich gegenseitig beeinflussen (**Abb. 19.1**):

- Strukturqualität,
- Prozessqualität,
- Ergebnisqualität.

19.2 Praktische Umsetzung

Stellen Sie sich einen Regelkreis (vgl. Checkliste „Regelkreis", S. 142) vor, der mit der **Problemanalyse** beginnt.

Setzen Sie sich mit Ihren Mitarbeitern z. B. einmal wöchentlich zu einem festgesetzten Zeitpunkt zusammen und sammeln Sie alle Negativpunkte und Probleme. Sie werden sehen, allein durch die unterschiedlichen Betrachtungsweisen (Ihre als Chef sowie die Ihrer Mitarbeiter) ergeben sich unterschiedliche Problemansätze. Halten Sie diese schriftlich fest, bestenfalls bestimmen Sie einen aus der Runde, ein Protokoll anzufertigen.

Strukturqualität. Beginnen Sie mit der sog. Strukturqualität. Donabedian (1966) versteht hierunter „bauliche, technische und personelle Rahmenbedingungen", damit sind gemeint:

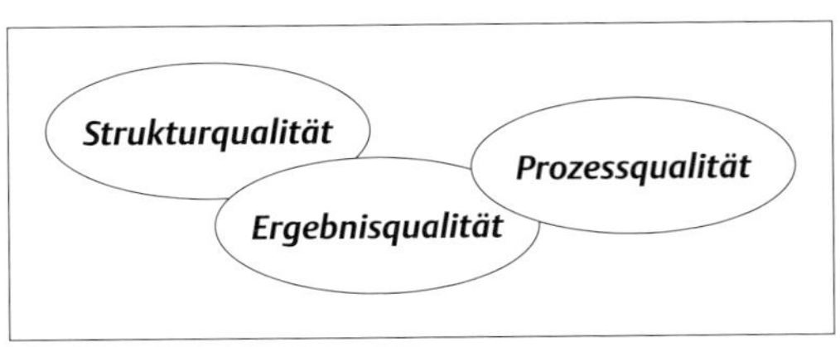

Abb. 19.1 Qualität als Wettbewerbsindikator.

- Anzahl der Mitarbeiter,
- Praxisphilosophie,
- Hierarchiestufen,
- Maßnahmen zur Fort- und Weiterbildung sowie
- bauliche Gegebenheiten und technische Ausstattung Ihrer Praxis.

Prozessqualität. Die Prozessqualität ist durch die Praxisorganisation an sich (Bestellpraxis, lange Wartezeiten, Telefonsprechstunden usw.) sowie durch alle übrigen Abläufe der diagnostisch-therapeutischen Behandlungsform gekennzeichnet.

Ergebnisqualität. Die Ergebnisqualität lässt sich natürlich in erster Linie an der Patientenzufriedenheit messen.

Zielerreichung. Im Vorfeld gefasste Ziele sollten erreicht werden, z. B. das Ziel, Hilfestellungen zur Krisenbewältigung bei einigen Patienten geleistet zu haben, sei es in der Form einer Steigerung seiner kommunikativen und sozialen Fähigkeiten, Steigerung seiner Antriebsarmut oder, einfacher gesagt, eine Steigerung der jeweiligen Lebensqualität erreicht zu haben. Unabhängig, mit welchem Problem Sie beginnen, es sollte klar definiert, Ihr Ziel realistisch, konkret und nicht utopisch sein.

Beispielhafte Problemdiagnose und Problemlösung

Konkretisieren wir das eben Geschilderte an folgendem Beispiel.

Beispiel

Ein Mitarbeiter, der u. a. Anamneseerhebungen mit Ihrem 30 Jahre alten Irismikroskop durchführt, leidet an Kopfschmerzen, sobald er an besagtem Gerät eine Untersuchung durchgeführt hat. Parallel dazu haben Sie noch die Worte eines Ihrer Patienten im Ohr, der sagte, dass die Auflage für das Kinn total abgewetzt sei, kratze und er sich ständig frage, wie hygienisch und diagnostisch korrekt das Gerät sei. Sie selbst haben bisher allerdings keinerlei Funktionseinbußen bemerkt.

Damit sind Sie auf dem richtigen Weg, da Sie das Problem fokussiert und die mutmaßlichen Gründe festgestellt haben – eine unabdingbare Voraussetzung für eine Behebung des Problems. Da das Problem bereits von mehreren Personen unterschiedlicher Hierarchiestufen geäußert wurde, notieren Sie es und probieren das Gerät unter Zuhilfenahme der neu gewonnenen Informationen erneut aus – diesmal aus Sicht des Patienten. Bereits nach kurzer Zeit juckt Ihnen Ihr Kinn und vor Ihren Augen tanzen kleine leuchtende Punkte.

Gemeinsam überlegen Sie einen geeigneten Maßnahmenplan für die Behebung des Problems. Lohnt es sich, das Gerät reparieren zu lassen? Fordern Sie einen Kostenvoranschlag bei einschlägigen Firmen an (z. B. der Firma Zeiss, dem Felke-Institut) und erkundigen Sie sich parallel nach den Kosten für ein neues Irismikroskop.

Würde sich solch eine Investition lohnen? Wie viele Patienten frequentieren dieses Gerät? Kann man es vielleicht auch leasen? Lassen Sie sich beraten. Nach Abwägung aller Informationen kommen Sie zu dem Schluss, dass eine Reparatur mit den benötigten Ersatzteilen fast ebenso teuer ist wie der Erwerb eines neuen Gerätes. Sie entscheiden sich zum Kauf.

Parallel stellen Sie für das Gerät Informationsbroschüren (meist kostenlos beim Hersteller erhältlich) im Wartezimmer aus, gemeinsam mit einem Aushang an Ihrer Pinnwand, dass Sie im Rahmen einer Informationsveranstaltung das Gerät vorstellen und sich über zahlreiches Erscheinen freuen.

Zusätzlich sprechen Sie die Patienten ganz persönlich an, die sich im Vorfeld über das alte Gerät beschwert haben. Abgesehen von einer positiven Mund-zu-Mund-Propaganda vermitteln Sie ihnen das Gefühl, ernst genommen zu werden. Darüber hinaus ergibt sich eine kostenlose Zusatzwerbung für Ihre Praxis.

19.3 Zielsetzung für Ihre Praxis

Grundsätzlich geht es darum, den Prozess des **Qualitätsmanagements** als kontinuierlichen Prozess zu begreifen und nicht dem Zufall zu überlassen.

Integrieren Sie die **Qualitätskontrolle** in Ihre tägliche Arbeit, in einer ruhigen Stunde ohne Telefon, Patientenverkehr, Besuch von Pharmareferenten usw.

Hierzu fertigen Sie sich am besten schriftliche Aufzeichnungen mit Datum und Uhrzeit an und beziehen Sie alle Mitarbeiter in diesen Prozess mit ein, denn nur wenn alle Personen das gleiche Ziel verfolgen, werden Sie es am Ende erreichen.

Zielkriterien, die die klassischen Merkmale eines sog. Qualitätsmanagements darstellen, sind folgende:

- Kundenzufriedenheit (als logische Schlussfolgerung patientenorientierter Anforderungen),
- Mitarbeiterzufriedenheit,
- Nutzen für die Gesellschaft,
- Qualität,
- Zeit,
- Rentabilität der erbrachten Leistungen,
- Einhaltung sämtlicher gesetzlicher Vorschriften (bei unserem Berufsstand schwerpunktmäßig HWG, UWG sowie die Berufsordnung),
- Umweltverträglichkeit von Dienstleistungen.

19.4 Kundenmanagement

Das Kundenmanagement ist eine der wichtigsten Aufgaben des Marketings – sowohl in der täglichen Umsetzung als auch in der Qualitätskontrolle.

Es unterteilt sich in folgende Bereiche:

- Patientenzufriedenheitsmanagement,
- Beschwerdemanagement,
- Rückgewinnungsmanagement,
- Neukundenmanagement.

Das „A und O" einer erfolgreichen Praxis liegt in der **Zufriedenheit unserer Patienten**, da sie den Multiplikator innerhalb der Bevölkerung darstellen, welcher unsere Praxis über Mundpropaganda bekannt macht.

Nichts ist „tödlicher" als eine Negativpropaganda – oft reicht es aus, ein einziges Mal eine falsche Diagnose gestellt zu haben, zu sagen „Oh, entschuldigen Sie, ich habe Sie verwechselt – haben Sie Ihr Medikament noch? Nehmen Sie es bitte nicht, ich habe beim Ausstellen des Rezepts an Ihre Vorgängerin gedacht und Ihnen deren Medikament verschrieben."

19.4.1 Patientenzufriedenheitsmanagement

Die Zufriedenheit der Patienten unterteilt sich in zwei Gruppen. Zum einen spricht man von einer sog. **„materiellen Qualität"**, die den Patienten wichtig ist. Hierunter fallen folgende Faktoren:

- Preisgestaltung,
- Preis-Leistungs-Verhältnis,
- Rezeptieren angemessener Größenpackungen statt zu großer Packungen, die der Patient zwar bezahlt, aber nicht verbrauchen kann.

> Diese Dinge sind direkt messbar, meist klar definiert und unter Umständen umkehrbar.

Die **„immaterielle Qualität"** ist meist weder umkehrbar noch direkt messbar und äußert sich u. a. in folgenden Faktoren:

- Persönlichkeit des Therapeuten,
- Kompetenz und Auftreten des Therapeuten,
- „Verhältnis" zwischen Patient und Behandler.

19.4.2 Beschwerdemanagement

Direkte Beschwerde. Auch das Beschwerdemanagement ist ein wichtiger Faktor für eine erfolgreiche Praxis, denn wie oben bereits erwähnt, ist nichts negativer für eine Praxis als eine schlechte „Mund-zu-Mund-Propaganda".

Die Patienten reagieren meist auf zwei Arten, wenn sie unzufrieden sind. Die eine Gruppe äußert ihre Beschwerden direkt. In diesem Falle kann man schnell Abhilfe schaffen (sich zumindest darum bemühen), indem man die Patienten und ihr Anliegen ernst nimmt und die Gründe hinterfragt:

- Sind sie mit den Behandlungserfolgen nicht zufrieden?
- Befinden sie Ihr Honorar für überzogen?
- Wartet man zu lang in Ihrem Wartezimmer?

> Unabhängig, welche Gründe der Patient anführt, er gibt Ihnen die Möglichkeit zu reagieren und damit die Chance, dass er als zufriedener Patient Ihre Praxis verlässt.

Natürlich sollen Sie ihm nicht „nach dem Mund" reden – wenn Sie gewisse Abmachungen getroffen haben, die der Patient nicht einhalten will, können Sie diese Abmachungen nicht einfach für nichtig erklären. Aber Sie können noch einmal auf diese Abmachungen hinweisen und sie erläutern.

Indirekte Beschwerde. Die andere Gruppe der Patienten reagiert mit „Abwanderung" und wird sich einen neuen Therapeuten suchen – dies allerdings nicht, ohne Sie im näheren Bekanntenkreis negativ darzustellen. Hier haben Sie leider keine Möglichkeit der Intervention.

Beschwerdeführer. Abgesehen von den jeweiligen Gründen des Einzelnen sollten Sie sich eine Liste, Datei o. Ä. anfertigen (einen sog. „Beschwerdeführer"), in dem Sie diese Dinge schriftlich festhalten, ebenso Ihre Reaktionen und erfolgten Handlungen, um Ihre Praxis langfristig zu optimieren.

! Machen Sie sich bewusst, dass die Zufriedenheit Ihrer Patienten eines Ihrer Hauptziele ist. Sie sind ein Dienstleister am Menschen – Ihre Qualität und die Ihrer Praxis werden außer an Ihren Behandlungserfolgen daran gemessen, wie sehr Ihnen daran gelegen ist, den Erwartungen Ihrer Patienten zu entsprechen!

19.4.3 Rückgewinnungsmanagement

Bezüglich des „Rückgewinnungsmanagements" kann ich Ihnen nur „ans Herz legen", eine lückenlose, ordentliche Patientenkartei zu führen, die zu jedem Zeitpunkt nachvollziehbar sein muss.

Wenn sich ein Patient in einer laufenden Behandlung befindet und plötzlich nicht mehr erscheint oder aus einem fadenscheinigen Grund einen Termin absagt und keinen neuen haben möchte, sollten Sie aktiv werden. Versuchen Sie das „Warum" zu hinterfragen. Ist er unzufrieden mit der Behandlung, mit Ihnen, mit Ihren Preisen? Geht er jetzt doch zum Schulmediziner? Oder, was wir uns natürlich wünschen, wir haben ihm helfen können und es geht ihm wieder gut.

Fragebogen. Im Nachhinein ist es natürlich schwer, die Gründe zu eruieren, daher rate ich Ihnen, einen Fragebogen zur Patientenzufriedenheit zu entwerfen, den Sie Ihren Patienten mitgeben können. Folgende Punkte sollten Sie auf jeden Fall abfragen:

1. Was empfand Ihr Patient als positiv, was als negativ?
2. Hätte er Anregungen und Wünsche, wie er anders, vielleicht besser, behandelt werden möchte?
3. Hat er sich bei Ihnen in der Praxis wohlgefühlt?
4. Wie empfand er die Kommunikation mit Ihnen?
5. Was hält er von Ihrem medizinischen Hintergrund?
6. Welche Meinung hat er zu Ihrer Praxisausstattung (soweit er das beurteilen kann)?
7. Welche Entfernung nimmt er auf sich, um zu Ihnen in die Praxis zu gelangen?
8. Benutzt er auch das Internet zur Informationsrecherche?

Sorgen Sie auf jeden Fall dafür, dass Ihr Patient die Möglichkeit hat, diesen Fragebogen anonym auszufüllen und abzugeben, sonst wird er nur ungern Kritik üben!

Eine andere Möglichkeit des „Feedbacks" ist ein online hinterlegtes Gästebuch auf Ihrer Homepage. Der Patient hat auch dort die Möglichkeit, etwas hineinzuschreiben.

19.4.4 Neukundenmanagement

Dem oben angeführten Neukundenmanagement wird hier kein ausführliches Kapitel gewidmet, weil Sie in diesem Buch zahlreiche Kapitel zur Erlangung eines neuen Kundenstammes finden und es sich hier nur um eine Wiederholung handeln würde.

20 Zusammenfassende Gegenüberstellung Marketing und Werbung

Im Verlaufe dieses Buches haben Sie sich bestimmt mehr als einmal gefragt, ob sich bei dem einen oder anderen Beispiel Marketing und Werbung nicht überschneiden und wo die genauen Unterschiede liegen.

Übersicht

Eine Tabelle soll Ihnen die Übersicht erleichtern, obwohl sich beide Begriffe in vielen Punkten gegenseitig bedingen und sich überschneiden (**Tab. 20.1**).

! Ein Tipp aus der Praxis: Ihre Informationen, unabhängig der Zielsetzung, müssen folgende Faktoren erfüllen, um zu Ihren Patienten oder der jeweiligen Zielperson zu gelangen:

- Ihre Informationen müssen übersichtlich sein.
- Ihre Informationen müssen einfach verfasst sein, nicht kompliziert.
- Konzentrieren Sie sich bei Ihren Informationen auf das Wesentliche.
- Ihre Informationen sollten anschaulich sein, d.h. ohne Fachvokabular, unterstützt durch Abbildungen und Bezug zu Ihrer Praxis haben.
- Ihre Informationen sollten positiv, nicht negativ sein.
- Ihre Informationen sollen die Neugier Ihrer Patienten wecken.

Tab. 20.1 Unterschiede und Überschneidungen zwischen Marketing und Werbung

Marketing	Werbung
stärkt die Position des Patienten	ist das Medium der Informationen
sorgt für eine erhöhte Transparenz auf dem medizinischen Dienstleistungsmarkt	ist die Darstellungsart der Informationen – Werbung muss anders sein, „ins Auge springen"
definiert sich über die Corporate Identity	definiert Informationsinhalte
definiert sich außerdem über das Aussehen der Praxis	
definiert sich außerdem über den Auftritt in der Öffentlichkeit	
definiert sich auch über Ihren persönlichen Auftritt	

21 Checklisten

In diesem Kapitel habe ich für Sie die wichtigsten Dinge noch einmal in Form von Checklisten zusammengefasst. Dadurch wird dieses Buch für Sie in der Umsetzung noch einfacher, gerade vor einem geplanten Neustart, da Sie sämtliche „Stolperfallen", „Dinge, die man leicht vergisst" usw. kontinuierlich abarbeiten und in Ihren Praxisalltag integrieren können.

21.1 Checkliste 1: Anmeldung zur Praxiseröffnung

Ihre Praxiseröffnung ist an einige formale Voraussetzungen gebunden, die Sie rechtzeitig erledigen sollten, um sich auf die wesentlichen Dinge konzentrieren zu können.

Anmelden müssen Sie sich:

- ☐ Beim Einwohnermeldeamt – erkundigen Sie sich im Vorfeld, ob Ihnen je nach Praxisstandort ein Anwohnerparkplatz zugewiesen werden kann.
- ☐ Beim Finanzamt – denken Sie daran, dass Sie weder Umsatz- noch Gewerbesteuer zahlen müssen. Für den Fall, dass der diensthabende Beamte Ihnen diese Aussage nicht glaubt – was nicht so abwegig ist, wie Sie vielleicht denken –, erinnern Sie ihn an den §4 Nr.14 UStG in Verbindung mit §18 Abs.1 Nr.1 Satz 2 EStG. Diese besagen, dass die Umsätze aus der Tätigkeit als Arzt, Zahnarzt, **Heilpraktiker**, Krankengymnast, Hebamme oder aus einer ähnlichen heilberuflichen Tätigkeit i.S. des §18 Abs.1 Nr.1 EStG steuerfrei sind.
- ☐ Bei der Berufsgenossenschaft für Gesundheitsdienst und Wohlfahrtspflege, Pappelallee 35 – 37 in 22079 Hamburg.
- ☐ Bei Ihrem Energieversorger – Strom anmelden.
- ☐ Bei der Telekom oder einem anderen Telefonanbieter – dies am besten rechtzeitig, hier kommt es des Öfteren zu Verzögerungen.
- ☐ Beim zuständigen Gesundheitsamt.

21.2 Checkliste 2: Vorbereitungen zur Praxiseröffnung – für einen gelungenen Start

Passende Praxisräume finden und Mietvertrag abschließen. Vergleiche Kap. 4, S. 6 f.: Der Mietbeginn sollte, je nach Zustand der Räumlichkeiten, einige Tage/Wochen, vielleicht einen Monat vor dem Termin Ihrer Praxiseröffnung liegen, damit Sie genügend Zeit für Renovierungsmaßnahmen haben.

Renovierungsmaßnahmen planen. Die wichtigsten Punkte sind:

- Halten Sie Ihre Kosten gering; laden Sie Freunde und Bekannte ein, um Ihnen zu helfen (gleichzeitig machen Sie so Ihre Praxis im Freundeskreis bekannt).
- Kaufen Sie Farben, Lacke, Zubehör (bei großen Renovierungsmaßnahmen, z. B. Umbauten, sollten Sie einen Fachmann hinzuziehen).

Praxisschild, Praxisstempel, Drucksachen. Briefpapier, Rechnungsformulare, Quittungsblock, Visitenkarten usw. in Auftrag geben. Dies nach Möglichkeit von **einer** Firma (→ Sonderkonditionen!). Denken Sie an den Preisvergleich und daran, mehrere Kostenvoranschläge einzuholen.

Montieren Sie Ihr Praxisschild so früh wie möglich an die dafür vorgesehene Stelle. Das macht Passanten bereits auf Ihre Praxis aufmerksam. Sie können auch ein Provisorium anbringen, welches auf den Zeitpunkt Ihrer Eröffnung hinweist.

Beschriften Sie Ihre Klingel und Ihren Briefkasten. Unangemeldet vorbeischauende Patienten, aber auch der Briefträger sollen sofort zu Ihnen finden können.

Telefonanschluss (ISDN) beantragen. Gleich einen Termin vereinbaren, wann jemand vom Telefonanbieter kommt, um die Leitung freizuschalten.

Anrufbeantworter besprechen. Den Zeitpunkt Ihrer Praxiseröffnung angeben.

Liste mit benötigtem Inventar erstellen. Je nach Praxisform Regale, Schreibtisch, Liege, Sterilisationsgerät usw.

Kataloge mit Medizinbedarf ordern, Preise vergleichen. Im Internet oder in der Zeitung nach passenden Gebrauchtartikeln Ausschau halten (oder diese Dinge delegieren).

Praxis einrichten. Zum Termin der Praxiseröffnung sollte die Praxis eingerichtet sein und bereits Ihren persönlichen Stil wiedergeben.

Praxiseröffnung planen. Vergleichen Sie hierzu Checkliste 3, S. 133.

Inserate in verschiedenen Tageszeitungen schalten. Machen Sie Ihre Praxis bekannt, damit die Patienten zu Ihnen finden können.

Erstellung Ihrer Homepage in Auftrag geben. Sammeln Sie im Vorfeld bereits Ihre Ideen, was und wie die Informationen auf Ihrer Homepage aussehen könnten. Denken Sie daran: Je größer der Anteil dessen ist, was Sie mit „hineinbringen", desto persönlicher wird die Homepage.

Sollte die Homepage noch nicht funktionsbereit sein, kann Ihr Anbieter (oder Sie selbst) unter Ihrer Adresse einfach einen Hinweis schalten, der z. B. „hier entsteht in Kürze ..." o. Ä. lauten könnte.

Ihre Homepage auf verschiedenen Suchmaschinen hinterlegen. Ihre Eröffnung auf Ihrer Homepage bekannt geben und auf jeden Fall Ihre Homepage bei Ihrem Berufsverband registrieren lassen!

Planung Ihrer Eröffnungsfeier und Festlegung des Datums. Bedenken Sie wichtige Feiertage, Urlaubszeiten, Filmpremieren usw., an denen einige Eingeladene nicht kommen können.

21.3 Checkliste 3: „Der große Tag“ – Ihre Praxiseröffnung

Vermutlich werden Sie eines Tages ein Buch allein über diesen einen Tag, den besonderen Tag, schreiben können, so viele Eindrücke nehmen Sie mit.

21.3.1 Zielsetzung

Abgesehen von Ihrer Praxiseröffnung verfolgen Sie mit der Präsentation mittels eines „Informationstages“ ganz bestimmte Absichten.

Betreiben Sie Marketing in eigener Sache, denn ob Sie es gern lesen oder nicht: Sie müssen zu einem gewissen Grad die Kunst lernen, sich zu verkaufen.

Bedenken Sie folgende Punkte:

- Überlegen Sie sich, welches Bild Sie von sich, Ihrer Praxis und Ihren Behandlungsmethoden vermitteln möchten.
- Haben Sie bereits einige Stichworte notiert, die Sie zur Eröffnung sagen?
- Was antworten Sie auf die Frage, warum Sie eine Naturheilpraxis eröffnen?
- Können Sie Antworten darauf geben, wenn Sie nach Ihrem Privatleben gefragt werden, Ihrem Werdegang und v. a. Ihren Qualifikationen?
- Ist es Ihnen peinlich, positiv von sich selbst zu sprechen, oder können Sie sich überzeugend in der Öffentlichkeit darstellen?
- Wissen Sie, was Ihr Lebenspartner, Ihre Kinder und Eltern über Sie sagen werden, wenn sie nach Ihnen, Ihren Absichten und Qualifikationen gefragt werden – was sollen sie sagen?
- Wollen Sie Ihre Praxis einer besonders ausgefallenen Philosophie widmen? Welcher? Wie vermarkten Sie diese im Gespräch?

! Bereiten Sie sich auf diese Dinge vor, denn es werden noch genug offene Fragen bleiben, auf die Sie eine Antwort suchen müssen.

21.3.2 Vorbereitung

Im Vorfeld haben Sie bereits alle Dinge erledigt, die zur Praxiseröffnung notwendig waren (vgl. Checklisten 1 und 2, S. 131 und 132). Neben den Inseraten in der „Musterhausener Rundschau“ sowie dem „Tageblatt“ haben Sie natürlich

- Ihre Homepage ins Internet stellen und auf diversen Suchmaschinen hinterlegen lassen,
- das Praxisschild angebracht und Ihrem gesamten Familien-, Freundes- und Bekanntenkreis Bescheid gesagt und alle eingeladen,
- Ihre bisherigen Arbeitskollegen eingeladen,
- für einen kleinen Imbiss gesorgt und jemanden aus Ihrem Familien- oder Freundeskreis dazu bestimmt, die Aufsicht darüber zu führen, für Nachschub zu sorgen und sich um alles zu kümmern,
- die Firmen, bei denen Sie Ihren Praxisbedarf gekauft haben, ebenso wie Ihre neuen Nachbarn, den Apotheker „von nebenan“ und Ihre Kooperationspartner (bei denen Sie auch Ihre Visitenkarten hinterlegt haben) eingeladen,
- ausreichend Visitenkarten ausgelegt.

Nun müssen Sie sich entscheiden, Ihre Eröffnung mit einem „Tag der offenen Tür“ beginnen zu lassen oder Ihre Praxis stillschweigend zu eröffnen. Ich würde Ihnen in jedem Fall zu einem Praxisbeginn mit einem „Tag der offenen Tür“ raten. Ein solches Fest stellt einen großen Motivationsschub dar, der Ihnen Impulse für Ihre spätere Arbeit geben wird. Außerdem ist es Werbung für Ihre Praxis (**Abb. 21.1**).

21.3.3 Durchführung

Sie sollten selbstverständlich keine PR-Agentur beauftragen, einen werbenden Bericht mit Fotos zu kreieren (vgl. Kap. 15.2, S. 111, verboten!). Doch vielleicht kommt ein Reporter der Lokalnachrichten vorbei, um anschließend in der „Musterhausener Rundschau“ über Ihre Praxiseröffnung zu berichten (vgl. Kap. 15.4, S. 114, erlaubt!).

Für den Fall, dass Ihre Gäste Blumen als Präsent mitbringen, bedenken Sie, dass lt. Gesundheitsamt **keine Topfpflanzen in Behandlungsräumen** stehen dürfen (wohl aber im Wartezimmer).

Naturheilpraxis
K. Apoplexia
Prothesenstr. 2
23333 Musterhausen
Akupunktur – Phytotherapie – Magnetfeldtherapie
Tel. / Fax: 01234 6789
www.kapoplexia.de

Liebe Patient(inn)en,

über Ihr Erscheinen zum
„Tag der offenen Tür"
am Freitag
würde ich mich sehr freuen
und möchte gleichzeitig
die Eröffnung
meiner
Naturheilpraxis
am
5. Oktober 2008
bekannt geben.

Ihre Heilpraktikerin
K. Apoplexia

Abb. 21.1 Beispiel einer Einladung zum „Tag der offenen Tür".

Beginnen Sie Ihren großen Tag, indem Sie sich von einer Person Ihres Vertrauens vorstellen lassen. Anschließend halten Sie eine kleine Ansprache, in der Sie sich für das zahlreiche Erscheinen bedanken. Wünschen Sie Ihren Freunden, Bekannten und allen anderen Gästen, Sie mögen sich bei Ihnen wohlfühlen und weisen noch einmal darauf hin, dass Sie jederzeit für Gespräche offen sind (unterschätzen Sie die Nachfrage diesbezüglich nicht, die Gäste möchten Sie kennen lernen).

Heben Sie sich bereits zu Beginn Ihrer Praxiskarriere von Ihren Kollegen in positiver Weise ab und halten die ganze Veranstaltung ein wenig unkonventionell. Das heißt, bieten Sie ruhig zwei bis drei kleine Vorträge über den Tag verteilt an, die allerdings nicht länger als maximal zehn Minuten dauern sollten.

Lassen Sie Ihre Freunde / Bekannte / interessierte Laien vielleicht einmal kurz durch ein Irismikroskop schauen usw.

Da Sie Ihre Praxis zu diesem Zeitpunkt lediglich der Öffentlichkeit zugänglich machen und nicht therapieren, brauchen Sie nicht in Ihrer Arbeitskleidung zu erscheinen. In Anbetracht der besonderen Umstände jedoch in Kleidung, in der Sie sich ebenso wohl wie schön fühlen.

Führen Sie die Gäste durch Ihre Praxis, zeigen Sie die Räumlichkeiten, erklären die Geräte (z. B. Irismikroskop) und erzählen von Ihren Behandlungs- und Untersuchungsmethoden. Damit nehmen Sie einigen Besuchern die Unsicherheit, die gerade den heutigen Tag nutzen werden, um zwanglos „vorbeizuschauen".

Im Wartezimmer können Sie natürlich auch einige Kommentare zu den an der Wand hängenden Urkunden abgeben.

Ihre Freunde und Bekannte werden Sie u. U. fragen, was Sie sich zur Eröffnung wünschen. Stehen Sie ruhig dazu, dass Sie knapp kalkulieren müssen und lassen sich Dinge wie Büchergutscheine, Gutscheine für Praxisbedarf usw. schenken.

21.4 Checkliste 4: „Informationsveranstaltung“

Sollten Sie eine Fortbildung, ein Seminar oder einen Workshop, beispielsweise

- an der Volkshochschule,
- in Kindergärten,
- in Gesundheitsvereinen,
- auf Fachmessen,
- auf Kongressen,
- oder während Ihres „Tages der offenen Tür“ zur Praxiseröffnung (hier bitte kurze Rücksprache mit Ihrem Berufsverband, ob diese Maßnahme in Ordnung ist) halten,

sollten Sie einige Dinge verinnerlichen, auf die Sie jedes Mal achten sollten.

21.4.1 Vorbereitungsmaßnahmen

Haken Sie die Punkte ab, die Sie bereits erledigt haben:

- ☐ Definition der Zielsetzung Ihrer Präsentation / Fortbildung.
- ☐ Definieren Sie Ihre Zielgruppe und machen sich klar, wem Sie etwas sagen wollen.
- ☐ Informieren Sie sich, welchen Wissensstand Ihre Teilnehmer / Zuhörer haben.
- ☐ Machen Sie sich klar, welche Erwartungen der Personenkreis an Sie hat.
- ☐ Planen Sie den Ablauf, auch in zeitlicher Hinsicht.
- ☐ Machen Sie eine Generalprobe, z. B. vor dem Spiegel oder vor Freunden (Zeit stoppen, damit man einen Anhaltswert hat) oder aber eine Videoaufnahme. Falls Sie noch sehr unsicher sind, buchen Sie vielleicht ein Rhetorikseminar.
- ☐ Reservieren Sie Räumlichkeiten für den Fall, dass es nicht Ihre eigenen sind (achten Sie hier auch darauf, dass der Rückweg aus dem Gebäude gesichert ist). Wenn Sie die Räumlichkeiten angemietet haben, kann es Ihnen passieren, dass ein dienstbeflissener Hausmeister alle Türen sorgfältig verschließt und mit dem Schlüssel nach Hause geht. Daher lassen Sie sich auf jeden Fall einen Schlüssel für den Notfall geben.
- ☐ Haben Sie einen Termin festgelegt und Einladungen versandt (je nach Fortbildung eventuell Ausweichtermin genannt)?
- ☐ Haben Sie Muster, Modelle, Folien, Arbeitsmaterialien, Wandtafeln, Videos usw. vorbereitet?

21.4.2 Ihre Fortbildung / Präsentation

Einführung

Nachdem Sie nun theoretisch bestens vorbereitet sind, kommt der große Tag „X“. Lampenfieber hat selbst der beste Schauspieler, daher sollten Sie nicht allzu selbstkritisch sein. Voraussetzung und damit das „A und O“ für eine gelungene Repräsentation ist Ihre Überzeugung vom Inhalt Ihrer Fortbildung sowie Ihre Begeisterung und Ihr Selbstvertrauen.

Entschuldigen Sie sich nicht bereits zu Beginn mit den einleitenden Worten wie „ich bin kein guter Redner“, sondern versuchen Sie stattdessen, Sie selbst zu sein. Denn auch ohne spezielle Ausbildung in Rhetorik, Mimik und Gestik werden Sie eine erfolgreiche Fortbildung / Präsentation usw. durchführen, wenn Sie die im Folgenden erläuterten Punkte verinnerlicht haben.

Ihre Sprache

Fließend zu sprechen, ohne dabei hastig oder abgehackt zu wirken, ist bereits eine kleine Herausforderung. Satzanfänge mit Verlegenheitsfloskeln wie beispielsweise „Äh“ oder „Tja“ sollten vermieden werden. Bemühen Sie sich um eine korrekte und hochdeutsche Aussprache (denn abhängig von Ihrem Wohnort ist vielleicht nicht jeder Zuhörer in der Lage, Ihrem Dialekt folgen zu können) ebenso wie um eine angemessene Lautstärke.

Achten Sie darauf, wichtige Fakten zu betonen. Gerade „Berufsanfänger“ schreiben gern mit und sind dankbar, wenn wichtige Fakten gebündelt noch einmal wiederholt oder deutlich kenntlich gemacht werden!

Ihre Gestik / Mimik

- Versuchen Sie, frontal zu Ihrem Publikum zu stehen, und drehen Sie den Zuhörern nach Möglichkeit nicht den Rücken zu. Zum einen versteht man Sie dann schlechter, zum anderen wird eine Barriere aufgebaut.
- Verschränken Sie Ihre Arme nicht und bemühen sich um eine gerade und lockere Körperhaltung. Meist ist dies einfacher gesagt als getan. Daher sieht man gerade während großer Fortbildungen die Dozenten und Referenten schutzsuchend hinter Schreibtischen oder Standpulten „Stellung beziehen".
- Halten Sie nach Möglichkeit Blickkontakt zu Ihren Zuhörern – bitte nicht zu verwechseln mit einer direkten Fixierung einer bestimmten Person. Lassen Sie Ihren Blick „durch die Runde wandern" – das signalisiert Ihren Zuhörern ebenso Miteinbezogenheit in Ihr Thema wie Ihr eigenes Engagement (dies wäre nicht der Fall, wenn Sie stocksteif hinter einem Schreibtisch sitzen und lediglich von einem Notizzettel ablesen würden!).
- Wenn Sie Dinge an die Tafel bzw. auf Folie schreiben, unterbrechen Sie Ihre Rede – konzentrieren Sie sich entweder auf das eine oder das andere (und machen es damit im Endeffekt Ihren Zuhörern ebenfalls leichter, Ihrem Seminar folgen zu können). Benutzen Sie Farbe.
- Gerade bei Overheadfolien sollten Sie sicherstellen, dass auch der Letzte in der hintersten Reihe Ihre Folien lesen kann – ansonsten die Schrift durch Verstellen des Gerätes vergrößern.

Dazu ein kleiner Tipp: Führen Sie einen „Kaltstart" vor Beginn des Seminars durch und testen Sie die Reichweite des Overheadprojektors, dann stören keine ungeplanten Missgeschicke. Falls Sie während des Seminars jedoch nicht weiterkommen, gibt es in der Zuhörerschaft mit Sicherheit einen techniksierten Menschen, der Ihnen gern behilflich sein wird.

Durchführung

Ihre Präsentation / Seminar besteht, unabhängig vom Fachgebiet / Themenschwerpunkt, aus drei Teilen:

- Einleitung,
- Hauptteil,
- Schluss.

Einleitung

Hier können Sie sich insoweit vorbereiten, als Sie Ihre Einstiegssätze stichwortartig auf einem kleinen Handzettel festhalten. Teilen Sie Ihren Zuhörern sowohl den Ablauf als auch die Zielsetzung Ihrer Präsentation mit. Beginnen Sie ruhig mit einer humorvollen Frage – das lockert die Anfangssituation auf.

Eine rhetorische Frage ist ebenfalls eine gute Einleitung. Verteilen Sie einige Unterlagen, um das Thema zu beginnen, womit sich Ihr Publikum dann einige Minuten beschäftigen kann. Außerdem kann man Ihrer Fortbildung intensiver folgen, da man sich nicht alle Details notieren muss, sondern sich auf persönliche Ergänzungen auf dem vorliegenden Manuskript beschränken kann.

Stellen Sie sich kurz vor, Ihren Beruf, Ihre Praxiserfahrung und – wenn Sie möchten – auch Ihre sozialen Bindungen (Familienstand, Kinder usw.). Danach umreißen Sie das Thema und stellen allgemein geltende Rahmenbedingungen auf, die Sie sich von Ihren Teilnehmern wünschen.

Dazu können gehören:

- Kurzvorstellung in der Runde (abhängig von Ihrem Seminar – auf einer Fachmesse mit 100 Zuhörern nicht geeignet, jedoch im Rahmen eines kleinen Kurses der Volkshochschule mit dem Thema „Homöopathische Hausapotheke bei Kindern").
- Erwartungen an das Seminar, sowohl Ihre als auch die der Teilnehmer.
- Aufstellung einer Pausenregelung (z. B. Pausen zu jeder vollen Stunde oder „Raucherpausen zwischendurch").
- Anregung, sich Fragen zu merken und am Ende des Seminars bzw. vor einem Themenwechsel zu stellen (planen Sie hierfür genügend Zeit ein). In diesem Zusammenhang

scheuen Sie sich nicht, Informationslücken zuzugeben.

Notieren Sie sich unbeantwortete Fragen und bieten dem Teilnehmer an, ihn am folgenden Tage zurückzurufen.

Gemäß § 11 Punkt 8 HWG ist es zwar verboten „durch Werbevorträge, in denen ein Feilbieten oder eine Entgegennahme von Anschriften verbunden ist“, sich die Telefonnummer des Teilnehmers zu notieren und so einen Rückruf zu offerieren, es kann Ihnen jedoch niemand verbieten, Ihre Seminarunterlagen mit Ihrem Namen und Ihrer Anschrift zu versehen, sodass der Teilnehmer Sie in Ihrer Praxis erreichen kann!

Schaffen Sie eine gemeinsame Ausgangsbasis. Grenzen Sie Ihr Thema ein und erklären Sie die Zielsetzung. Dies ist besonders dann wichtig, wenn Sie noch nicht so routiniert sind, denn Sie haben zum einen Ihren (relativ) festgesteckten Zeitrahmen und zum anderen Ihr Programm.

Beispiel

Sie halten ein zweitägiges Seminar von 10.00–16.00 Uhr über die homöopathische Hausapotheke für Kinder. Sie sind gerade bei dem Mittel „Mercurius“ in Bezug auf Beschwerden bei zahnenden Kleinkindern, da meldet sich eine besorgte Mutter zu Wort, die über den Schiefstand der Schneidezähne ihrer Tochter klagt. Ehe Sie sich versehen, ist eine Diskussion unter den Teilnehmern entbrannt und Ihr eng gesteckter Zeitrahmen läuft ebenso aus dem Ruder wie der „rote Faden“, an dem Sie sich orientieren, sodass wichtige Zeit vergangen ist, bis Sie wieder zum Ursprungsthema zurückfinden. Im Übrigen haben vielleicht nicht nur Sie einen geplanten zeitlichen Ablauf. Denn es ist nicht unwahrscheinlich, dass einige der Teilnehmer auf öffentliche Verkehrsmittel usw. angewiesen sind, die sie vielleicht verpassen, wenn Sie das Seminar überziehen.

! Wichtige Tipps zur Konzentrationsförderung der Zuhörer:

- Versuchen Sie, wichtige Details hervorzuheben.
- Wiederholen Sie.
- Weisen Sie darauf hin mit Sätzen wie „Also merken Sie sich ...“.
- Beziehen Sie das Interesse Ihrer Teilnehmer mit ein und fördern so Ihre Akzeptanz.

Gesetzliche Regelungen. Was Sie auf jeden Fall immer im Hinterkopf haben sollten, sind Ihre gesetzlich beschränkten Handlungsmöglichkeiten. So besagt § 11 Absatz 1 Satz 1 Nr. 10 des HWG, dass „Veröffentlichungen, die dazu anleiten, bestimmte Krankheiten, Leiden, Körperschäden oder krankhafte Beschwerden beim Menschen selbst zu erkennen und mit den in der Werbung bezeichneten Arzneimitteln, Gegenständen, Verfahren, Behandlungen oder anderen Mitteln zu behandeln, sowie mit entsprechenden Anleitungen in audiovisuellen Medien“, verboten sind (im Hinblick auf das oben erwähnte Beispiel mit der Hausapotheke). Sie dürfen durchaus eine homöopathische Hausapotheke vorstellen, soweit man dieser keinen werbenden Charakter o. Ä. unterstellen kann. Sie sollten jedoch vorsichtig sein, was Ihre Vorgehensweise in punkto „Werbung, die zur Selbstbehandlung anleitet“, angeht.

Dieser Punkt des HWG ist zwar sehr heftig umstritten, weil es viele Patientenratgeber auf dem Markt gibt (gerade in Punkto Neurodermitis, Allergien usw.), die genau diesen Zweck verfolgen und allgemein anerkannt sind, doch das Gesetz ist existent und sollte nicht übergangen werden (da im Schadensfall wirtschaftliche Nachteile drohen.

Hauptteil

Im Hauptteil sollte, wie bereits angesprochen, der „rote Faden“ in Form von einer logischen und zusammenhängenden Struktur erkennbar sein. In die Praxis umgesetzt bedeutet das, dass Sie ein Thema von Anfang bis Ende behandeln, ohne zu anderen Themen überzuwechseln bzw. das Thema nicht beenden.

Wenn Sie über mehrere Themen referieren, kündigen Sie dies im Verlaufe des Seminars mehrmals an, damit man u. U. Fragen am Ende eines Themenschwerpunktes stellen kann. Bieten Sie Abwechslung und Außergewöhnliches und beziehen Sie Ihre Teilnehmer aktiv mit ein.

Beispiel

Ein ganz einfaches, aber umso spektakuläreres Beispiel wäre die **Blutdruckmessung**. Im Rahmen einer Fachfortbildung für eine Krankenkasse habe ich, allerdings dort nicht in meiner

Eigenschaft als Heilpraktikerin, einen Kursbaustein über das Thema „Blutdruck" gehalten. Nach den anatomischen Erklärungen mit Physiologie und Pathophysiologie habe ich die Teilnehmer gegenseitig ihren Blutdruck messen lassen. Danach durften sie zweimal um die Tische laufen und sich danach erneut gegenseitig ihren Blutdruck messen. Ein erstauntes Raunen, Lachen und eine sehr positive Atmosphäre füllten plötzlich den Raum. Zum einen waren die Teilnehmer aktiv am Seminar beteiligt, zum anderen haben sie ihre neu gewonnenen theoretischen Kenntnisse gleich praxisnah anwenden können („learning by doing"). Ganz abgesehen von dem Spaßeffekt.

Abwechslung und Auflockerung bekommen Sie auch durch Humoreinlagen oder, wie oben beschrieben, in Form von netten Anekdoten.

> Denken Sie bitte auch daran, dass Sie aufgrund § 11, Absatz 1 Satz 1 Nr. 3 HWG keine „Wiedergabe von Krankengeschichten sowie Hinweise darauf" geben dürfen, sondern es lediglich abstrakte Fallbeispiele sein sollen, um Ihre Vorgehensweise zu erläutern.

Visualisieren Sie Ihre Aussagen, denn „Bilder sagen mehr als Worte". Erklären Sie, wie oben bereits kurz angesprochen, Ihre Theorien anhand von Praxisbeispielen und demonstrieren Sie an Mustern, Modellen und geben Beispiele. Achten Sie auch hier darauf, dass Sie Ihre Erklärungen einfach und verständlich halten, da § 11, Absatz 1 Satz 1 Nr. 6,7 HWG besagt, dass

- mit fremd- oder fachsprachlichen Bezeichnungen, soweit sie nicht in den allgemeinen deutschen Sprachgebrauch eingegangen sind,
- mit einer Werbeaussage, die geeignet ist, Angstgefühle hervorzurufen oder auszunutzen,

nicht geworben werden darf.

Der Verbraucher soll so davor bewahrt werden, mittels Fachvokabular geängstigt und somit „aufs Glatteis geführt" zu werden.

Schluss

Zum Schluss wiederholen Sie noch einmal wichtige Aussagen. Beispiel: „Zusammenfassend lässt sich sagen, dass sich Mercurius in der Potenz XY bei zahnenden Kleinkindern bewährt hat."

Lassen Sie keine (Patienten-)Fragen offen oder unbeantwortet.

Ermuntern Sie Ihr Publikum zur Äußerung von (konstruktiver) Kritik, Wünschen und Anregungen – vielleicht durch Vorbereitung eines entsprechenden Fragebogens, der am Ende ausgeteilt und anonym ausgefüllt abgegeben werden kann. Direkte Kritik sollten Sie ruhig und sachlich beantworten.

Bedanken Sie sich für die Teilnahme und verabschieden Sie sich positiv.

Das Thema „Kritik" zur „Kundenzufriedenheit" können Sie bereits auf Ihrer Homepage im Internet einsetzen: Lassen Sie einen Button integrieren, ähnlich wie in dem Beispiel, das **Abb. 21.2** zeigt. Sie erhalten somit eine Rückmeldung über die Wertmaßstäbe Ihrer Patienten und können Ihr Angebot entsprechend ausrichten.

Der Internet-User kann sich zwischen den Möglichkeiten entscheiden, die in **Abb. 21.3** aufgeführt sind.

21.4.3 Ihre Nachbereitung

Sicher werden Sie nach der ersten Fortbildung froh sein, alles „hinter sich zu haben" – doch sollten Sie das Vorangegangene auf jeden Fall kritisch hinterfragen:

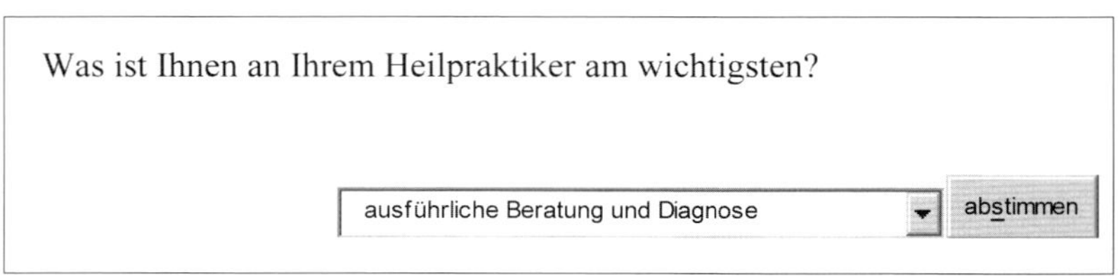

Abb. 21.2 Thema „Kundenzufriedenheit".

- Flexible Öffnungszeiten
- Ausführliche Beratung und Diagnose
- Natürliche Behandlungsmethoden
- Bio-Lifting
- Keine Wartezeiten – Sprechstunden nur nach Vereinbarung
- Langfristige Erfolge
- Viel Zeit für den Patienten
- Lebenslange Begleitung und Beratung in Krisensituationen

Abb. 21.3 Beispiel Verbesserungswünsche von Patienten.

- Konnten Sie die Aufmerksamkeit Ihres Publikums steuern?
- Wo traten vermehrt Fragen auf, können Sie das jeweilige Thema eventuell anders aufbereiten (z. B. durch den Einsatz von Folien, Schautafeln usw.)?
- Haben einige Zuhörer Anregungen und Wünsche geäußert, die Sie beim nächsten Mal umsetzen möchten?

21.5 Checkliste 5: Patientenorientierte Kommunikation

Diese Checkliste soll Ihnen helfen, die eigene Kommunikationsmethode zu hinterfragen. Hier nur einige Anregungen:

Ein Patient kommt das erste Mal zu Ihnen in die Praxis, kennt sich noch nicht aus

Negativ: Ich habe im Moment wirklich keine Zeit. Außerdem habe ich heute keinen Termin mehr frei. Ja, und zaubern kann ich auch nicht.

Positiv: Guten Tag Frau ...? Wie kann ich Ihnen helfen? Im Moment habe ich gerade einen Patienten zur Behandlung, kann ich Ihnen wahlweise morgen oder übermorgen zwei Termine vorschlagen?

Hinweis: Empfangen Sie alle Patienten, auch unangemeldete freundlich, selbst wenn Sie im Moment keine Zeit haben. Der Patient kommt zu Ihnen und sucht Hilfe. Zeigen Sie ihm, dass Sie für ihn da sind. Machen Sie dabei ruhig Ihre Position deutlich („Heute habe ich leider keinen Termin mehr frei.“) und ergänzen Sie die Aussage durch einen positiven Vorschlag („Darf ich Ihnen morgen einen Termin anbieten?“).

Patient: Was bedeutet Magnetfeldtherapie?

Negativ: Das weiß ich nicht.

Positiv: Frau Meier, ich werde mich gern für Sie informieren und Ihnen bei Ihrem nächsten Termin übermorgen Bescheid geben.

Hinweis: Bei Nachfragen zu eher ungewöhnlichen Therapien, über deren Inhalte Sie nicht einfach Auskunft geben können, vermitteln Sie dem Patienten, dass Sie seine Rückfrage ernst nehmen und sich für Ihn erkundigen werden.

Patient: Ich warte jetzt schon 10 Minuten, wie lange dauert es denn noch?

Negativ: Warten Sie, bis Sie dran sind.

Positiv: Frau Meier, Sie sind sofort im Anschluss, in ca. 10 Minuten, dran.

Hinweis: Das Drängen des Patienten sollte Sie darauf hinweisen, selbst ruhig zu bleiben. Geben Sie freundlich und sachlich Auskunft, ohne auf den etwaigen Vorwurf einzugehen.

Patient: Ich habe aber Angst vor Nadeln, sogar vor diesen kleine „Piekedingern“!

Negativ: Ach Frau Meier, Sie brauchen keine Angst zu haben. Das tut nicht weh und ist gar nicht gefährlich.

Positiv: Frau Meier, das ist vollkommen harmlos. Entspannen Sie sich, Sie können ihrer Akupunktur völlig ruhig entgegensehen. Sehen Sie her, ich zeige Ihnen eine Bilddokumentation.

Hinweis: Nehmen Sie Unsicherheiten oder Ängste der Patienten ernst und gehen Sie darauf ein, indem Sie nicht abwiegeln, sondern sachlich informieren.

Patient: Was heißt hier „negativ“? Bin ich todkrank oder was?

Negativ: Ihr körperlicher Befund ist absolut negativ.

Positiv: Frau Meier, ich gratuliere, Sie sind vollkommen gesund.

Hinweis: Der Befund ist für den Patienten essenziell. Erklären Sie ihm genau und in einfachen Worten, welche Inhalte dieser hat.

21.6 Checkliste 6: Wettbewerbsvorteile durch schriftliche Patienteninformationen

Diese Checkliste ist sicher noch nicht für Ihren Praxisbeginn notwendig, da Sie, zumindest bei einer Neueröffnung im Gegensatz zur Praxisübernahme, noch keinen Patientenstamm haben. Sobald Sie Ihre ersten Rechnungen versenden und einige Patienten zu Ihnen kommen, können Sie den einfachen Weg der schriftlichen Kunden- oder Patientenbindung nutzen. In diesem Punkt unterscheidet sich der Heilpraktiker noch vom Arzt.

Folgende Möglichkeiten bieten sich an:

- Homepage (Kap. 8.3.3, S. 35 f.).
- Praxisbroschüre (Kap. 6.2.9, S. 24 ff.).
- Behandlungsbriefe – d. h. **nach** einem Praxisbesuch bekommt der Patient Post nach Hause. Zusammenfassend erläutern Sie ihm noch einmal seine neue Lebensweise mit Ernährungsumstellung, erinnern ihn an den Folgetermin und erklären dem Patienten noch einmal schriftlich, wie er z. B. seine Globuli einnehmen soll. Sie werden anhand seiner Reaktion beim nächsten Termin sehen, wie neu und einzigartig positiv er diese Aktion findet.
- Glückwunschkarten zu Geburtstagen und Feiertagen.
- Terminkärtchen für die nächste Sitzung mit der Aufschrift: „Vielen Dank für Ihren Besuch. Wir sehen uns wieder am 11.01. um 13.12 Uhr."

Wenn Sie in einer Großstadt, mit einem hohen Anteil an ausländischen Mitbürgern, wohnen, ist es eventuell sinnvoll, diese Informationen in der jeweiligen Muttersprache zu hinterlegen (vielleicht englisch, türkisch oder russisch, je nach Patientenklientel).

21.7 Checkliste 7: Regelkreislauf

Nehmen Sie unter Zuhilfenahme des Regelkreislaufs (**Abb. 21.4**) Ihr Praxiskonzept sowie Ihre Praxisphilosophie zur Hand und überprüfen Sie diese nach den genannten Punkten. Da jede der Praxen ein Individualfall ist, wird hier die Praxis von „Herrn Mustermann" vorgestellt.

Herr Mustermann ist ein Heilpraktiker, der gerade seine Prüfung absolviert und sich in der Fußgängerzone Dortmunds mit seiner Praxis niedergelassen hat. Obwohl er die Praxis erst seit fünf Monaten betreibt, hat er regen Patientenzulauf, nicht zuletzt wegen der gut durchdachten geografischen Lage. Da er sich aber auf Dauer nicht auf sein Glück allein verlassen möchte, erstellt er anhand des Regelkreislaufs einen Marketingprozess, der es ihm langfristig ermöglichen soll, sich zu etablieren und nach Möglichkeit zu expandieren.

Situationsanalyse. Er beginnt mit einer Situationsanalyse. Herr Mustermann stellt fest, in welchem „Ist-Zustand" sich seine Praxis momentan befindet:

- Wo stehe ich?
- Wie viele Patienten habe ich?
- Welches Patientenklientel habe ich (Alter, Geschlecht, Bedürfnisse, Versicherungsart)?
- Kann ich anhand meiner Karteikarten ersehen, wie viel neue Patienten sich pro Woche in meiner Praxis anmelden?
- Wie viele Anrufe bekomme ich, die sich nach meinem Leistungsspektrum und meinen Therapieschwerpunkten erkundigen?
- Wo stehe ich finanziell?
- Sind die laufenden Kosten bereits abgedeckt?
- Kann ich Rücklagen bilden?

Jetzt werden Sie aktiv. Entsprechend dem o.g. Beispiel betrachten Sie Ihre eigene Situation:

- Wo stehen Sie?
- Wie viele Patienten haben Sie?
- Können Sie anhand Ihrer Karteikarten ersehen, wie viel neue Patienten sich pro Woche anmelden?
- Wie viele Anrufe (oder E-Mails) bekommen Sie wöchentlich von potenziellen Patienten, die sich nach Ihrem Leistungsspektrum und Ihren Therapieschwerpunkten erkundigen?
- Wo stehen Sie finanziell?

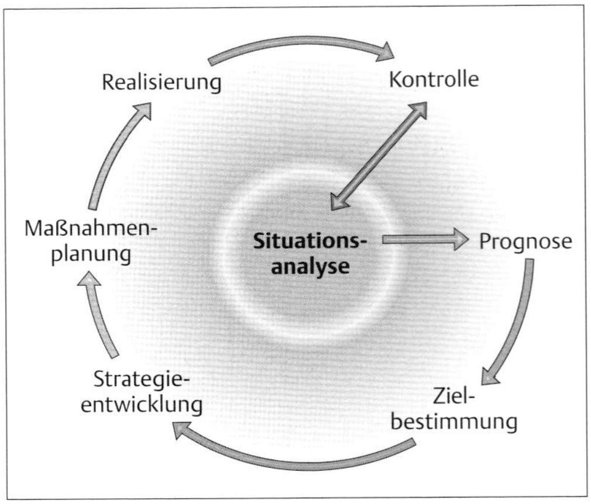

Abb. 21.4 Regelkreislauf

- Sind Ihre laufenden Kosten bereits abgedeckt (vergessen Sie hier auch Leasingraten usw. nicht)?
- Können Sie Rücklagen bilden?

Zukunftsprognose. Anschließend erstellt Herr Mustermann Prognosen für die Zukunft. Dabei bezieht er künftigen Patientenzuwachs, Mundpropaganda usw. mit ein.

Jetzt wieder zu Ihnen: Wie sehen Ihre Prognosen aus? Da dies ein sehr individuelles und sensibles Thema ist, sollte jeder Einzelne hier sehr ehrlich eigene Prognosen erstellen.

Zieldefinition. Sowohl mit der Situationsanalyse als auch mit der aufgestellten Prognose (die durchaus auch kalkulierbare Risiken wie neue Heilpraktiker in der Nachbarschaft usw. mit einbeziehen sollte) definiert Herr Mustermann ein klares Ziel.

Strategieplanung. Anhand dieser neu definierten Ziele setzt sich Herr Mustermann mit möglichen Strategien auseinander, die zu besagtem Ziel führen sollen. Es ist eine Frage der Effektivität (vgl. Kap. 11, S. 73 f.), in die richtigen Dinge zu investieren.

Welche Ziele und Strategien für Sie die richtigen sind, können nur Sie allein entscheiden. Nach Durcharbeiten dieses Buches sind Sie nun in der Lage, aus den verschiedenen Werbemitteln und Marketinginstrumenten die für Sie am effektivsten herauszufiltern und umzusetzen. Wichtig sind auch hier nach wie vor die 4 W's (vgl. Kap. 10, S. 63 f.).

Planung effizienter Maßnahmen. Mittels der daraus resultierenden Maßnahmenplanung, d. h. Konzepte, für die sich Herr Mustermann entscheidet, sollen die Marketingziele sicher erreicht werden. Hier geht es um die Frage der **Effizienz**. Die Maßnahmen werden dann realisiert und kontrolliert (vgl. Kap. 23, S. 146 f.).

! Um die oben genannten Schritte erfolgreich umsetzen zu können, müssen Sie stets über alles informiert sein, was Sie u. a. durch die Mitgliedschaft in einem Berufsverband, dem Lesen von Fachzeitschriften sowie der Zuhilfenahme des Internets als Recherchengrundlage erreichen.

21.8 Checkliste 8: Ein Beispiel Ihrer Pflichtangaben auf Ihrer Webseite

Gemeint sind hier wirklich nur Ihre Pflichtangaben, das absolute Muss lt. TMG §5. Ausführlich wird dies im Kap. 8.7, S. 41 behandelt.

Haben Sie folgende Angaben auf Ihrer Webseite integriert bzw. integrieren lassen?

1. Name und Anschrift

Heilpraktikerin Klothilde Apoplexia, Prothesenstraße 2, 23333 Musterhausen

Sprechzeiten: freiwillig

2. Kontaktaufnahme

Tel.: 01234/6789 – Fax: 01234/6789 – E-Mail: k.apoplexia@info.de

3. Berufsaufsicht

Aufsichtsbehörde: Gesundheitsamt in ...., Adresse ...

Erteilung der Erlaubnis zur Ausübung der Naturheilkunde von (der ausstellenden Behörde) am ...

4. Registereintragung

Entfällt bei Heilpraktikern

5. Mitglied im Berufsverband

6. Gesetzliche Berufsbezeichnung

Heilpraktikerin; Berufsbezeichnung erworben in Deutschland

7. Berufsrechtliche Regelung

Anhand der BOH, der Berufsordnung für Heilpraktiker, siehe Kap. 14.

8. Impressum

22 Resümee – der Idealfall

Da jeder Heilpraktiker seine Praxis exakt auf die Wünsche und Bedürfnisse sowohl seiner Person als auch die seiner zukünftigen Patienten einrichten wird, belassen wir es bei folgenden Anregungen:

1. Schritt

Persönliche Voraussetzungen. Stimmen Ihre persönlichen Voraussetzungen?

- Sie haben Ihre Zulassung, haben vielleicht sogar ein Praktikum absolviert.
- Ihre Familie weiß, worauf sie sich einlässt, mit allen Eventualitäten.
- Sie fühlen sich bereit für diesen Schritt.

Sie wissen, wo Sie praktizieren werden. Praxisräume (mit Nutzungserlaubnis) sind vorhanden, Mietvertrag unterschrieben, alles vertraglich mit dem Vermieter und dem Eigentümer der Hauswand, auf der Sie Ihr Praxisschild befestigen wollen, geregelt.

Ihr Finanzrahmen ist gesichert. Sie haben für das erste Jahr (Minimum) ausreichende finanzielle Rücklagen sowie eventuell Nebenjobs in Form von Kursen.

> Damit haben Sie nun bereits den Grundstein für Ihre zukünftige berufliche Laufbahn gelegt.

2. Schritt

Vermutlich wissen Sie nicht genau, womit Sie anfangen sollen, ständig fällt Ihnen ein, was Sie noch erledigen müssen. Lesen Sie dieses Buch und betrachten es als Handbuch für den Alltag! Schreiben Sie Ihre Notizen an den Rand und lassen es so zu einem auf Sie persönlich zugeschnittenen Buch werden.

Erstellen Sie sich eine Liste mit den Dingen, die Sie vor Ihrer Eröffnung erledigen müssen (vgl. Checklisten, S. 131 – 132) und überlegen Sie, welche Werbestrategien für Sie in Frage kommen.

3. Schritt

Arbeiten Sie sich durch die Checklisten und legen Sie das Datum für den „Tag der offenen Tür" fest.

4. Schritt

Stellen Sie sich überall vor (vgl. Kap. 21.3, S. 133) und verschicken Sie Einladungen, inserieren Sie Ihre Eröffnungsanzeigen.

5. Schritt

Treffen Sie Vorbereitungen für den „Tag der offenen Tür" (Einkauf, Arbeiten an Freunde delegieren usw.).

6. Schritt

Viel Glück – Ihr erster Praxistag beginnt.

Scheuen Sie sich nicht, bei Fragen Ihren Berufsverband zu kontaktieren oder eventuell die Schule, bei der Sie Ihre Ausbildung absolviert haben.

> ! Behalten Sie Ihr Marketingziel stets im Hinterkopf: Stellen Sie Ihre Patienten stets ins Zentrum und orientieren Sie sich an den Bedürfnissen dieser Zielgruppe.

23 Praxistest

Herr Schubert hat seine Naturheilpraxis vor 9 Monaten, von Berlin kommend, in Berchtesgaden eröffnet. Er hat zwar tagtäglich den Watzmann vor Augen, doch seine Praxis floriert nicht richtig und er weiß, dass er etwas ändern muss, um wirtschaftlich gesehen überleben zu können.

Dass er nur wenige Patienten hat, schiebt er eher auf sein Defizit, den Dialekt seiner Patienten zu verstehen, als auf sein Handeln. Er will stets schnell fertig werden, um für den nächsten Patienten bereit zu sein.

Er hat gute Behandlungserfolge (Behandlungsschwerpunkt Allergiebehandlung, Atemwegserkrankungen) vorzuweisen, doch er ist unzufrieden.

Marketingziele. Nach Durcharbeiten dieses Buches plant er seine reinen praxisbezogenen Marketingziele für das kommende Jahr. Die Planung sieht wie folgt aus:

- Ich erstelle mir eine Liste mit Erwartungen, die meine Patienten an mich haben (s. o.); Erwartungen, die sie in meine Behandlung setzen, Erwartungen, die sie an den Praxisablauf und an meine Räumlichkeit stellen.
- Anhand der Branchenbücher, dem Internet, der regionalen Presse u. Ä. fertige ich mir eine Liste mit allen Ärzten, Heilpraktikern, Therapeuten (vgl. Kap. 4.4, S. 7), Apotheken, Rehabilitationskliniken, Asthmazentren usw. an, vereinbare Termine und stelle mich dort vor, meine Praxis (mit der dazugehörigen Praxisphilosophie), mein Leistungsangebot usw.
- Zieldefinition:
  - Erhöhung meiner Patientenzahlen um 75 %.
  - Erhöhung meines Umsatzes um 100 %, ohne meine Behandlungspreise aufzustocken.
  - Erhöhung meines Bekanntheitsgrades bei örtlichen Selbsthilfegruppen für Atemwegserkrankungen und den Asthmazentren um 100 %.
- Wo stehe ich finanziell? Welchen Betrag kann ich für Werbung investieren, welche Art Werbung ist für mich am sinnvollsten (vgl. Kap. 11.4, S. 74)?

Er erkennt einige Schwachstellen und arbeitet an diesen, um genau in einem Jahr seine Ziele erreicht zu haben.

Marketingmaßnahmen. Herr Schubert entscheidet sich für folgende Marketingmaßnahmen in Form eines persönlichen Plans:

- Ab sofort nehme ich mir für die Erstanamnese ca. eine Stunde Zeit, damit ich meinem Patienten genügend Zeit zur Untersuchung und zur Aufklärung widmen kann; die Sitzung ist nicht beendet, bevor ich nicht all seine Fragen beantwortet habe.
- Ich informiere ab sofort jeden Patienten über den Ablauf innerhalb der Praxis sowie über die Dauer und Kosten der Therapie.
- Ich melde mich für ein Kommunikationsseminar an, um meine Kompetenz auf diesem Gebiet zu erweitern und zu vertiefen.
- Der Patient ist König. Ich bitte ihn, einen Fragebogen (anonym) im Wartezimmer auszufüllen, um konstruktive Kritik und Anregungen zu erfahren. Das Formular erstelle ich in den nächsten zwei Tagen.
- Ich bemühe mich, eine vertrauensvolle Bindung zu meinem Patienten aufzubauen und scheue mich auch nicht, ihn zu fragen, wenn ich seinen Dialekt nicht gleich verstehe.
- Einführung eines Gesprächskreises für Patienten und Angehörige des Asthmazentrums alle 14 Tage.
- Anzeigen zur Ankündigung des Gesprächskreises in der „Berchtesgadener Rundschau“ sowie dem „Berchtesgadener Anzeiger“ schalten.
- Verfassung einer Informationsbroschüre zum Thema „Atemwegserkrankungen“ und Auslegung dieser Broschüren in den ortsansässigen Apotheken, Rehabilitationskliniken (ich nehme diese gleich mit, wenn ich mich bei den verschiedenen Institutionen vorstelle

und zusätzlich an meine Patienten verschicke).
- Ich beschrifte meinen PKW mit den Praxisangaben.
- Ich lasse meine Homepage ins Internet stellen und weise noch einmal auf diese Spezialisierung hin (ebenso gebe ich dort die Termine sowie die Wegbeschreibung bekannt).
- Ausarbeitung einer aussagekräftigen Praxisbroschüre. Diese gebe ich zur ortsansässigen Druckerei und berichte auch dort noch einmal ausführlich von meiner Praxis.

Marketingkostenplan. Dabei rechnet Herr Schubert mit folgenden Kosten (Marketingkostenplan):

- Anzeigen in den Tageszeitungen: ca. € 120,–
- Druck der Broschüre (inkl. Grafik): ca. € 800,–
- Erstellung einer Homepage: ca. € 300,–
- Mailingaktion inkl. Porto und Versand: ca. € 150,–

24 Häufige Leserfragen

Der Wissensbedarf unter uns Kollegen ist enorm, sodass sich nach der Erstausgabe dieses Buches viele Kollegen mit ihren praxisindividuellen Fragen an den Verlag gewandt haben. Aus diesem Anlass habe ich häufigen Leserfragen ein separates Kapitel gewidmet.

Berufsbezeichnung

Die häufigste Frage war der Punkt der Berufsbezeichnung.

Hier ein Ausschnitt:

„Ich habe Ihr Buch ‚Marketing für Heilpraktiker' schon mehr als einmal gelesen und mir auch einige Entwürfe erarbeitet. Ich bin als psychotherapeutische Heilpraktikerin tätig und werde des Öfteren von Ärzten angesprochen, die mit meinem Praxisschild ‚Psychotherapie' nicht einverstanden sind. Wie verhalte ich mich in diesem Fall korrekt?"

Durch die besondere Problematik, dass sich gerade Psychologen von der vermeintlichen „Konkurrenz" distanzieren wollen und oft den rechtlichen Weg einschlagen, haben sich die Gesundheitsminister der Länder auf folgende Berufbezeichnungen geeinigt (Newsletter Heilpraktiker vom 13.4.2003 von med-con.de):

- Psychotherapeutischer Heilpraktiker
- Heilpraktiker (Psychotherapie)
- Heilpraktiker (eingeschränkt für den Bereich Psychotherapie)

Fortbildungen zum Thema Marketing

Einige Kollegen bemängeln, dass es in ihrer nahen Umgebung keine geeigneten Fortbildungen gibt und sie darum in diesem Bereich ihren Konkurrenten gegenüber benachteiligt seien. Diesen sei gesagt:

Liebe Kollegen!
Das ist, so leid es mir tut, zum großen Teil eine Ausrede: Es gibt Fachfortbildungen im Internet, online (s. auch www.akademie.de), es gibt eine Fülle von Arbeitskreisen über die Berufsverbände und es gibt Fachfortbildungen via Fachzeitschriften – einfach lesen, lernen, Fragebogen ausfüllen und an den Verlag senden.
Sie werden sehen, es gibt eine Vielzahl an Fortbildungsmöglichkeiten, bei denen man nicht weit weg fahren muss und bei denen der Kostenfaktor absehbar ist. Wenden Sie sich an Ihren Berufsverband. Dort erhalten Sie selbst dann Auskunft über Fortbildungsmöglichkeiten, wenn Sie kein Mitglied sind.

Internetrecherche

Andere Kollegen möchten wissen, „wo sie was im Internet finden können, da ihnen dieses Medium noch nicht sehr vertraut ist".

Einige wichtige Internetadressen sind auf S.151 beigefügt. Suchen Sie und versuchen Sie sich. Einmal im Internet, über die Suchmaschinen auf andere Links gestoßen, können Sie immer weitere Internetseiten finden. Es gibt zurzeit über 800 Millionen Internetseiten, davon allein 4 Millionen das Thema Gesundheit betreffend, Tendenz steigend! Wenn Sie eine interessante Seite gefunden haben, speichern Sie sie unter Ihren Favoriten in der Menüleiste.

25 Nachwort

Während Sie dieses Buch gelesen haben, sind Ihnen hoffentlich eine Menge effektiver Ansatzpunkte aufgefallen, an denen Sie ansetzen werden, um Ihre Praxis werbewirksam zu vermarkten, immer in Hinblick auf Ihr Ziel und ohne jegliche Übertreibung. Achten Sie auf sachliche Information, dekorativ verpackt, und auf ein seriöses Erscheinungsbild.

! Werbung kann informieren und Informationen können im Gegenzug werben, beides bedingt sich oft gegenseitig.

Vielleicht beschäftigt Sie nun die Frage: „Welche Form ist denn nun die beste – und für welche der vorgeschlagenen Varianten entscheide ich mich?" Dies können einzig Sie selbst entscheiden, da immer eine Menge verschiedener Ausgangspositionen vorherrschen, nicht alle Praxen den gleichen Standort, Schwerpunkte usw. haben.

! Zum Schluss noch einige Tipps aus der Praxis:
Fügen Sie allen Briefsendungen Ihre Visitenkarte bei. Dies natürlich nicht jede Woche, aber wenn Sie Ihre Rechnungen beispielsweise quartalsmäßig erstellen, können Sie eine beifügen.

- Erstellen Sie einen aussagekräftigen Flyer und Praxismitteilungen, die Sie in Ihrem Wartezimmer auslegen oder an eine Pinnwand heften.
- Halten Sie Vorträge, Informationsnachmittage, Seminare in Ihren eigenen Räumlichkeiten ab, dann sind diese schon einmal bekannt.

Machen Sie sich bekannt – das ist das „A und O".

Folgendes möchte ich Ihnen noch mit auf den Weg geben:

- Bleiben Sie sich selbst treu und bringen Sie Ihre eigene Persönlichkeit mit in Ihre Praxis – nur Patienten, die zu Ihnen „passen", oder anders gesagt, die auf einer „Wellenlänge mit Ihnen sind", werden bei Ihnen bleiben und Sie weiterempfehlen
- Bieten Sie Ihren Patienten eine fundierte Ausbildung und medizinische Fachkenntnisse.
- Besuchen Sie Fortbildungen, damit Sie, sowohl in Ihrem als auch im Interesse Ihres Patienten, immer auf dem aktuellen Stand sind.
- Versuchen Sie Ihre Preisgestaltung so umzusetzen, dass sich jeder einen Besuch bei Ihnen leisten kann.

Ich hoffe, dieses Buch hat Ihnen eine Menge an Ideen und Ansatzpunkten innerhalb Ihrer Praxis und Freude beim Lesen gegeben. Es ist nicht als Aufforderung zu einer aggressiven Werbung oder übertriebenen Selbstdarstellung gedacht. Es soll Ihnen lediglich dazu verhelfen, sich in dem Labyrinth der Gesetze und Fallstricke einen Überblick zu verschaffen, welche legalen Möglichkeiten Ihnen gegeben sind.

Herzlich bedanken möchten sich Autorin und Verlag für die freundliche Überlassung von Abbildungen bei:

- Lokalzeitung „Dorfschelle" in Flörsbachtal
- Verbandzeitschrift des Bundes Deutscher Heilpraktiker
- Union deutscher Heilpraktiker
- Heilpraktikerin Sylvia Volk-Seitz
- Heilpraktikerin Dr. phil. Dagmar Hemm
- Heilpraktiker Wolfgang Heinemann
- Team der „naturheilpraxis.de"
- Redaktion „Deutsche Heilpraktiker Zeitschrift"

Einen besonderen Dank für die tatkräftige Unterstützung meines lieben Ehemannes, der mir mit Rat und Tat zur Seite gestanden und mir den Rücken freigehalten hat, sowie ein herzliches Dankeschön an Frau Silvia Mensing, Susanne Schimmer und Herrn von Grumbkow vom Sonntag Verlag für die Überarbeitung und die hilfreichen Tipps. Dankeschön.

Anhang

Anbieter für Praxiszubehör

Wenn Sie im Internet keinen Anbieter von Praxisbedarf o.Ä. finden sollten, hier einige Adressen:

Bürobedarf

- www.ebay.de
- Metro: Als praktizierender Heilpraktiker können Sie sich sowohl bei Firmen wie Metro, egro usw. registrieren lassen und im Großhandel einkaufen. Das lohnt sich allerdings nur bedingt; vergleichen Sie die Preise
- www.viking.de – ein günstiger Versender von Bürobedarf
- www.vistaprint.de

Praxisbedarf

- Firma Methatec (Gesellschaft für Praxisbedarf) in Neu-Ulm
- Firma Cedip in Ismaning (diese Firma bietet auch Karteikarten, Rezeptvordrucke usw.)
- Firma Er-Leben in Bönen
- Firma Paul in Gilching
- Gratis-Visitenkarten bei zahlreichen Anbietern wie z.B. Vistaprint bei Abschluss eines Vertrages über die Erstellung einer Homepage unter www.altamedinet.de usw.)
- Firma Zeiss (Irismikroskope) in Jena

Wissensportale via Internet

Sie werden sicher einige Zeit benötigen, um sich im Internet zurechtzufinden. Daher hier ein paar Anregungen.

Medizinische Informationen. Bei Fragen zu allgemeinen Themen medizinischer Art können Ihnen folgende medizinisch orientierte Suchmaschinen helfen (die Liste erhebt keinen Anspruch auf Vollständigkeit, es handelt sich lediglich um einen Auszug):

- www.gesundheitscout24.de
- www.heilpraktiker.de
- www.medivista.de
- www.infomed.org
- www.nettz.de
- www.slaek.de
- www.zlb.de
- www.medknowledge.de
- www.art-und-data.de
- www.embl-heidelberg.de (naturwissenschaftlich-medizinische Suchmaschine)
- www.riedborn-apotheke.de
- www.pharmalink.de
- www.kinderarzt-augsburg.de

Naturheilkunde. Unter Zuhilfenahme des Internets finden Sie eine Menge an Informationen rund um das Thema „Naturheilkunde" unter folgenden Adressen:

- www.naturheilkunde-index.de
- www.naturheilkunde-online.de
- www.naturheilkunde.de
- www.naturheilkunde-aktuell.de
- http://de.dir.yahoo.com/Gesundheit/Alternativmedizin
- http://dmoz.org/World/Deutsch/Gesundheit/Alternative_Medizin/
- www.naturheilmagazin.de
- http://directory.google.com/Top/World/Deutsch/Gesundheit/Alternative_Medizin/

Spezifische Informationen. Abgesehen von der monatlichen Ausgabe der Fachzeitschrift Ihres Berufsverbandes können Sie sich unter folgenden Adressen über neueste Urteile, Fachbeiträge usw. kundig machen:

- www.bmn.com
- www.homes.uni-bielefeld.de/rrsch/bs/pk/bw/Kap5/bw05_36.htm
- www.juracafe.de
- www.medi-netz.com
- www.medizinindex.de
- www.olg-oldenburg.de
- www.pubmed.de
- www.sama.de
- www.urteilsticker.de
- Werberechtslexikon unter „urteilsticker.de"
- www.vkhd.de
- Sowie bei Ihrem im Internet vertretenen Berufsverband

Fachzeitschriften. Fachzeitschriften finden Sie außerdem unter folgenden Adressen:

- www.aboanders.de
- www.datadiwan.de
- www.fachzeitschriften-portal.de
- www.forum-medizin.de
- www.heilkunst.de
- www.heilpraxis-online.ch
- www.media-daten.de
- www.medizinverlage.de
- www.minibox.de
- www.naturheilpraxis.de
- www.profikiosk.de

Der Vorteil vieler dieser Internetadressen besteht in der Möglichkeit, sich regelmäßig „Newsletter" zusenden zu lassen, und zwar kostenlos.

Literatur

Blödorn S, Gerhards M, Klingler W: Informationsnutzung und Medienauswahl 2006. Ergebnisse einer Repräsentativbefragung zum Informationsverhalten der Deutschen. Media Perspektiven. 2006;(12):630–638.

Brinkpeter C, Pawelzik S: Kollegen fragen – Kollegen antworten. Deutsche Heilpraktiker Zeitschrift. 2006; 1: 59.

Donabedian A: Evaluating the Quality of Medical Care. The Milbank Memorial Fund Quarterly. 1966; 44 (3): 166–206.

Elste F: Marketing und Werbung in der Medizin. Berlin: Springer; 2004.

Jacoby B, Fröhling I: Vorbeugen und Heilen mit Farbtherapie. München: Falken; 1998.

Krol E: Die Welt des Internet. Bonn: O'Reilly / International Thomson Verlag; 1995.

Nickel K, Velling P, Mall M: Ganzheitliches Praxismarketing. Stuttgart: Haug; 2005.

Ruhleder B: Mit Stil zum Ziel. Offenbach: Gabal; 1997.

Schulz von Thun F: Miteinander reden. 3 Bde. Reinbek bei Hamburg: Rowohlt; 2007.

Seifert JW: Visualisieren, Präsentieren, Moderieren. 23. Aufl. Offenbach: Gabal; 2007.

Thomann Ch, Schulz von Thun F: Klärungshilfe – Handbuch für Therapeuten, Gesprächshelfer und Moderatoren in schwierigen Gesprächen. Reinbek bei Hamburg: Rowohlt; 1988.

Voss R: Grundwissen Betriebswirtschaftlehre. München: Wilhelm Heyne; 1996.

Vossebein U: Marketing Intensivtraining. Wiesbaden: Gabler; 2002.

Zillessen A, Hein R: Marketing für die Physiotherapie. Stuttgart: Georg Thieme; 2005.

Zizmann PA: Die erfolgreiche Naturheilpraxis. Neuaufl. Bonn: Volksheilkunde; 2007.

Abbildungsnachweis

Abb. 4.1 „Medizinischer Bedarf". Anzeigen aus der Zeitschrift Naturheilpraxis 2003, Heft 1.

Abb. 6.5 © sebbe-Fotolia.com (Labyrinth).

Abb. 6.6b © Andre Pfützner (links) und Viktor Isaak (rechts), Fotolia.com.

Abb. 6.11 Foto aus der Deutschen Heilpraktiker Zeitschrift. 2006; 1(4): 76.

Abb. 8.1 Screenshot der Seite www.naturheilpraxis.de.

Abb. 8.2 Screenshot der Seite www.google.de.

Abb. 8.3 Screenshot der Suchanfrage „homoeopathie" aus www.google.de.

Abb. 8.4 Screenshot der Seite „Heilpraktiker suchen" des Verbandes Freier heilpraktiker e.V. Initiative 2002 unter www.heilpraktikerverband.de.

Abb. 8.5 Startseite der Website des Bundes Deutscher Heilpraktiker: www.bdh-online.de.

Abb. 8.6 Heilverfahren auf der Website des Bundes Deutscher Heilpraktiker: www.bdh-online.de/9.0.html?&tx_drwiki_pi1[keyword]=Heilverfahren.

Abb. 8.7 Magnetfeldtherapie auf der Website des Bundes Deutscher Heilpraktiker: www.bdh-online.de/9.0.html?&tx_drwiki_pi1[keyword]=Magnetfeld%20-%20Therapie.

Abb. 8.8 Heilpraktikersuche auf der Website des Bundes Deutscher Heilpraktiker: www.bdh-online.de/index.php?id=43.

Abb. 8.9 Newsgroups Naturheilkunde auf der Seite http://groups.google.de/groups/search?hl=de&oe=UTF-8&q=naturheilkunde&qt_s=Groups-Suche.

Abb. 8.10 Impressumseite der Website des Bundesverbandes Union Deutscher Heilpraktiker: www.udh-bundesverband.de/content/e224/index_ger.html._

Abb. 8.11 Startseite der Homepage des praktizierenden Heilpraktikers Wolfgang Heinemann: www.praxis-heinemann.de.

Abb. 8.12 Startseite der Homepage der praktizierenden Heilpraktikerin Sylvia Volk-Seitz: www.naturheilpraxis-volk-seitz.de.

Abb. 8.13 Information über das Therapieverfahren Wirbelsäulentherapie nach Dorn auf der Homepage von Sylvia Volk-Seitz: www.naturheilpraxis-volk-seitz.de/Therapiespektrum.

Abb. 9.9 Logo der Gemeindezeitung „Die Dorfschelle": www.dorfschelle.net.

Abb. 9.10 Inserat aus „Naturheilpraxis mit Naturmedizin".

Abb. 9.12a Quelle: MEV Fotoclip Collection.

Abb. 9.12b Quelle: Creativ collection Starterkit.

Abb. 11.1 Gelbe Seiten. Für den Bereich Würzburg, Aschaffenburg, Bad Kissingen, Schweinfurt. 2006/2007.

Abb. 12.1 Praxisrundgang auf der Homepage von Dr. Dagmar Hemm: www.praxis-hemm.de/praxisrundgang.shtml.

Abb. 12.7 Auszug aus den Gelben Seiten. Für den Bereich Würzburg, Aschaffenburg, Bad Kissingen, Schweinfurt. 2006/2007.

Abb. 15.3 Pro und Contra: Tumordiagnostik in der Iris – Interview mit Siegfried Kämper. Auszug aus: Deutsche Heilpraktiker Zeitschrift. 2007; 2(2): 22–23.

Abb. 15.4 Ausschnitt aus: Pferdammt „in". Gelnhäuser Neue Zeitung, GNZ. 13. März 2004.

Abb. 17.1 Heilpraktikerin Dr. Dagmar Hemm als Autorin: www.praxis-hemm.de/person.

Abb. 17.2, Pawelzik S, Brinkpeter C: Kollegen fragen – Kollegen antworten. Auszug aus: Deutsche Heilpraktiker Zeitschrift. 2006; 1(1–2): 59.

Abb. 17.3 Vier Fachleute – vier Behandlungsstrategien. Auszug aus: Deutsche Heilpraktiker Zeitschrift. 2007; 2(2): 42–43.

Über die Autorin

Kristina Vormwald

Geboren am 02.11.1969 in Altena.

Staatlich examinierte Krankenschwester.

Nach persönlichen Erfahrungen mit der Naturheilkunde, die im Gegensatz zur „Schulmedizin" erfolgreich war, wurde ihr Interesse zur Homöopathie geweckt.

Seit 1995 ist sie Heilpraktikerin mit den Behandlungsschwerpunkten Klassische Homöopathie, Magnetfeldtherapie, Ohrakupunktur nach Ausbildung an der Heilpraktikerschule Lotz in München.

Eigene Praxis seit 1996, zwischenzeitliche „Berufspause" während der Elternzeit. Nach Umzug in den Spessart Wiedereröffnung der Praxis seit Sommer 2008.

Sachverzeichnis

I

K

L

M

N

O

P

Q